시진핑 정권 대해부

중난하이로 가는 길

시진핑 정권 대해부

중난하이로 가는 길

김정계, 전영란 공저

도서출판 린

| **일러두기** |

• 이 책에 나오는 중국의 인명 · 지명 표기는 외래어 표기법에 따라 중국어 원음으로 표기하고 한자를 병기하는 것을 원칙으로 하였습니다.

• 우리에게 널리 통용되어 중국어 원음보다 훨씬 익숙한 경우에 한해, 우리말 독음대로 표기하였습니다.

• 중국어 원음에 시(市)가 붙을 경우 띄어 쓰고, 기타 행정구역 단위는 붙여 쓰는 것을 허용하였습니다.

시진핑習近平은 '중화민족의 위대한 부흥', '중국의 꿈'을 소리 높이 외치며 중국의 새로운 지도자로 등장했다. 2012년 11월과 2013년 3월, 시진핑은 중국공산당 중앙위원회 총서기 및 중화인민공화국 주석 겸 중앙군사위원회 주석에 당선되었다. 그럼으로써 시진핑은 명실상부한 당·정·군의 최고 지도자가 되었다.

2002년 11월 후진타오胡錦濤가 장쩌민江澤民으로부터 당과 국가의 권력은 승계했지만, 2005년 3월에 가서야 국가중앙군사위원회 주석직을 승계했던 점과 비교할 때 시진핑의 권력 승계는 단숨에 말끔하게 이루어졌다. 이변이 없는 한 시진핑을 중심으로 한 제5세 정치세대 지도자들은 2023년까지 향후 10년간 최고 지도자로서 중국의 미래를 좌우하고 전 세계에 영향을 미칠 것이다.

이 책은 향후 10여 년간 중국을 이끌 시진핑과 그의 정권 핵심 파워 엘리트들은 어떤 인물인가를 알아보는 데 그 목적을 두고 있다. 즉 2012년 11월 중국공산당 제18차 전국대표대회 이후, 새로 출범한 제1기 시진핑 정권 파워엘리트의 성분인 그들의 성장과정과 사회적 배경이 그 이전 정치세대의 엘리트들과 어떠한 차이가 있는가를 분석해 보는 데 목적을 두었다.

그래서 먼저 제1장에서 중국 정치엘리트의 세대구분과 비공식적 네트워크를 분석하여 이 글의 논의의 틀을 삼았다. 제2장에서는 제1장의 분석의 틀을 중심으로 시진핑의 성장과정과 정치역정을 살펴보고, 그의 인맥과 조력자를 통해 본 시진핑의 리더십을 논의해 보았다. 그리고 제3장과 제4장에서는 시진핑 정권 권력구조를 해부하는 한편, 시진핑 정권 파워엘리트의 성분을 통계적으로 분석하여 그 이전과 어떠한 차이가 있는지를 알아보았다. 그리고 제5장에서는 중국 정치권력의 핵심인 당 중앙정치국 구성원과 중앙서기처 서기 및 국무위원의 개별 프로필을 살펴보았다. 끝으로 제6장에서는 시진핑 이후의 세대, 즉 제6정치세대는 누가 이끌 것인가를 예측해보았다.

분석의 주 대상인 중국의 파워엘리트는 중국공산당 제18기 및 역대 중앙정치국 상무위원과 그 위원이다. 그들은 중국정치체계의 핵심 엘리트 그룹이다. 따라서 그들에 대한 연구는 중국정치의 현재를 보고 미래를 예측하는 주요 지표가 된다.

분석하고자 하는 파워엘리트의 배경 변수는 다음 세 가지 범주에 초점을 맞추었다. 생물학적 배경(연령, 민족 및 성별 배경, 출신지역)과 교육배경(학력 및 출신학교, 전공, 유학 등), 그리고 제도적 배경(당, 정, 군 및 기타 경력 등) 및 비제도적 배경(상하이방, 칭화방, 공청단파, 태자당 등)이다.

필자는 1980년 교육부(당시 문교부)의 국비 해외파견 계획에 의해 대만국립정치대학 국제관계연구중심 중국대륙연구부서의 객원연구원으로 파견되면서부터 중국 정치엘리트에 관심을 갖기 시작하여 지금까지 어언 33년의 세월 동안 중국 파워엘리트의 성분 분석에 시간을 보냈다.

1990년 출간한 『중국의 최고지도층: Who's Who』가 중국 파워엘리트에 대한 필자의 처녀작이다. 이후 『중국의 권력구조와 파워엘리트』, 『후진타오 정권 중국의 권력구조와 파워엘리트』, 『중국의 권력투쟁사 1, 2』 등 10여 권의 저서와 30여 편의 중국 정치엘리트에 관한 논문을 썼다. 마오쩌둥毛澤東,

덩샤오핑鄧小平, 후야오방胡耀邦, 자오쯔양趙紫陽, 장쩌민, 그리고 후진타오 정권까지 그들 정권의 파워엘리트를 분석하는 것은 나의 사명이요, 즐거움이었다. 필자는 지난 해 정년퇴임했다. 그러나 중국 정치엘리트에 관한 시계열적 분석time series analysis은 필자만의 '특허' 요, 학문적 '사명'이라고 생각하여 본서를 쓰게 되었다.

공동저자인 전영란 교수는 『중국의 과거, 현재, 미래』를 집필하면서부터 연구에 동참하여 『마오쩌둥과 그의 실패한 후계자들』, 『개혁개방의 총설계사, 덩샤오핑과 그의 후계자들』(근간) 등을 함께 출간하였다. 또 두 사람은 현재 『덩샤오핑의 실패한 후계자, 후야오방과 자오쯔양』을 함께 집필하고 있다.

어찌 되었든 중국은 '인치人治'의 국가다. 인맥을 좇아서 그 정치의 실체를 파악하는 것은 중국정치를 이해하는 데 있어서 무엇보다도 중요한 열쇠다. 그래서 이 책이 중국을 연구하거나 중국정치에 관심 있는 모든 분들에게 중국의 정치를 이해하고 중국의 과거와 현재, 그리고 미래를 가늠하는 유용한 도구가 되었으면 하는 것이 필자들의 바람이다.

저자

차례

제1장

중국정치의 네트워크

연고우선주의는 중국을 포함한 유교문화권 국가의 전통적인 정치행태 중 하나다. 특히 일당독재체제하의 중국정치에서는 모든 정책결정이 계파faction 간 흥정과 연합에 의해서 결정되며, 그 계파는 비공식적 인간관계인 연고를 바탕으로 형성된 것이다. 혁명 1,2세대의 경우 장정 및 혁명대열에 참가한 야전군 부대를 중심으로 계파가 형성되었고, 그것을 통해 권력투쟁이 전개되기도 했다.

예컨대, 한국전쟁의 지원군사령관 펑더화이彭德懷는 제1야전군을 이끌며 서북의 인맥을 구축하였으며, 덩샤오핑鄧小平은 제2야전군(서남군구) 정치위원 때 맺었던 군부의 막강한 인맥이 받침이 되어 화궈펑華國鋒을 물리치고 중국의 개혁개방을 이끌 수 있었다. 제3야전군의 사령관 천이陳毅 장군은 상하이 중심 화동인맥을 이끌었으며, 린뱌오林彪는 제4야전군(중남군구) 사령관 때 맺었던 인맥을 통하여 마오쩌둥毛澤東에게 저항하다 일망타진되고 말았다.

일반적으로 연구자들은 계파 형성의 원인을 '권력투쟁', '정책대립', '관료조직의 이익' 등 세 가지 관점에서 접근하고 있다.

권력투쟁 모델에 의하면 계파는 지도자 간의 권력투쟁에서 시작되었다고 본다. 그래서 권력분배는 계파 간 투쟁의 결정적 요소이며, 정책은 정쟁의 도구에 불과하다고 본다. 루시안 파이Lucian W. Pye는 권력이 바로 중국 계파 정치의 결정적 요소라고 보았다.[1]

정책대립 모델은 계파의 출현을 지도자 간의 정책대립과 유관하다고 보는 분석으로, 중국의 계파정치는 권력분배 못지않게 정책노선의 대립도 중요한 원인이라고 보는 입장이다.[2]

---

1 Lucian W. Pye, *The Dynamics of Chinese Politics*(Cambridge Massachusetts: Oelgeschalager, Gun & Hain, 1981), p.127

2 Tang Tsou, "Prolegomenon to the Study of Informal Groups in CCP Politics", *China Quarterly*, No.65, (March 1976), pp.110-111; Tang Tsou, "Chinese Politics at the Top: Factionalism or Informal Politics?" Balance of power or Game of Win All?" *China Journal*, No.34 (July 1995), p.114, 119.

관료조직 이익모델은 서구 관료정치의 관점에 근거한 분석으로, 중국의 계파 갈등은 권력투쟁이나 정책대립과도 유관하지만 관료들의 이익도 중요한 역할을 한다고 본다. 이러한 점에서 관료들의 경력 경로career path는 계파 결성의 주요 요인이 된다고 보겠다. 정책을 결정하는 과정에서 지도자는 자신이 맡고 있는 부처의 이익을 대변하는 경우가 많은데, 이는 결국 소속 관료조직의 이익을 반영하는 것이다. 따라서 중국 정치엘리트 간의 정책대립이나 권력투쟁은 실제적으로는 각 부처조직의 이익 충돌에서 비롯된다는 관점이다.[3]

이상과 같은 계파형성의 공식적 요인들에 덧 붙여 동향·동창·친족·같은 직장 등 비공식적 인간관계 역시 중국정치의 계파 결성에 상당한 작용을 하고 있다. 즉 지연, 학연, 혈연, 업연 등은 계파결성의 주요 지원세력이 되었다.

마오쩌둥 시대에는 물론 개혁개방 이후에도 정치엘리트들은 정책의 노선 및 속도와 범위를 놓고 이해득실을 함께하는 사람들끼리 계파를 형성하였고, 이들 간에는 자신의 이익을 위하여 격렬한 권력투쟁을 벌였다. 마오쩌둥과 류사오치劉少奇 간의 노선 대립이나 덩샤오핑과 화궈펑의 노선투쟁 및 덩샤오핑과 천윈陳雲의 정책 갈등 등은 격렬한 권력투쟁을 유발하였다.

하지만 1990년대 중반 이후 노인정치의 종말 및 새로운 정치세대의 등장과 더불어 노선투쟁도, 보·혁 간의 정책대립도, 신·구 엘리트 간의 갈등도 아닌 새로운 비공식적 배경이 중국정치에 상당한 영향을 미치고 있다.

그 대표적인 배경은 먼저 세대 간의 특징이라 할 수 있다. 즉 동일한 시대, 동일한 정치적 경험을 공유한 세대의 특성이 엘리트의 정치적 태도를 결정짓는 주요 배경이다. 물론 이때에도 지연, 혈연, 학연, 업연 등으로 맺어진

---

3 Kenneth Lieberthal and Michel Oksenberg, *Policy Making in China: Leaders, Structures, and Processes*(Princeton, New Jersey: Princeton University, 1988), pp.17-18.

비공식 집단의 영향력이 중국정치에 큰 변수로 작용하고 있다. 정치적 성장 지역(지연)을 통해 형성된 상하이방上海幇, 공동운명(혈연)을 통해 연계된 태자당太子黨, 학연을 중심으로 한 인적 네트워크인 칭화방清華幇, 그리고 경력을 통해 맺어진 공청단共青團 등이 그것이다.

제1절
중국의 정치세대

1. 세대구분

1970년대 중기 이후 정치세대의 접근방법이 중국 엘리트 분석의 중요한 모형으로 사용되고 있다. 세대정치의 기초는 '공동의 경험'이며, 동일 정치세대는 비슷한 가치관과 정치성향을 갖고 있는 것을 강조한다.

정치세대political generation라는 용어는 한 세대를 몇 년으로 할 것인가에 대한 정확한 정의 없이 많이 사용되고 있다. 일반적으로 중국학을 연구하는 많은 학자들이 사용하는 '정치세대'라는 용어는 '정치엘리트세대'를 지칭하는 것이다.

정치세대란 출생연도에 기준을 두기도 하지만, 공통된 정치, 사회적 경험을 더욱 강조한다. 특히 정치적 태도의 형성기(청소년 후기에서 성인 초기, 17~25세 전후)에 겪은 중대 사건은 공통의 특수한 경험과 가치관을 형성하기 때문이다. 이들 공통의 경험은 정치엘리트의 정치 행위에 영향을 미치고, 동시에 그들과 다른 세대와의 차이를 나타낸다. 예를 들어 청년기에 문화대혁명을 경험하지 못한 세대와, 문화대혁명기에 청년시절을 보낸 세대와는 가치관이나 세계관에 있어서 상당한 차이가 있다. 그래서 정치엘리트의 세대교체는 정체된 사회를 발전시키는 재생역량이며 변화의 동력이기도 하다.[4]

세대의 기준에 대해 합의된 정확한 정의는 없다. 하지만 중국공산당은 일 반적으로 정치적 사건을 중심으로 크게 '장정 세대', '항일전쟁 세대', '내 전 세대', '건국 세대', '문화대혁명 세대', '개혁개방 세대' 등으로 나누기도 한다. 또 최고지도자를 중심으로 마오쩌둥, 덩샤오핑, 장쩌민江澤民의 3세대 로 나누기도 하였다.

천원은 스스로를 포함해 덩샤오핑, 리셴녠李先念, 보이보薄一波 같은 혁명군 출신의 혁명가들을 '혁명1세대' 또는 '제1선' 지도자라고 불렀다. 이들은 혁명2세대에게 바통을 넘겨주었는데, 혁명2세대에는 중일전쟁(중국에서는 항일전쟁이라 함) 당시 공산주의운동에 가담했던 후야오방胡耀邦, 자오쯔양趙紫 陽, 야오이린姚依林, 쑹핑宋平 등이 여기에 속한다. 혁명3세대는 1950년대 사회 주의 개조기에 활동을 시작한 리펑李鵬, 후치리胡啓立, 장쩌민, 톈지윈田紀雲, 딩관건丁關根, 주룽지朱鎔基 등을 말한다.

재미 중국인 학자 리청은 중국공산당 엘리트의 특별한 역사적 경험에 기 초한 사건을 중심으로 중국의 정치세대를 다음과 같이 5세대로 구분하고 있 다. 제1정치세대는 마오쩌둥을 중심으로 한 대장정(1934~1935) 혁명1세대이 고, 제2정치세대는 덩샤오핑을 중심으로 한 항일전쟁(1937~1945) 그룹이며, 제3정치세대는 장쩌민처럼 건국 전후로부터 1950년대 초 사회주의 전이시 기에 입당한 연령층이다. 그리고 제4정치세대는 후진타오胡錦濤 중심의 문화 대혁명기에 청년시기를 보낸 대략 1941년부터 1950년대 중반 사이에 출생 한 그룹이다. 끝으로 제5정치세대는 1980년대 경제개혁기에 정치적으로 성 장한 그룹으로,[5] 시진핑習近平이 이끄는 현 중국지도부가 이에 해당된다.

위와 같이 중국의 정치세대 구분에 대해서는 주장이 분분하다. 일반적으

4 Ruth Cherrington, "Generational Issues in China: A Case Study of the 1980s Generation of Young Intellectuals," British Journal of Sociology, Vol.48 No.2 (June 1997), p.303.
5 리청 지음, 강준영 외 2인 옮김, 『차이나스 리더스』(예담, 2002), p.19.

로 약 15년 간격으로 구분하지만,[6] 혁명1세대와 2세대를 구분하기에는 기준이 명확하지 않다. 당시 상황은 혁명과 전쟁의 시대라 공산당 입당 연도나 활동 연대가 혼재되어 있고, 연령 또한 노·중·청이 결합되어 있어 세대 구분의 기준이 모호하다. 그래서 중국공산 정권 수립 이후에 계획적으로 배양하고, 덩샤오핑 집권 후에 정책적으로 발탁한 세대부터 그들의 연령과 입당시기, 그리고 당 최고지도층으로 활동한 시기 등을 역산하여 세대를 구분하는 것이 바람직하리라 본다.

위의 리청의 구분에 따를 경우, 중국공산 정권 수립 이후에 배양된 세대는 제3정치세대부터라고 보면 되겠다.

제3정치세대는 1949년 건국 전후부터 사회주의 전이기(1949~1958)에 대학을 나오고, 대부분 건국 전후 재학 중에 입당하였으며, 문화대혁명 초기 초급 간부시절에 대부분 하방되어 노동개조를 받았다. 이들 세대의 선두주자들은 혁명 열사들의 자제들(태자당)이 많으며, 그들은 1950년대 초 소련이나 동구에서 유학한 테크노크라트로서, 성장연대에 빛을 보기 시작하여 포스트 덩샤오핑 시대의 주역이 된 그룹이다. 장쩌민을 비롯하여 리펑, 쩌우자화鄒家華, 리란칭李嵐淸, 뤄간羅干, 웨이젠싱尉健行 등이 이 세대에 속한다. 한 연구에 의하면 제3정치세대 엘리트들 1,500명 중 90%가 대학교육을 받았고 70%가 전문가이며 대부분이 엔지니어였다. 이들 제3정치세대는 2002년 당 제16차 대회에서 제4세대에게 정권을 넘겨주고 물러났다.

대표적인 예로 장쩌민은 혁명열사 장상칭江上淸의 양자로 1947년 상하이 교통대학 전력계를 졸업한 고급 엔지니어다. 재학 중인 1946년 공산당에 입당하고, 1955년 소련 유학을 거쳐 초급간부 시절 문화대혁명시기 '학술권

---

6 Cheng Li and White Lynn, "The Sixteenth Central Committee of the Chinese Communist Party: Hu Gets What?" *Asian Survey*, 43-4 (Jul/Aug, 2003), p.564.

위' 라는 이름으로 비판을 받았다. 1982년 중국공산당 제12차 전국대표대회에서 리펑, 후치리 등과 함께 당 중앙위원(국무원 전자공업부 부부장)으로 발탁되고, 1987년 다시 제13기 중앙정치국 위원 겸 상하이 시 당위원회 서기에 당선되었다. 그리고 6·4 천안문사태 직후인 1989년 6월 당 13대4중전회에서 중앙정치국 상무위원 겸 당 중앙위원회 총서기에 당선되어 최고 지도자가 되었다.[7] 2002년 당 제16차 대회에서 후진타오에게 정권을 넘겨주고 퇴진했다.

제4정치세대는 후진타오 중심의 정치세대로 문화대혁명기에 청년시기를 보낸, 대부분 1940년부터 1949년 사이에 출생한 그룹이다. 그들은 문화대혁명 발발 당시 17세에서 25세 사이였다. 대학은 문화대혁명 직전이나 초기에 졸업했고, 전공은 엔지니어와 자연과학 부문이 우세하다. 하지만 제3세대 엘리트들과 비교할 때 상당히 그 전공이 다양하다. 재정·회계 및 통계를 비롯하여 경제·경영 전공자가 늘어난 편이다. 그리고 유학한 사람이 별로 없는 것이 특징이다. 제3세대의 청년기에는 중국 정부당국이 약 11,000명의 학생들을 유학보냈는데, 대부분이 소련과 동구권이었다. 당시 제4세대는 초등학교를 다니고 있었다. 중국은 1960년대부터 20년 넘게 동유럽 국가와 교환교육 프로그램을 정지시키고, 덩샤오핑이 개혁을 시작한 1978년까지는 학생들을 거의 외국에 보내지 않았다. 그래서 제4정치세대 엘리트 중에는 유학파가 거의 전무하다. 이들은 대부분 대학 졸업 후 문화대혁명 중에 2~3년간 대학에 남아 정치보도직을 맡아 후배들에게 정치공작을 지도하였고, 그후 지방에 배치되어 기층 간부로 근무했다. 또 이들은 덩샤오핑과 후야오방이 추진한 간부 4화 정책(연소화, 지식화, 과기화, 혁명

---

7 장쩌민은 1989년 1월 13대 5중전회에서 당 중앙군사위원회 주석직을 덩샤오핑으로부터 승계하고, 1990년 3월 제7기 전인대 제3차회의에서 국가중앙군사위원회 주석직까지 승계하였다.

[표 1-1] 역대 중국공산당 중앙정치국 상무위원의 세대별 구성

회기(기간)	제3세대(생년)	제4세대(생년)	제5세대(생년)
제14기 (1992~1997)	**장쩌민**(1926) 리펑(1928) 리루이환(1934) 주룽지(1927)	후진타오(1942)	
제15기 (1997~2002)	장쩌민(1926) 리펑(1928) 리루이환(1934) 주룽지(1927) 웨이젠싱(1931) 라란칭(1932)	후진타오(1942)	
제16기 (2002~2007)	황쥐(1938) 우관정(1938) 뤄간(1935)	**후진타오**(1942) 우방궈(1941) 원자바오(1942) 자칭린(1940) 쩡칭훙(1939)* 리창춘(1944)	
제17기 (2007~2012)		후진타오(1942) 우방궈(1941) 원자바오(1942) 자칭린(1940) 리창춘(1944) 허궈창(1943) 저우융캉(1942)	
제18기 (2012~　　)			**시진핑**(1953) 리커창(1955) 장더장(1946) 위정성(1945) 류윈산(1947) 왕치산(1948) 장가오리(1946)

주: *쩡칭훙曾慶紅은 나이(1939)로는 제4세대에 근접하지만, 대학 재학 시기(1958~1963)와 입당 연도(1960) 및 중앙위원 진입(1992) 등 활동연대는 제4정치세대에 속한다.

화)에 의해 발탁되어 개혁 중기에 중앙위원에 진입하고 포스트 장쩌민 시대에 집권하였다. 이들은 문화대혁명 중 벌어진 권력투쟁에 대한 기억이 생생한 세대다.

후진타오를 비롯하여 원자바오溫家寶(전 국무원 총리), 우방궈吳邦國(전 전인대 상무위원장), 리창춘李長春(전 광둥廣東성 서기), 자칭린賈慶林(전 정협전국 주석), 허궈창賀國强(전 중앙기율검사위원회 서기), 저우융캉周永康(전 공안부장) 등이 여기에 속한다. 이들은 모두 제17기(2007~2012) 정치국 상무위원을 지냈고, 2012년에 모두 물러났다.

제4정치세대의 대표적인 인물은 후진타오이다. 그는 1942년생으로 1965년 칭화대학 수리공정계를 졸업하고, 정치보도원으로 모교에 근무하다가 문화대혁명 초기 간쑤甘肅성에 배치되어 기층간부의 경력을 쌓았다. 개혁개방 이후 덩샤오핑과 후야오방이 추진한 간부 4화 정책에 의해 공청단 간부로 발탁되어 1987년 당 중앙위원(1982년 중앙후보위원 당선)에 진입하였고, 1985~1993년 구이저우貴州성 및 시짱西藏자치구 당위 서기를 역임함으로써 지도층의 반열에 다가섰다. 1992년 중앙정치국 상무위원에 선임되고, 2002년 장쩌민이 퇴진하자 중국공산당 중앙위원회 총서기가 되어 중국의 최고 지도자가 되었다. 2012년 당 제18차 대회에서 시진핑에게 정권을 물려주고 퇴진했다.

2. 제5정치세대란?

제5정치세대는 건국 전후 시기에서 1950년대 말 사이에 출생한 중국 엘리트군이다. 현 중국공산당 지도층 대부분이 제5세대에 속하는 연령대다. 시진핑(당 총서기 겸 국가주석), 리커창李克强(국무원 총리), 장더장張德江(전인대 상무위원장), 위정성兪正聲(정협전국 주석), 류윈산劉雲山(중앙서기처 상무부서기), 왕치산王岐山(중앙기율검사위원회 서기), 장가오리張高麗(국무원 상무부총리) 등 정치국 상무위원과 대부분의 정치국 위원이 제5세대에 속한다.

제4세대가 문화대혁명 전후에 대학을 나와 1960년대 초중엽에 공산당에 입당하여 문화대혁명기부터 정치를 경험하기 시작한 연령층이라면, 제5세대는 문화대혁명으로 대학에 들어가지 못하고 지식청년으로 하방되어 노동에 종사한 후 문화대혁명이 종결되자 비로소 대학에 입학한 세대다.[8]

현 당 총서기인 시진핑도 1975년 칭화대학에 입학하기 이전까지 약 7년간 하방되어 교육면에서 암흑기를 살았다. 현 국무원 총리 리커창 역시 1978년 베이징대학에 입학하기 전까지 5년간 농촌에 하방되어 노동개조를 받았다. 현 국가 부주석 리위안차오李源朝도 1968~1972년 사이 농장 직공으로 하방되었다가 1972년에야 상하이사범대학에 입학했다. 당시 하방된 지식청년은 2만 6,000여 명에 달했다. 이 책의 제5장 제18기 중앙정치국 위원들의 프로필을 보면 제5세대에 속하는 위원 가운데 '지식청년'이라는 이름으로 하방되지 않은 사람은 거의 없다.

이처럼 제5정치세대는 하방생활을 겪었으므로 농촌이나 오지에 대한 이해와 고민을 심화시킨 공통의 특징을 가졌을 것이라고 보인다. 그리고 직접 문화대혁명을 겪은 세대는 아니지만 아버지 세대가 겪은 박해로 인해 생활이 불안했던 세대였기 때문에, 개인의 운명이 부모의 권세의 부침浮沈에 따라 좌지우지된다는 이 뼈저린 경험은 그들에게 반드시 앞 세대와 긴밀하게 결탁해야 한다는 처세술을 기르게 했을 것이다.

제5세대는 비록 늦은 나이에 대학에 입학했지만, 문화대혁명이 종결된 후 간부 4화의 요청에 따라 재직 중, 대부분 중앙당교나 대학에서 학부 또는 대학원 과정의 보충교육을 받았다. 그래서 재직 중 석사 및 박사학위를 받은 엘리트가 많은 세대이기도 하다. 시진핑(현 국가주석), 리커창(현 국무원 총리),

---

8 중국의 영화계에도 세대구분이 있는데, '제5세대' 영화감독이라 하면 1976년 마우쩌둥 사망 후 다시 문을 연 베이징영화학교를 1982년 이후 졸업하고 등장한 세대를 말한다. 이들이 알려지기 시작한 것은 첸카이거 감독의 〈황토지(1984)〉가 로카르노 영화제에서 수상한 이후였다. 장이모 감독의 〈붉은 수수밭(1987)〉과 첸카이거의 〈패왕별희(1993)〉 등이 대표작들인데, 이들은 세계적인 영화제에서 두각을 나타내며 중국 영화를 세계에 알리는데 공헌했다. 문화대혁명 이전의 중국영화가 이데올로기 선전을 위한 도구로만 기능했던 것에 비해, 제5세대 영화는 영화의 미디어적 활용에 대한 새로운 인식과 문화대혁명 기간 동안의 경험을 바탕으로 중국의 역사와 민중의 삶에 대한 성찰을 보여준다.

리위안차오(현 국가 부주석), 류옌둥劉延東(현 국무원 부총리) 등은 각각 재직 중에 칭화대학, 베이징대학, 중앙당교, 지린吉林대학 등에 적을 두고 박사학위를 받았다. 왕양汪洋(현 부총리), 멍젠주孟建柱(현 중앙정법위원회 서기), 리잔수粟戰書(현 중앙판공청 주임), 장춘셴張春賢(현 신장新疆위루르자치구 서기), 한정韓正(현 상하이 서기) 등 현임 정치국 위원들도 재직 중 석사학위를 받았다. 석·박사학위를 가진 지도자들이 제4세대 지도부보다 많지만 이들은 청소년기에 제대로 된 정규교육을 받지 못했다는 한계를 안고 있다.

전공의 경우, 제4세대가 개혁개방 초기 덩샤오핑의 '간부 4화 정책'에 의해 계획적으로 훈련을 받은 테크노크라트technocrat 세대라면, 제5세대는 주로 개혁개방 개시 이후에 공작을 시작한 비테크노트라트non-technocrats 출신이 많다. 제3, 제4정치세대 중에 엔지니어 및 자연과학 전공자가 절대 우위를 차지하였다면, 제5정치세대 중에는 인문사회과학 전공자가 주류를 이룬다. 학부에서 이공계열을 전공한 자들도 재직 중에 대학원에서 정치학이나 경제학을 전공하여 학위를 소지한 자들이 어느 정치세대보다 많다. 시진핑과 리위안차오도 각각 학부에서는 화공학과 수학을 전공했지만 박사학위는 모두 정치학을 전공하여 법학 박사학위를 받았다. 리커창은 베이징대학 대학원에서 경제학 박사학위를 받았다.

그래서 제3정치세대와 제4정치세대 지도자들의 경우 칭화대학 출신이 많았던데 비해, 제5정치세대의 지도자들은 베이징대학 출신이 증가하고 있는 추세다. 칭화대학은 중국 제1의 이공계 대학이며, 베이징대학은 중국 제1의 인문사회계 대학이기 때문이다.

제5세대의 삶이나 경력에 가장 중요한 영향을 미친 것은 아마도 1966년부터 1976년에 있었던 문화대혁명과 같은 사건이라기보다는 덩샤오핑의 개혁일 것이다. 대부분 제5세대 엘리트들이 시장개혁이라는 전환기에 자신들의 주요 경력을 쌓았기 때문이다.[9] 그렇다고 해서 제5세대 엘리트들이 정치

개혁이나 대외정책에서 반드시 급진적이거나 친서방적인 태도를 취할 것이라고는 볼 수 없다.

3. 포스트 제5정치세대는?

포스트 제5정치세대는 제6정치세대를 일컫는다. 다시 말해 포스트 시진핑 시대 중국정치의 주역을 맡을 정치세대로, 대표적인 인물은 제18차 대회에서 중앙정치국에 진입한 후춘화胡春華(1963년생), 쑨정차이孫政才(1963년생), 자오러지趙樂際(1957년생) 등이다. 그들은 주로 1950년대 후반과 1960년대에 출생하였으며, 대부분 문화대혁명 후 정규 대학교육을 받았다. 그들은 개혁기에 대학생활을 했기 때문에 문화대혁명에 대한 성찰과 개혁개방의 중요성을 체감한 세대다.

제6정치세대는 거의 1970년대 후기 내지 1980년대 이후에 공산당에 입당하고, 2000년대에 들어와 중앙위원에 기용된 인물들이다. 그리고 이들 중 선두주자들이 2012년 당 제18차 대회에서 중앙정치국에 진입한 것이다.

2011년 상반기 네티즌들은 당시 정부급正部級(장관급) 간부 가운데 저우창周强(1960년생, 후난湖南성 서기), 후춘화(1963년생, 네이멍구内蒙古 서기), 쑨정차이(1963년생, 지린성 서기), 루하오陸昊(1967년생, 공청단 중앙 제1서기) 등 4명이 가장 유망한 중국공산당 제6세대 후계자 후보군이며, 리훙중李鴻忠(1956년생, 후베이湖北성 서기), 자오러지(1957년생, 산시陝西성 서기)는 그 다음이라고 평가하였다. 그리고 부부급副部級(차관급) 가운데는 자오융趙勇(1963년생, 허베이河北성 부서기), 쑤수린蘇樹林(1962년생, 푸젠福建성 성장), 쑨진룽孫金龍(1962년생, 후난성 부서기)을 가장 주목해야 할 인물이라고 했다.

---

9 Willy Wo-Lap Lam, "The Generation After Next in Chinese Politics," David M. Finkelstein and Maryanna Kivlehan (ed.), *China's Leadership In The 21st Century* (New York: M. E. Sharoe, 2002), p.251.

하지만 제6세대가 집권할 시기는 당 제20차 대회(2022)이고, 시간이 아직도 많이 남았으니 이 기간 동안 그들의 부침浮沈이 어떻게 진행될지는 두고볼일이다. 중간 평가인 2012년 제18차 당 대회에서는 후춘화와 쑨정차이, 그리고 자오러지가 중앙정치국에 진입하여 포스트 시진핑 시대의 선두주자가 되었다. 저우창은 최고 인민법원장에 머물렀고, 루하오는 헤이룽장성 당위 부서기 겸 성장대리로 자리를 옮겼다.

제2절
중국정치의 비공식적 네트워크

일반적으로 오늘날 중국정치체계에 많이 거론되는 비공식적 연고 네트워크로는 정치적 성장지역을 통해 형성된 '상하이방', 학연을 통한 인맥인 '칭화방', 경력을 통한 관시망인 '공청단'('퇀파이團派'라고도 부름), 그리고 공동운명(혈연)을 통해 연계된 '태자당' 등이 있다. 이들 비공식적 집단은 과거의 파벌factional group과는 달리 그 구성원의 소속집단이 중복되어 있다.[10]

1. 지연 중심의 상하이방

상하이방上海帮은 상하이라는 지연을 중심으로 형성된 비공식적 정치집단을 일컫는 말이다. 상하이 경력을 정치성장의 발판으로 한 정치엘리트 집단을 일반적으로 '상하이방'이라 부르며, 반드시 상하이가 원적이 아니더라도 상

---

10 중국공산당 제16기 정치엘리트의 비공식적 배경에 대한 연구에서 그것은 증명되고 있다(김정계, "후진타오 시대 중국정치엘리트의 제도적, 비제도적 배경분석," 『한국동북아논총』, 제10권 제2호(2005), pp.56-62).

하이에서 정치적으로 성장한 인물군을 지칭한다.[11]

최고 지도층의 경우, 마오쩌둥 시대에는 후난성 출신이 정국을 장악하였고, 린뱌오가 득세하던 시기에는 후베이성 출신이, 덩샤오핑 시대에는 쓰촨四川 출신이 두각을 드러내었다. 이는 중국정치에 있어서 지연의 중요성을 예증하는 것이다.[12]

상하이는 1949년 신중국 성립 이래 정치적으로 가장 주목받은 지역이다. 과거 50여 년 동안 상하이는 세 차례에 걸쳐 정치적으로 크게 부각되었다. 문화대혁명 전에는 천이와 커칭스柯慶施가 정치국 위원이 되었고, 문화대혁명 중에는 장춘차오張春橋(야오원위안姚文元, 왕훙원王洪文, 장칭江靑과 함께 4인방으로 부름)가 정치국 상무위원으로 그 영향력이 막강했다. 1989년 6·4사태 이후 당 13대4중전회에서 장쩌민이 중앙정치국 상무위원 겸 총서기에 당선됨으로써 상하이 인맥이 다시 급부상하였다.

장쩌민(시장, 서기)-주룽지(시장, 서기)-우방궈(서기)-쩡칭훙(부서기)-황쥐黃菊(시장, 서기)-천량위陳良宇(시장, 서기)-시진핑(서기)-위정성俞正聲(서기)을 잇는 상하이 당위 서기 및 시장 출신이 연속적으로 중국 정단의 주요인물이 되었다. 2007년 상하이 당위 서기 시진핑은 제17기 중앙정치국 상무위원에 전격적으로 발탁되었고, 2012년에는 제18기 중앙정치국 상무위원 겸 당 중앙위원회 총서기에 당선되었다.

상하이방의 기준은 다음 세 가지로 요약된다. 첫째, 그들은 상하이에서 장쩌민 및 쩡칭훙과의 제휴를 통해 그들의 정치 경력을 쌓았다. 둘째, 다수가 상하이를 중심으로 한 저장浙江·장쑤江蘇 출신이다. 그리고 이들은 주룽지(전

---

11 실제로 1990년대 중반 상하이방 멤버 중 상하이 출신은 없었다는 연구결과도 있다(Zhiyue Bo, "The Provinces: Traing Ground for National Leader or Power in Their Own Right?", David M. Finkelstein and Kivleham Maryanne, ed., China's Leadership in the Twenty-first century: The Rise of the Fourth Generation. Armink, N.Y.: M.E. Sharp, 2003, pp.66~117).

12 김정계, 『21C 중국의 선택』(평민사, 2000), pp.355~356.

상하이시장, 당위 서기)보다도 장쩌민과 쩡칭훙에 가깝다.[13]

상하이방은 이상과 같이 원래는 상하이 출신 고위 간부들을 가리키는 말이었지만, 지금은 장쩌민 전 주석이 발탁했거나 지지하는 인맥을 주로 상하이방이라 한다.[14]

제15기 중앙정치국의 경우 장쩌민, 우방궈, 황쥐, 쩡칭훙, 주룽지 등 5명이 상하이 당정 지도자 출신이었다.[15] 제16기의 경우 우방궈(전 상하이 서기), 쩡칭훙(전 상하이 부서기), 황쥐(전 상하이 서기) 등 3명(8분의 3)의 정치국 상무위원이 상하이방에 속했고, 천량위 상하이 당위 서기와 쩡페이옌曾培炎이 정치국 위원에 발탁됨으로써 정치국 멤버 25명 중 5명이 순수 상하이방이었다.

제17기 정치국의 경우 우방궈와 시진핑 상무위원, 위정성 위원(상하이 당위 서기) 등 3명이 순수 상하이방이었다. 제18기 정치국에는 시진핑(총서기)과 위정성 상무위원과 왕후닝王扈寧, 멍젠주, 한정 등 5명의 위원이 상하이방이다.

비록 상하이에 연고가 없었지만 장쩌민과 쩡칭훙의 그늘에서 성장한 엘리트들은 상하이 인맥으로 구분할 수 있으므로, 그들을 포함하면 상하이방의 위세는 아직도 상당하다. 제17기 정치국 상무위원 가운데 자칭린, 리창춘, 허궈창, 저우융캉 등이나 제18기 정치국 상무위원 가운데 장더장, 류윈산, 장가오리 등 3명은 장쩌민에 의해 발탁된 인사들로 '범상하이방'에 속한다.

상하이방의 결속력은 다른 조직에 비해 강하다. 장쩌민 집권기에는 쩡칭훙(전 상하이시 당위 부서기)이 당 중앙조직부장(조직·인사 담당) 및 당교 교장(고급간부 육성)을 맡아 인사원칙을 깨면서까지 양성한 조직이다. 예를 들자

---

13 Cheng Li and White Lynn, *op. cit.*, pp.591-592.
14 홍인표, 『중국의 미래권력』, (한울, 2012), p.69.
15 주룽지는 상하이방이라기보다는 독자적인 실무파에 속한다. 丁望, 「十六大與後影響力」, (香港: 當代名家出版社, 2003), p.229.

[표 1-2] 역대 중앙정치국 멤버 중 상하이방

회기(기간)	중앙정치국 상무위원	중앙정치국 위원
제14기(1992~1997)	장쩌민(총서기, 국가주석) 주룽지(상무부총리)	우방궈(상하이 서기)
제15기(1997~2002)	장쩌민(총서기) 주룽지(국무원 총리)	우방궈(부총리) 황쥐(상하이 서기) 쩡칭훙(후보위원)
제16기(2002–2007)	우방궈(전인대 상무위원장) 쩡칭훙(국가 부주석) 황쥐(부총리)	천량위(상하이 서기) 쩡페이옌(부총리)
제17기(2007~2012)	우방궈(전인대 상무위원장) 시진핑(국가 부주석)	위정성(상하이 서기)*
제18기(2012~)	시진핑(총서기, 국가주석) 위정성(전국정협 주석)	왕후닝(서기처 서기) 멍젠주(중앙정법위 서기) 한정(상하이 서기)

*위정성은 제17기 정치국 위원이 되면서 시진핑 후임 상하이 당위 서기가 됨.

면 상하이방에 대한 제동을 피하기 위해 다른 지역으로 이동시켰다가 중앙으로 기용한다든가, 순환근무 등의 인사원칙을 깨면서까지 상하이 고급간부(상하이 정·부 당위 서기 및 정·부 시장)를 상하이에 계속 근무하게 한 점 등을 들 수 있다.

2. 학연 중심의 칭화방

중국정치체계에 있어서 출신 대학별 엘리트 분포를 보면 칭화대학이 단연 우위에 있다. 칭화대 출신 정치 인맥을 '칭화방淸華帮'이라 한다.

1911년 설립된 칭화대학은 중국의 MIT로 명성이 높으며, 공산화 이후 중국의 인력 배양정책과 맞아떨어져 중국 정가에서 최대의 학연 네트워크를 형성하고 있다. 제3, 4정치세대가 대학에 재학하던 시기인 1950년대 중·후반부터는 소련 기술자가 철수하면서 과학기술 인력의 수요가 급증하였다. 이에 부응한 칭화의 교육정책은 중국이 필요로 하는 인재를 양성해 냈다.

당시(1952년~1966년) 총장이던 장난샹蔣南翔(전 칭화대 공청단 서기)은 칭화대학을 '이념적 엔지니어들의 요람', 즉 칭화대를 중국의 정치적·기술적 권력의 주요 원천으로 만드는 데 전력했다. 그는 소위 '이중 간부', 즉 기술감독과 정치지도자로서 능력을 발휘할 수 있는 사람을 양성해야 한다고 생각했다. 그래서 대부분의 우수한 학생에게 전공이수와 동시에 대학 내 정치보도원으로서 정치공작의 경력을 쌓게 함으로써 과학기술정치간부로 양성했다.[16] 그래서 당시 대학도 6년제였다. 그들은 이념紅(red)과 전문성專(expert)을 겸비한 정치세력으로 성장하였고, 바로 중국 현대화의 견인차 역할을 한 제4정치세대의 주요 멤버가 되었다. 따라서 중국의 제3, 4정치세대 지도자들을 순수한 테크노크라트로 보는 것은 오류다.

정치보도원제도의 주요 기능은 공식적으로 대학생과 교직원들의 정치적 이데올로기적 교육을 강화하는 데 있었고, 그들의 주요 임무는 새로운 공산당원과 공산주의 청년단원을 선발하는 일이었다.

제3정치세대인 주룽지 전 총리가 칭화대학 학생회장으로서 리시밍李錫銘(전 베이징시장 겸 정치국 위원)과 함께 신중국 건립 전후 베이징의 학생운동을 주도한 칭화맨이라면, 후진타오 전 주석은 장난샹의 교육방침대로 성장해 온 이념적 엔지니어다. 후진타오는 1964년 칭화대학 재학 중 우관정吳官正(제17대 정치국 상무위원) 등과 함께 정치보도공작에 종사하면서 이중간부로서의 소양을 익혔다. 제5정치세대의 선두주자 시진핑 역시 칭화대학을 졸업한 칭화방이다. 1992년 덩샤오핑 남순강화南巡講話 이후 개혁이 재가동되기 시작하자 이들 이념적 엔지니어들은 최고 지도자의 반열에 오르며 정치국에 진입했고, 후진타오에 이어 시진핑이 중국의 최고 권력자가 되었다.

---

16 장난샹(1913~1988)은 칭화대학 중문학과를 나온 중국청년운동의 저명한 지도자로 중국에서 존경받는 교육자 가운데 한 사람이다. 칭화대학 총장 이후 교육부 부부장, 고등교육부장, 교육부장 등을 역임하였다.
장난샹과 칭화방에 대해서는 리청 지음, 앞의 책, pp.124-134 참조.

후진타오는 장난샹의 교육방침대로 성장한 대표적인 지도자다. 후진타오는 1964년 칭화대학 재학 중 정치보도공작에 종사했다. 전 정치국 상무위원인 우관정도 이때 칭화대학 정치보도원을 거쳐 대학원에 진학하였다. 후진타오는 졸업 후 간쑤성으로 발령되어, 근무 중 칭화대학 선배인 쑹핑(당시 간쑤성 당위 제1서기)과 그의 처(천순야오陳舜瑤, 장난샹 교장 시절 칭화대 당무공작 근무)를 만나게 되고, 그들의 추천으로 공청단의 간쑤성위 서기로 승진하는 한편, 중앙당교 청년간부 양성반에 입교할 기회를 얻게 되었다. 청년간부 양성반은 차세대에 대비한 지도자를 양성하기 위해 당 중앙 총서기 후야오방이 심혈을 기울여 훈련자를 선발하고 교육시킨 특수과정이다.

후진타오는 중앙당교에서 칭화대 재학시절 총장이었던 장난샹(당시 중앙당교 상무 제1부교장)을 만나게 되고, 장난샹은 그를 수료와 동시에 제1순위로 공청단 중앙의 청년간부로 추천했다. 후진타오가 공청단 중앙에 근무하고 얼마 후 또 다시 쑹핑(당시 국가계획위원회 주임)의 추천으로 당 총서기 후야오방(전 공청단 중앙 제1서기)을 알게 되었고, 공청단 중앙 제1서기 왕자오궈王兆國(전 중앙정치국 위원)가 중앙판공실 주임으로 발탁되자 그 뒤를 이어 공청단 중앙 제1서기가 된다. 공청단의 대부인 후야오방의 계속적인 지원으로 후진타오는 최연소(42세) 구이저우성 당위 서기가 되어 기층 지도자의 경험을 다지게 된 것이다. 결국 후진타오는 칭화 인맥과 공청단의 줄을 타고 최고 지도자에 오를 수 있었다.

1980년까지 중국 지도자들의 출신대학 분포를 보면, 칭화대학 출신이 전체 조사대상 28개 대학 407명의 지도자 중 93명을 차지해 중국 전체 지도자의 22.85%를 차지하였다.[17]

중앙정치국 위원의 경우, 1982년 제12기 때는 후차오무胡喬木 1명뿐이었

---

17 리청 지음, 앞의 책, p.128 〈표 4-4〉 참조.

[표 1-3] 역대 중앙정치국 멤버 중 칭화방 출신

회기(기간)	중앙정치국 상무위원(겸직)	중앙정치국 위원(겸직)
14기(1992~1997)	주룽지(상무부총리) 후진타오(서기처 서기)	우방궈(상하이 서기)
15기(1997~2002)	주룽지(국무원 총리) 후진타오(국가 부주석)	우방궈(부총리) 황쥐(상하이 서기) 우관정(산둥 서기)
16기(2002~2007)	후진타오(총서기, 국가주석) 우방궈(전인대 상무위원장) 황쥐(부총리) 우관정(기율검사위 서기)	쩡페이옌(부총리)
17기(2007~2012)	후진타오(총서기, 국가주석) 우방궈(전인대 상무위원장) 시진핑(국가 부주석)	류옌둥(중앙통전부장)
18기(2012~)	시진핑(총서기, 국가주석)	류옌둥(부총리)

다. 그러나 1987년 제13기 때 야오이린, 쑹핑, 리시밍, 후치리(베이징대 출신이지만 칭화대에서 공작) 등이 정치국에 입국한 후 이들은 칭화방의 전통을 후배들에게 넘기는 데 중요한 역할을 했다. 그리하여 1992년 덩샤오핑 남순강화 이후 개혁이 다시 불붙기 시작한 제14기 때, 주룽지(정치국 상무위원 겸 제1부총리), 후진타오(정치국 상무위원 겸 서기처 서기), 우방궈(정치국 위원 겸 부총리) 등이 최고 지도자의 반열에 오르며 정치국에 진입했고, 제15기에 이어 제16기에도 후진타오 총서기, 우방궈 전인대 상무위원장, 황쥐 부총리, 우관정 중앙기율검사위원회 서기(이상 정치국 상무위원), 그리고 쩡페이옌 부총리 등 5명이 정치국에 진입하여 중국의 최고 권력자가 되었다.

제17기에는 후진타오, 우방궈, 시진핑 등의 상무위원과 류옌둥 위원이 중앙정치국에 진입하였고, 후진타오는 중국의 실질적인 최고 권력자로 그 권위를 확고히 하였다. 2012년 당 제18기 인사에서도 시진핑이 후진타오로부터 권력을 승계하고, 류옌둥이 연임되는 등 칭화방의 세력을 과시하고 있다. 하지만 그 위세는 예전 같지 않다.

이들 칭화대학 출신들은 학부에서 모두 이공계열을 전공한 엔지니어다. 다만 시진핑은 학부에서는 화공학을 전공했지만, 재직 중 모교의 대학원에서 정치학을 전공하고 법학박사학위를 받았다.

3. 공동운명체 중심의 태자당

중국정치에서 말하는 태자당太子黨이란 전직 고위 공산당 간부들의 자녀 및 그들과 혼인을 통해 맺어진 혈연 가운데 중국의 고위층 엘리트 반열에 진입한 자들의 집단을 지칭한다.[18]

1980년대 초부터 태자당 출신이 등장된 데에는 다음과 같은 두 가지 중요한 정치적 이유가 있었다. 첫째, 1982년 당 제12차 대회 이후 간부4화정책에 의해 문화대혁명 때 숙청되었다가 복권된 원로간부들의 퇴진을 종용하는 대가로 그들의 혈육에게 특혜를 주었기 때문이다. 둘째, 혁명동지의 2세는 정치적으로 믿을 수 있는 혈통이라는 신념 때문이었다.[19]

그리고 최근 들어 태자당이 더욱 크게 부각되고 있는 것은 다음 세 가지 근거에 연유한다. 첫째 이유는 물론 위에서 지적한 바와 같이 그들의 부모는 당이 거센 도전을 받을 때 가장 믿을 수 있고 충성심이 있는 사람들이었기 때문이다. 둘째, 다수의 태자당은 자신의 현재 직위를 지킬 수 있는 능력이 있음이 증명되었기 때문이다. 고급간부의 자제들은 훌륭한 가정배경에서 자랐기 때문에 상대적으로 출중한 경력과 자격을 갖추었으며, 업무능력과 정치실적도 손색이 없는 인물들이라고 당이 인정하기 때문이다. 셋째 이유는 덩샤오핑 생전과는 달리 혁명1세대 원로들이 거의 사망함으로써, 그들

---

18 태자당의 형성과 발전과정 및 인맥에 대해서는 何頻·高新 지음, 김규영 옮김, 『포스트 덩샤오핑 시대의 파워 엘리트: 태자당』(도서출판 삼일, 1997) 참조.

19 한 예로 리펑을 정치국 위원으로 발탁할 때 그의 양모인 덩잉차오鄧穎超(저우언라이周恩來의 부인)가 믿을 수 있는 피라고 당 중앙에 호소했고, 장쩌민이 6·4사태 이후 최고 지도자로 등장할 때 리셴녠 등이, 그를 홍색가문의 자제임을 강조한 바 있다. 김정계, 『중국의 권력구조와 파워 엘리트』(평민사, 1994), p.136, 147.

자제의 등용을 놓고 정치적으로 예민한 반응을 보이며 충돌하던 불상사는 더 이상 일어나지 않는 상황이기 때문이다.[20]

태자당은 1세대부터 3세대까지로 나눌 수 있는데, 태자당 1세대로 최고 지도층(당 중앙정치국)에 진입한 대표적 인물로는 리펑(전 국무원 총리), 장쩌민(전 주석), 리톄잉李鐵映(전 국무위원), 쩌우자화(전 국무원 부총리) 등이 있다.

리펑은 초기 공산당 지도급 간부의 한 사람이었던 리쉬쉰李碩勳과 자오쥔타오趙君陶의 아들이자 저우언라이-덩잉차오 부부의 양자로 양부(저우언라이 총리)에 이어 국무원 총리까지 오른 인물이다. 장쩌민은 혁명열사 장상칭의 양자이며, 리톄잉은 혁명군의 원로이며 중앙조직부장을 지낸 리웨이한李維漢의 아들이다. 쩌우자화는 혁명열사 쩌우타오펀鄒韜奮의 아들이자 예젠잉葉劍英 원수(전 국방부장)의 사위다.

이들 태자당 제1세대의 대다수는 "옌허延河의 강물을 마시고 자라서 볼가강물을 마시며 재목이 되었다." 어릴 때부터 당의 보호 아래 대학을 졸업하고 바로 소련이나 동구에 유학하여 중국의 차세대를 대비해 계획적으로 훈련된 인물들이다.[21] 그래서 마오쩌둥 사상과 스탈린 주의의 영향을 깊이 받았으며, 직접 대륙 평정의 과정을 겪었기 때문에 공산당정권에 대한 깊은 정감을 갖고 있다. 전술한 중국 제3정치세대가 이들 연령층이다. 1982년 당 제12차 대회 이후부터 이들은 중국 지도부에 진입하기 시작했다.

태자당 제2세대는 대부분 1949년 중화인민공화국 정권 수립 이전이나 전후에 출생하여 부모를 따라 베이징北京에 입성하여 홍기의 깃발 아래에서 성장하였다. 그들은 문화대혁명 이전에 이미 대학을 졸업했거나 대학에 재학

---

20 J별, 앞의 책, pp.220-222; Yongnian Zheng, "The 16th National Congress of The Chineses Communist Party: Institutionalization of Succession Politics," Weixing Chen and Zhong Yang (ed.), *Leadership in A Changing China*(New York: Palgrave Macmillan, 2005), p.21.
21 김정계(2000) 앞의 책, pp. 279-280.

중이었던 세대다. 이들은 신정권 수립 후 베이징의 일류 중학(남 4중, 남 8중, 사대부중, 사대여부중 등)을 거쳐 이공계통의 학교를 졸업했다. 마오쩌둥이 사회과학을 거짓과학으로 보고 '과학입국'을 주장하였기 때문에 이들 태자당 제2세대의 다수는 하얼빈군사공정학원이나 칭화대학과 같은 명문 이공계열 대학에 입학했다.

제16기 중앙정치국 상무위원을 지낸 쩡칭훙, 상하이 당위 서기를 거쳐 현재 중앙정치국 상무위원으로 재임 중인 위정성, 현 중앙정치국 위원인 류옌둥, 중국 국제상공회의소 부회장 천위안陳元, 전 국무원 국가체육위원회 주임 우사오쭈伍紹祖, 덩샤오핑의 딸 덩난鄧楠(중국과학기술협회 서기처 제1서기), 개국공신이며 해방군의 중요 지도자였던 천이 장군의 아들 천단후이陳丹淮 소장(해방군총장비부 과학기술위원회 부주임)과 현 정치국 상무위원인 왕치산과 장더장 등도 태자당 제2세대의 대표적 인물이다.

쩡칭훙은 전 상하이 부시장, 국무원 상업부장, 내정부장 등을 거친 혁명원로 쩡산曾山의 아들이다. 위정성은 톈진天津 시장과 국무원 제1기계공업부장을 역임한 황징黃敬(본명 위치웨이劉啓威)과 베이징 부시장을 지낸 판진范瑾(어머니)의 아들이며, 전 국방과학기술위원회 주임(소장) 장전환張震寶의 사위다. 류옌둥은 전 농업부 부부장 류루이룽劉瑞龍의 딸이다. 천위안은 보수파의 대부로 중국 경제의 한 축을 이끌었던 천윈의 아들이며, 우사오쭈는 중앙군사위원회 비서장과 국무원 위생부 부부장을 역임한 우윈푸伍雲甫의 아들이다. 그리고 왕치산은 전 부총리 겸 정치국 상무위원 야오이린의 사위이며, 장더장은 인민해방군 지난濟南군구 포병부사령관 장즈이張志毅의 아들이다.

이들 태자당 제2세대는 태자당 제1세대와 후술하는 태자당 제3세대에 비교하여 가장 순탄한 길을 걸었다. 제1세대처럼 말 위에서 글자를 익히고 노래를 부르지 않았으며, 제3세대처럼 공부해야 할 나이에 총이나 괭이, 망치 따위를 들지도 않았다. 그래서 제2세대 태자당은 그들의 부모나 형 세대에 비하여 이데올로기상으로 진보적이라고 할 수 있다.

태자당 제3세대란, 현재 중국의 지도자가 된 시진핑 세대다. 전술한 제5 정치세대에 해당하는 연령대다. 이들은 신정권 수립 전후에 출생하여 초등학교와 중학교 재학 중에 문화대혁명을 맞이한 고위 간부층 자녀들이다. 그들은 태어나면서부터 이미 특권의 수혜자였으며 새로운 사회의 총아였다. 하지만 문화대혁명으로 인하여 그들의 부모가 부르주아지 혹은 반혁명 간부로 몰려 혹독한 비판을 받을 때, 그들 자신도 대학에 가지 못하고 하방되어 혹독한 노동개조를 받은 세대다.

개인의 운명이 부모의 권세의 부침浮沈에 따라 좌지우지된다는 이 뼈저린 경험은 그들에게 반드시 앞 세대와 긴밀하게 결탁해야지 결코 떨어져서는 안 된다는 깨달음을 주었다.

대표적인 인물로는 당 중앙정치국 위원 겸 국무원 부총리를 역임한 시중쉰習仲勛의 아들 시진핑(현 당 총서기 겸 국가주석), 전 상하이 부시장 리간청李乾成의 아들 리위안차오(현 국가 부주석), 정치국 상무위원과 국무원 부총리를 역임한 보이보의 아들 보시라이薄熙來(제17기 중앙정치국 위원 겸 전 충칭重慶시 당위 서기), 전 국가주석 류사오치의 아들 류위안劉源 상장(인민해방군 총후근부 정치위원), 전 중앙서기처 서기 덩리췬鄧力群의 아들 덩잉타오鄧英陶(경제이론가) 등이 있다. 전 국방부장 친지웨이秦基偉 장군의 두 아들인 난징南京군구 부사령관 친웨이장秦衛江 소장과 국방대학 과학연구부장 친톈秦天 소장도 태자당 제3세대에 속하는 인물이다. 이밖에도 많은 태자당 출신의 엘리트들이 정계는 물론 당·정·군·재계에 포진하고 있다.

태자당 제3세대가 다른 태자당 세대와 구별되는 가장 중요한 특징은, 그들은 마르크스 레닌주의에 대한 애정 따위는 별로 없고 서구 부르주아지 계급의 산물들을 가장 많이 받아들였다는 점이다.

태자당 제3세대 구성원 중 특히 시진핑이나 류위안, 덩잉타오 같은 인물

[표 1-4] 역대 중앙정치국 멤버 중 태자당 출신

회기(기간)	중앙정치국 상무위원(부모 명)	중앙정치국 위원(부모명)
제14기 (1992~1997)	리펑(저우언라의 양자) 장쩌민(장상칭의 양자)	리톄잉(리웨이한의 아들) 쩌우자화(예젠잉의 사위)
제15기 (1997~2002)	장쩌민(장상칭의 양자) 리펑(저우언라이 양자)	리톄잉(리웨이한의 아들)
제16기 (2002~2007)	쩡칭훙(쩡산의 아들)	위정성(황징의 아들)
제17기 (2007~2012)	시진핑(시중쉰의 아들)	장더장(지난군구 포병부사령관 아들) 위정성(황징의 아들) 왕치산(야오이린의 사위) 류옌둥(류루이룽의 딸) 리위안차오(상하이 부시장의 아들) 보시라이(보이보의 아들)
제18기 (2012~)	시진핑(시중쉰의 아들) 장더장(지난군구 포병부사령관 아들) 위정성(황징의 아들) 왕치산(야오이린의 사위)	류옌둥(류루이룽의 딸) 리위안차오(상하이 부시장의 아들) 리잔수(산둥 부성장의 증손자)

은 문화대혁명 때 지식청년으로 하방되어 중국사회의 최하층 대중들과 장기간 동고동락한 경험이 있기 때문에 진정으로 인민에게 실질적인 이익을 주는 것은 바로 정치의 안정이라는 이치를 잘 알고 있다. 동시에 그들의 정치의식 속에는 자신들의 덕치로 방대한 중국의 인민들을 곤경 속에서 구해 내려는 양심이 적지 않게 발견된다. 그래서 역대 공산정권 중에서 가장 진보적인 정책을 펼칠 지도자들이 될 것이라는 기대를 해 볼 수 있다.

물론 그들 중에는 원칙이나 도덕성은 없고, 탐욕과 야심만이 가득한 자들도 있다. 2012년 충칭시 당위 서기에서 해임되고, 제18기 정치국 위원에서 탈락했으며, 2013년 무기징역 선고를 받은 보시라이(전 정치국상무위원 보이보의 아들)가 그 대표적 인사다.

2007년 제17기에 이어 2012년 제18기 정치국의 경우, 시진핑(당 총서기 겸 국가주석, 중앙군사위원회 주석), 장더장(전인대 상무위원장), 위정성(전국정협 주석), 왕치산(중앙기율검사위원회 서기) 등 4명의 상무위원과 류옌둥(부총리), 리위안차오(국가 부주석), 리잔수(산둥山東 부성장 리짜이원粟再溫의 종손자) 등 3명의 위원이 태자당이다.

이 밖에도 많은 태자당 출신의 엘리트들은 정계는 물론 당·정·군·재계에 포진하고 있다. 특히 군부에서의 그 세력은 날로 확산되고 있다. 한 통계에 따르면 현재 중국의 육해공군과 제2포병부대(미사일부대)의 군단장급 이상 장성 가운데 100명 이상이 태자당 출신이다. 그리고 4개 총부(총참모부, 총정치부, 총후근부, 총장비부)와 예하 군구에 근무하는 장령 중 약 1,000여 명이 태자당 출신이다. 현 중앙군사위원 겸 해군사령관 우성리吳勝利(전 저장성 부성장 우셴吳憲의 아들), 공군사령관 마샤오톈馬曉天(전 군간부학교 교육장 마짜이야오馬載堯의 아들), 해방군 총장비부장 장유샤張又俠(전 부총참모장 장쭝쉰張宗遜 대장의 아들), 전 국가주석 류사오치의 아들 류위안(인민해방군 총후근부 정치위원, 상장) 등이 대표적인 태자당 출신 군부 지도자들이다.[22]

4. 경력으로 맺어진 공청단

공청단은 중국공산주의청년단의 약칭으로 중국 지도부 내의 대표적인 관시망關係網이다. 공청단을 중심으로 한 관시망을 퇀파이團派라고도 부른다.

공청단은 1922년 5월 광저우廣州에서 '중국사회주의청년단' 제1차 전국대표대회를 개최하여 정식으로 '사청단社靑團(영문약자: SY)' 및 그 중앙위원회를 조직하였다. 그리고 설립 목적을 '초기공산주의 사회' 건립을 위해 분투하는 데 두고 단원의 연령을 15~18세로 정하였다.[23]

1925년 1월 '사청단'은 '중국공산주의청년단(공청단)'으로 이름을 바꾸고

---

22 何頻·高新 저, 김규영 옮김. 앞의 책; 군부 내 태자당 출신 인맥에 대해서는 양중메이 지음, 홍광훈 옮김, 『시진핑의 선택』(알에이치코리아, 2012), pp.347-349 참조

"아주 용감하게 우리 공산주의의 진면목을 보여주자."라고 선언했다. 장정長征을 거치면서 공청단은 중국공산당의 대중조직으로 성장했고, 중일전쟁 및 내전을 거치면서 '서북 구국 중국사회주의청년단' (1937~1945년), '중국해방 구민주청년연합회' (1945~1949년)로 이름을 바꿔가며 활동했다. 건국 이후 '중국신민주주의청년단' (1949~1957)으로 개칭했지만, 1957년 다시 '중국공산주의청년단' 으로 이름을 바꾸어 오늘에 이른 공산당 후비後備 조직이다. [24]

후야오방이 1952~1966년 공청단 중앙 제1서기를 맡으면서 조직이 활성화되었지만, 이로 인해 문화대혁명기간에는 조직이 해체되는 위기를 맞기도 했다. 후야오방은 공청단이 만들어낸 첫 중국공산당 총서기(1980~1987)로, 그가 퇴진할 때까지 6년 이상 많은 공청단 간부를 차세대 엘리트로 배양하는 데 힘을 기울였다. [25] 바로 그때 공청단 중앙 서기 및 제1서기 (1982~1985년)를 역임한 후진타오가 중국공산당 총서기가 됨으로써 중국 정계에서 공청단 조직은 다시 이목을 끌게 된 것이다.

공청단은 오랫동안 중국 정치, 경제, 행정 분야 엘리트에서 등용의 주요 채널이었다. 특히 후진타오 정권 출범 이후 새로운 고위 관료 인사에서 공청단 출신들이 요직에 전진 배치되고 있다.

공청단의 단원이 되기 위해서는 소학교(초등학교) 때부터 타의 모범이 되

---

23 공청단의 역사는 정식으로 창당된 중국공산당의 역사 보다 오히려 앞선다. 중국공산당의 창당기념일은 1921년 7월 1일이다. 그 이전에 이미 광저우 등지의 지방에서는 중국사회주의청년단이 조직되어 있었고, 최초로 조직된 것은 상하이공산주의소조의 통제하에 있던 '상하이사회주의청년단' 이다. 경비 조달의 어려움으로 각 지방의 사청단은 1921년 5월 해산되었다(鄭洸 主編, 「中國共靑團簡史」(北京: 中國靑年出版社, 1992), p.8.).

24 공청단 조직의 명칭 변천에 대해서는 丁望, 「胡錦濤與共靑團接班群」(香港: 當代名家出版社, 2005), pp.21-25.

25 후야오방의 리더십하에 파벌(faction)을 형성한 증거는 어디에도 보이지 않음은 물론, 다른 공청단 리더도 공청단파(CCYL faction)의 리더로서 그러한 활약을 한 흔적은 없다((Zhiyue Bo, "The Sixteenth Central Committee of the Chinese Communist Party: formal institutions and factional groups," *Journal of Contemporary China*, 13-39, May 2004, p.250)고 하는 학자도 있지만 그것은 사실과 다르다. 후야오방이 공청단파를 대량 기용하고, 원로들을 제거함으로써 결국 많은 적을 만들어 그의 파멸을 초래하였음이 그것을 입증한다(김정계, 「중국의 권력투쟁사」(평민사, 2009), pp. 83-96.).

어야 한다. 소학교 2학년이 되면 각 학교에서 모범적인 어린이들이 빨간 머플러를 목에 두르고 다니는 소년선봉대원이 된다. 이 소년선봉대원들이 중학교에 진학하면서 다시 선발 절차를 거쳐 공청단에 가입하게 되는데 이때부터 공청단원들은 일반학생들과는 다른 계급사회에 들어가게 되는 것이다. 이후 성인이 된 후 공청단에 남아 계속 관련 활동을 하거나 본격적으로 공산당원이 되어 중앙 정치무대로 들어가게 된다. 현재 공청단원은 약 8,000만 명 정도로 알려져 있으며, 이중 3,500만여 명이 학생이다. 전국적으로 21만여 개의 기본조직이 있고, 295만 개의 공청단 지부가 구성되어 있다.

공청단 출신은 중국공산당 제15차 대회 이후 중국 지도부 내 가장 막강한 조직으로 부상하고 있다. 제15기 중앙정치국 위원의 경우 공청단 출신은 2명(후진타오와 리루이환)뿐이었지만, 후진타오가 집권한 당 제16차 대회 이후 급속히 증가하고 있다. 제16기의 경우 당 총서기 후진타오를 비롯해 우관정(전 칭화대 공청단 지부 서기), 왕자오궈(전 공청단 중앙 제1서기), 류윈산(전 공청단 네이멍구자치구 부서기), 왕러취안王樂泉(전 공청단 산둥성 부서기), 장더장(전 공청단 지린성 지부 서기)이 공청단 출신 중앙정치국 위원이었다. 이들 중 우관정만이 퇴임하고 나머지 5명은 제17기에 그대로 유임되었다. 그리고 또 리커창(전 공청단 중앙 제1서기), 류옌둥(정 공청단 서기), 리위안차오(전 공청단 중앙 서기), 왕양汪洋(전 안후이安徽 공청단 부서기), 장가오리(전 석유부 광둥마오밍茂名석유공사 부서기) 등 5명의 공청단 간부 출신이 정치국에 진입하여 제17기 정치국은 2명의 상무위원(후진타오, 리커창)과 8명의 위원이 공청단 출신으로 구성되었다.

제18기의 경우 리커창은 제17기에 이어 정치국 상무위원에 유임되고 공청단 출신으로는 처음으로 국무원 총리에 올랐다. 류윈산, 장더장, 장가오리는 정치국 위원에서 상무위원으로 승진하였다. 이 세 사람은 비록 공청단 경력이 있기는 했지만 그것은 지방 공청단 경력이었으며 후진타오와는 별로 관계가 없고 장쩌민에 의해 발탁된 인사들이다.

[표 1-5] 역대 중앙정치국 멤버 중 공청단 경력자

회기(기간)	중앙정치국 상무위원(공청단 직위)	중앙정치국 위원(공청단 직위)
제15기 (1997~1902)	후진타오(중앙 제1서기) 리루이환(중앙 제1서기)	우관정(칭화대 지부서기)
제16기 (2002~2007)	후진타오(중앙 제1서기) 우관정(칭화대 지부서기)	왕자오궈(중앙 서기) 류윈산(네이멍구자치구 부서기) 왕러취안(산둥성 부서기) 장더장(지린성 지부 서기)
제17기 (2007~2012)	후진타오(중앙 제1서기) 리커창(중앙 제1서기)	왕자오궈(중앙 서기) 류윈산(네이멍구자치구 부서기) 왕러취안(산둥성 부서기) 장더장(지린성 지부 서기) 류옌둥(중앙 서기) 리위안차오(중앙 서기) 왕양(안후이성 부서기)
제18기 (2012~)	리커창(중앙 제1서기) 장더장(지린성 지부서기) 류윈산(네이멍구자치구 부서기) 장가오리(마오밍석유공사 부서기)	류옌둥(중앙 서기) 리위안차오(중앙 서기) 왕양(안후이성 부서기) 류치바오(중앙 서기) 자오러지(칭하이성 지부서기) 후춘화(중앙 서기) 한정(상하이시 부서기) 쑨춘란(안산시경방공업국 서기) 리잔수(후베이성 서기)

정치국 위원의 경우 류옌둥, 리위안차오, 왕양 등 3명은 제17기에 이어 유임되었다. 그리고 후춘화(전 공청단 중앙 제1서기), 류치바오劉奇葆(전 공청단 중앙 서기), 자오러지(전 공청단 칭하이靑海성 지부서기), 한정(전 공청단 상하이시 서기), 쑨춘란孫春蘭(전 안산鞍山시 경방輕紡공업국 공청단 서기), 리잔수(전 후베이성 공청단 서기) 등 5명의 신임 정치국 위원이 공청단 경력자다.

한정은 공청단 출신이기는 하지만, 상하이에서 성장한 상하이방이다. 리잔수 역시 공청단 출신이긴 하지만, 태자당으로 시진핑과 친밀한 관계에 있으며, 쑨춘란은 지방에서 공청단 간부를 거치기는 했지만 공청단과 긴밀한 관계는 없다. 그리고 류옌둥과 리위안차오는 태자당 출신이기도 하지만, 공청단 중앙서기처 서기 출신으로 후진타오의 직계라 하겠다.

따라서 제18기의 경우 단순한 경력상으로는 25명의 정치국 위원 가운데 13명이 공청단 출신이지만, 실제적 인맥관계로 볼 때 그 세력은 제17기에 비해 매우 약화되었다. 특히 리커창이 국무원 총리에 오르긴 했지만, 당 총서기 후진타오는 물러났고, 상무위원 7명 가운데 리커창 한 사람만이 공청단 인물이다.

이상 네 비공식 정치네트워크 이외, 주요 지도자의 비서출신 파벌을 비서방秘書幇이라 부른다. 하지만, 이들은 지도자의 정치적 성향에 따라 그들의 정책성향이 달라지는 것이지 그들만의 결속력은 강하지 않다.[26] 또 석유방石油幇이 있는데, 석유방은 중국에서 국무원 석유부 또는 석유학원(대학) 출신의 권부 인맥을 일컫는 말이다. 대표적인 인물로는 공안부장을 거쳐 제17기 중앙정치국 상무위원 겸 중앙정법위원회 서기를 역임한 저우융캉, 장쩌민의 심복으로 국가 부주석 겸 정치국 상무위원을 역임한 쩡칭훙, 여성으로는 처음으로 부총리를 거친 우이吳儀 등을 들 수 있다.[27] 현 정치국 상무위원 겸 부총리인 장가오리는 쩡칭훙·저우융캉과 가까운 범상하이방이다.[28]

이상에서 중국 정치의 비공식적 집단에 대해 살펴보았다. 하지만 이들 비공식적 조직은 과거의 정치 계파만큼 결속력이 강하지는 않다. 왜냐하면 위

---

26 전 국가 부주석 쩡칭훙은 국가계획위원회(주임: 위추리余秋里, 야오이린) 판공청 비서 출신이며, 현 국가주석 시진핑은 중앙군사위원회(겅뱌오耿飚 부주석 겸 동 비서장) 판공청의 비서 출신이다. 위추리는 해방군 중장 출신으로, 석유공업부장을 거쳐 국무원 부총리 및 정치국 위원을 역임한 석유방의 대부이기도 하다.

27 저우융캉은 전 주석 장쩌민의 측근으로, 석유대학을 졸업하고 주로 동북지방 유전지대에서 일하다 국무원 석유부가 해체된 뒤 중국 석유총공사 사장, 국무원 국토자원부장, 쓰촨성 서기를 지낸 석유방의 핵심 인물이다. 쩡칭훙 역시 1980년대 석유부(중국해양석유총공사 연락부 부사장, 석유부 외사국 부국장)에서 일한 적이 있으며, 우이는 석유대학 출신으로 대규모 석유화학업체인 옌산燕山석유화학 부사장을 지냈다.

28 장가오리는 샤먼대학 통계학과 졸업 후 광둥성 계획위원회 주임에 임명뇌기 식선//가시 국무원 석유부(중국석화총공사로 변경) 산하 광둥마오밍석유공사 노동자로부터 시작하여 사장까지 오른 석유 맨이다. 그 후 장쩌민 집권기에 광둥성 부성장·부서기·성장, 산둥성 성장·서기, 톈진시 서기를 거쳐 2007년 제17대 중앙정치국 위원에 발탁되었다.

에서 살펴 본 바와 같이 중국공산당 최고 지도층의 비공식적 배경은 과거의 정치 계파派系와는 달리 그 구성원이 상당히 중복되어 있기 때문이다.[29] 특히 칭화대학 출신은 자신의 정치적 성장배경이나 가족배경에 따라 정책성향이 형성된 것이지, 상하이방이나 공청단처럼 동일한 조직배경 아래서 성장한 것은 아니다. 따라서 그 결속력도 상하이방 및 태자당이나 공청단만큼 강하지 않은 것으로 보인다.

하지만 이들 비공식적 조직을 중심으로 최고 지도층이 구성되고, 이들 주요 조직을 통하여 주요 정책 의제들이 제출된다는 점에서는 여전히 그 중요성은 높다고 보겠다. 특히 이들 제 세력은 그들이 공유하고 있는 특성에 의해 친화적인 집단 간에 제휴관계가 형성되고 있다. 바로 칭화방·공청단 출신 간의 제휴와, 상하이방·태자당 출신 간의 제휴가 그것이다. 리청이라는 학자는 전자를 '대중연합populist coalition'이라 하고, 후자를 '엘리트 연합elites coalition'이라 명명하였다. 또 그들은 자연스럽게 상이한 정책 성향을 나타내고 있다고 했다.

---

29 중공 제16기 정치엘리트의 비공식적 배경에 대한 상세한 분석은 김정계, 앞의 논문(2005), pp.56-62 참조.

시진핑은 어떤 인물인가?

– 출신성분 및 계파와 경력을 중심으로

2012년 11월, 중국공산당 제18기 전국대표대회 제1차 중앙위원회 전체회의(약칭: 18대1중전회)에서 시진핑은 중국공산당 중앙위원회 총서기 겸 당 중앙군사위원회 주석에 당선되었다. 그리고 2013년 3월에 열린 제18기 전국인민대표대회(약칭: 전인대)에서 국가주석 겸 국가중앙군사위원회 주석에 선임되었다. 이렇게 시진핑은 중국의 새로운 정치지도자로 등장했다.

시진핑은 2007년 제17차 당 대회 이후 중앙정치국 상무위원 겸 국가 부주석에 올랐고, 2010년 10월 당 중앙군사위 부주석 자리에 앉으면서 이미 '후계자'의 입지를 굳혔다.

시진핑은 당·정·군의 최고 지도자가 됨으로써 명실상부한 권력의 최정상에 올랐다. 2002년 11월 후진타오가 당 총서기와 국가주석(2013년 3월)을 장쩌민으로부터 넘겨받았지만, 2004년 9월에 가서야 당 중앙군사위원회 주석직을 승계한 점과 비교할 때 시진핑의 권력 승계는 단숨에 이루어졌다. 이변이 없는 한 시진핑은 2020년대 초반까지 향후 10년간 최고 지도자로서 중국의 미래를 좌우하고 전 세계에 영향을 미칠 것이다.

시진핑은 어떤 인물인가? 그는 180cm의 키에 100kg의 몸무게를 가진 거구로 둥그런 얼굴, 가늘고 긴 눈, 큼직한 코 등이 아버지 시중쉰을 매우 닮았다.[30] 가끔 그에게서 뿜어져 나오는 독특한 기운은 사람들을 압도한다. 텔레비전 화면에서는 느끼지 못하지만, 직접 대면하면 오랜 세월이 만들어낸 경험과 식견이 응축된 카리스마적 기운에 정치지도자들은 압도당하곤 한다. 이러한 카리스마적 기운은 상대를 동지로 끌어들이는 매력이 되며 적을 위협하는 무기가 되기도 한다.

하지만 시진핑을 만나면 첫인상이 따스하고 평온하며 신비한 대범함과 여유로움이 느껴진다는 것이 일반적 평이다. 한마디로 시진핑의 인상은 중

---

30 李國强, 「中國當代名人錄」第十二集(香港: 廣角鏡出版社, 1989), p.172.

국 역사에 등장하는 '대인'을 보
는 느낌이다.

시진핑에게는 마오쩌둥과 같
은 위압적인 권위도, 저우언라이
처럼 깔끔한 지적 매력도, 덩샤
오핑과 같은 역정이 응축된 노련
함도 보이지 않는다. 그리고 장
쩌민처럼 좌고우면左顧右眄하는

중국의 최고 지도자 시진핑

엉거주춤함도, 후진타오와 같이 분출하는 욕망을 삼키는 듯한 인상도 느낄
수 없다. 시진핑의 얼굴에서는 중국 사회주의혁명의 역정을 느낄 수 없고, 문
화대혁명의 재앙을 읽을 수도 없다. 그저 티 없이 성장한 태평스러운 부잣집
귀공자 타입일 뿐이다. 하지만 그 이면에는 문화대혁명 때 아버지가 숙청당
하면서 피비린내 나는 권력투쟁 속에서 살아남기 위해 단련한 담력과 응축
된 권모술수의 기술이 감추어져 있다. '난득호도難得糊塗'[31]의 카리스마라고
할까?

제1절
시중쉰의 아들로 태어나다

시진핑은 1953년 6월 베이징에서 태어났다. 원적은 아버지의 고향인 산시陝
西성 푸핑富平이다. 시진핑은 중국공산당 중앙정치국 위원 및 국무원 부총리

---

31 '난득호도'는 청대 건륭 시대 정판교鄭板橋가 쓴 글이다. 정판교는 그 글 밑에 해석을 다음과 같이 달아놓았다.
"똑똑하기도 어렵고, 바보스럽기도 어렵지만, 똑똑한 자가 바보스럽기는 더욱 어렵다."

아버지 시중쉰과 청년시절의 시진핑

등을 역임한 원로 혁명가 시중쉰(1913~2002)의 아들이다. 시진핑이 태어날 때 그의 아버지 시중쉰은 당 중앙 선전부장 겸 정무원(현 국무원) 문교위원회 부주임(문교부 차관)이었다. 시중쉰은 덩샤오핑 시대에 중국정치를 막후에서 조종한 '8대 원로' 중의 한 사람이다.[32]

시진핑의 아버지 시중쉰(1913~2002년)은 1913년 10월 13일 산시성 부핑현에서 태어났다. 그는 리청立誠중학 재학 중인 13세 때에 공산주의청년단에 가입하고 15세에 공산당에 입당하였다. 1930년대 초, 동향인인 류즈단劉志丹 · 가오강高崗 등을 도와 섬감변구(산시 · 간쑤陝甘邊區) 소비에트를 건립하였고, 1934년 21세 때 섬감변구 지역 혁명위원회 주석과 동 소비에트정부 주석을 맡아 군대를 이끌고 대 국민당 반포위작전에 참가하였다.

1935년 마오쩌둥이 이끄는 당 중앙이 장정을 끝내고 옌안에 도착하자 섬북陝北 지역은 혁명의 요충지가 되었다. 이후 그는 서북 5개 성 연합방위군의 정치위원이 되어 사령관인 허룽賀龍, 펑더화이 등을 도와 당 중앙과 마오쩌둥을 보위하는 한편, 서북 지방을 공산화하는 데 큰 역할을 했다. 당시 왕전王震(전 국가 부주석)은 그의 휘하 여단장이었다. 1949년 신중국 건국 시 그는 당 중앙 서북국 서기 겸 서북군구(제1야전군, 사령관 펑더화이) 정치위원으로 근무했다.

---

32 덩샤오핑, 천윈, 양상쿤楊尚昆, 보이보, 펑전彭眞, 시중쉰, 쑹런충宋任窮, 완리萬里 등을 중국공산당 '8대 원로', '치국 8로老' 또는 '8로老'라고 부른다. 어떤 사람들은 시중쉰, 쑹런충, 완리 대신 덩잉차오, 리셴녠, 왕전을 넣기도 한다.

1949년 10월 중화인민공화국 건립 후, 당 중앙 서북국(제1야전군) 군구 정치위원 겸 서북국 제2서기(제1서기: 펑더화이), 서북군사관제위원회 부주석(주석: 펑더화이) 등을 역임했다. 한국 전쟁이 발발하여 서북군구 사령관 겸 서북 군사관제위원회 주석인 펑더화이 장군이 조선지원군 사령관으로 임명되자 이때부터 서북군사관제위원회는 시중쉰이 통할하였다. 당시, 국민당을 완전히 퇴패시키지 못한 상태였기 때문에 지방행정은 6개 대행정구[33]로 나누어 통제하는 임시 군사관제 체제였다. 서북군구는 간쑤, 닝샤寧夏, 산시, 신장, 칭하이 등 5개 성을 관할하는, 면적으로 보면 중국에서 가장 넓은 행정구였다.

1952년 8월 당 중앙은 권력의 중앙 집중을 위해 지방의 대행정구를 폐지하고 그 지도자들은 중앙으로 불러들였다. 시중쉰도 당 중앙선전부장 겸 정무원 문교위원회 부주임에 임명되어 서북을 떠났다. 당시 중앙으로 전입한 지방지도자들의 불만은 컸다. 그 대표적인 지방지도자가 동북인민정부의 가오강(군사관제위원회 주석 겸 군구 사령관)과 화동군구 주석 겸 정치위원 라오수스饒漱石였다. 그들은 결국 당 중앙에 도전하다가 '반당분자' 로 몰려 숙청당했다.[34]

시중쉰은 1953년 정무원 비서장을 거쳐 1959년 국무원 부총리(국무원 비서장 겸임)가 되었다. 당시 그의 나이 겨우 46세였다. 이처럼 성장일로에 있었던 시중쉰은 1962년 당 8대10중전회에서 라이벌이었던 캉성康生[35]의 시기로 '류즈단 사건' 의 주모자로 몰려 1962년 10월 모든 직위에서 해임되었다.

---

33 6개 대행정구는 서북을 포함해 동북, 화북, 중남, 화동, 서남군구다. 지금의 몇 개 성省을 하나의 대구大區로 묶어 군사관제하에 통치하였다.

34 가오강과 라오수스 사건의 상세한 내용은 김정계, 『중국 권력투쟁사: 1949~1978』(평민사, 2002), pp.42~61 참소.

35 캉성은 산둥성 출신으로 마오쩌둥과 장칭(마오쩌둥의 네 번째 부인)을 만나게 한 일등공신이다. 문화대혁명 때 마오쩌둥의 오른 팔이 되어 류사오치, 덩샤오핑, 펑더화이 등 실용주의 노선을 걷는 인사들을 '주자파走資派(자본주의 길을 걷는 부르주아지 수정주의자들)' 로 몰아 박해를 가하는 데 앞장 선 인물이다.

류즈단 사건은 캉성 등 극좌파가 시중쉰이 그의 상사인 류즈단의 위업을 기리는 소설 『류즈단』(류즈단의 동생 류징판劉景範과 그의 처 리젠퉁李建同 공저)을 통하여 류즈단의 공적을 선전함으로써 '펑더화이−황커청 사건'을 합리화하고 '펑더화이 사건'[36]을 번복시키려는 음모가 깔려 있다고 주장하며 시중쉰을 공격한 사건이다.

시중쉰의 군 경력을 보면 제1야전군계의 류즈단·펑더화이·허룽 등과 밀접한 관계가 있으며, 특히 내전 중 서북군 시절에는 펑더화이(사령관)와 시중쉰(정치위원)은 운명을 함께하는 관계에 있었다. 따라서 펑더화이의 숙청은 바로 그의 운명을 결정지었다.

시중쉰은 당시 그의 정치생명을 비틀어 놓은 책임을 모두 캉성에게 돌리고 있지만, 사실 시중쉰은 마오쩌둥이 몹시 싫어했던 서북방 펑더화이 계열 사람이었기 때문에 캉성이 감히 그를 뒤흔들어 놓을 수 있었던 것이다.

시중쉰은 1965년 허난성 뤄양洛陽 광산용 기계제조공장으로 쫓겨 갔다. 이후 그는 문화대혁명 때 또 한번 혹독한 비판을 받고 15여 년간 비참한 생활을 하였다. 대우는 행정 4급에서 말단 직급인 13급(당 고위 간부의 직급 중 가장 낮은 등급)으로 강등되었고, 노동개조로 매일 작업장에서 노동자들과 함께 일했다.

1966년 문화대혁명 개시 얼마 후 홍위병들은 시중쉰에게 구악의 청산이라는 명분과 '류씨(류사오치) 족보 인물'이라는 죄목을 덮어씌워 다시 혹독한 비판을 퍼부었다.[37] 이때 펑더화이 역시 다시 참혹한 박해를 당하고 사망했다.

---

36 펑더화이 사건은 당시 중앙정치국 위원 겸 국방부장 펑더화이가 1959년 7월 장시성 루산廬山에서 열린 당 중앙정치국 확대회의에서 마오쩌둥이 추진한 대약진운동의 실패에 대해 마오쩌둥에게 진언하다가 숙청된 사건이다.
37 '류씨 족보'란 류사오치 계열의 '주자파'를 일컫는 말이다. 마오쩌둥과 린뱌오 연합세력은 이데올로기(紅)와 평등(생산관계)을 강조한 반면, 류사오치를 비롯한 덩샤오핑, 평전, 펑더화이 등 실무파 엘리트들은 전문성(專)과 능률(생산력)을 강조하였다. 문화대혁명 때 전자는 후자를 수정주의자로 낙인찍어 박해를 가하고 잔혹하게 숙청했다.

시중쉰이 하방된 허난성 뤄양의 광산용 기계제조공장은 1950년대 소련의 원조로 건설된 156개 공업 아이템 가운데 하나로, 지덩구이紀登奎가 초대 공장장 겸 당위원회 서기로 재직 중이었다. 지덩구이는 문화대혁명 기간 마오쩌둥에 의해 중앙정치국 위원, 국무원 부총리와 베이징군구 제1정치위 위원을 역임한 화궈펑 계열의 범시파凡是派(마오쩌둥의 이론도, 추진한 정책도 옳다고 믿는 집단) '신4인방' 중의 한 사람이었다.[38]

지덩구이의 배려로 시중쉰은 소련 전문가가 거주하던 고급 숙소에 살며 상당한 예우를 받았다. 하지만 하방은 하방이었다. 그러던 중 시중쉰은 마오쩌둥에게 편지를 보내 용서를 빌었고, 마오는 무슨 저의가 깔렸었는지는 몰라도 지시를 내렸다. "시중쉰은 좋은 동지다. 당을 위해 많은 일을 했다. 그에게 무슨 문제가 있는가? 그 소설은 이제 출판되지도 않는데, 내 말이 크게 문제를 일으켰군. 그때 내가 한 말은 일반적인 지적이었을 뿐이다."

저우언라이 총리는 마오쩌둥의 뜻을 알아차린 후 곧 비행기를 보내 시중쉰을 베이징으로 호송하여 베이징 위술구의 감호에 맡겼다. 그리고 저우언라이는 당 중앙 회의에서 시중쉰은 그래도 우리 동지라고 주장하면서 그를 중앙당교 부근에 조용히 살 수 있는 거처를 마련해 주도록 제의하였고, 중앙은 이를 수용하였다. 이로써 하방생활은 면했다. 하지만 감호생활은 여전했다. 그의 아내 치신齊心도 1966년부터 1972년까지 5.7간부학교에 하방당하여 노동개조를 받았다.

1978년 소설 『류즈단』의 작자인 리젠둥이 당 중앙에 재심을 요청하자 덩샤오핑이 이를 받아들여 당 중앙조직부장 후야오방에게 재조사를 명령했다.

---

38 지덩구이는 화궈펑 계열의 범시파 '신4인방' 중의 한 사람이었으나, 하지만 시중쉰과의 관계는 좋았던 것으로 전한다. '신4인방'이란 화궈펑 계열의 왕둥싱汪東興 당 중앙 부주석(전 마오쩌둥 경호부대 8341부대 사령관), 우더吳德 전인대 상무부위원장 겸 베이징시 당위 제1서기, 천시롄陳錫聯 부총리 겸 베이징군구 사령관, 지덩구이 부총리 등을 일컫는다. 이들은 화궈펑의 추락과 동시에 몰락했다. '소4인방'이라고도 한다.

그 결과 1979년 8월 소설 『류즈단』의 기존 판결이 번복되고 사건 관련자들은 모두 명예가 회복되었다. 이때 군부 원로인 예젠잉과 과거 시중쉰의 부하였던 왕전, 그리고 당시 당 중앙 조직부장 후야오방 등의 큰 도움을 받았다.

1978년 3월 시중쉰은 제5기 전국 인민정치협상회의 상무위원에 피선되고, 이어 예젠잉의 추천으로 광둥성 당위 제2서기로 복권되었다. 이어 제1서기로 승진하여 광저우군구 제2정치위원을 겸직하였다. 그리고 같은 해 12월 당 중앙위원으로 선출되었다. 이때 그의 처 치신은 광저우시 당위원회 조직부 부부장으로 배치되었다.

1979년 시중쉰은 개방의 전초기지인 광둥성의 성장이 되었다. 이후 1980년 9월 제5기 전국인민대표대회 상무부위원장에 선출되어 베이징 정단으로 돌아올 때까지 광저우군구 제1정치위원을 겸임하는 등 광둥성에서 일했다. 그가 광둥성에서 근무하던 때는 개혁개방의 초기로, 광둥성에서는 경제특구를 실험적으로 건설하고 있었다. 시중쉰은 솔선하여 선전深圳, 주하이珠海, 산터우汕頭 등을 경제특구로 발전시키는 데 헌신했다. 그의 개방적이고 진취적인 기풍은 광둥성 간부들에게 상당한 호평을 받았다.

1981년 6월, 시중쉰은 당 11대6중전회에서 중앙서기처 서기에 선임되어 점차 당 권력의 핵심부로 진입하기 시작했다. 11대6중전회는 화궈펑이 당 주석에서 실각하고 후야오방이 등장한 회의였다. 새로운 당 주석이 된 후야오방(전 공청단 중앙 제1서기)은 시중쉰과 같은 공청단 출신이었다.

1982년 9월, 당 12차 대회에서 시중쉰은 제12기 중앙정치국 위원에 당선되고 서기처 서기에 유임되어 서기처의 일상 업무를 관장하는, 실질상의 당 행정 최고 책임자가 되었다. 서기처의 구성원들은 거의 대부분 총서기 후야오방의 측근 실세들이었다. 천피셴陳丕顯, 후치리(중앙판공청 주임), 하오젠슈郝建秀 등은 모두 후야오방이 문화대혁명 전 공청단 중앙서기처 제1서기 시절 그 밑에서 일한 친 후야오방 공청단 계열 인사였다.

서기처에서 일하는 동안 쉬중신은 당 행정의 일상 업무를 관장하는 등 후야오방 총서기의 지지 아래 상당한 실권도 장악하였다. 그러나 후야오방의 실각과 더불어 그는 다시 한직으로 밀려나는 신세가 되었다.

1986년 말에서 1987년 초, 천윈을 필두로 한 보수파와 군부의 공격으로 후야오방이 실각하였다. 그래서 한 때 시중쉰이 당 총서기직을 승계할 것이라는 풍문이 나돌기도 했다.[39] 시중쉰은 그런 소문이 나돌 정도로 개혁의지에 있어서 후야오방에 뒤지지 않았기 때문이었다. 하지만 보수파의 공격으로 후야오방이 실각하는 마당에, 덩샤오핑이 후야오방과 가깝고 그보다도 더욱 개혁의지가 강한 시중쉰을 당 총서기 후보군에 이름을 넣기에는 뭔가 균형이 맞지 않았다. 그래서 그를 총서기 후보에 올리지 않았던 것으로 전한다. 물론 시중쉰 자신도 후야오방의 낙마를 못 마땅하게 생각하였기 때문에 덩샤오핑과의 관계가 그렇게 순조롭지만은 않았다.[40]

1987년 당 13차 대회에서 시중쉰은 중앙정치국 위원에 유임되지 못하고, 1988년 제7기 전국인민대표대회 상무부위원장 겸 내무사법위원회 주임위원에 선출되었다. 그는 1989년 6·4천안문 사태 때, 시위대에 대한 발포 진압에 부정적인 태도를 보이거나 함구한 지도자 중의 한 사람이었다. 1993년 이후 그는 당과 국가의 모든 직위로부터 물러났고, 2002년 베이징에서 병사했다. 시중쉰이 사망할 당시 시진핑은 저장성 당위 부서기에 재직하고 있었다.

시중쉰은 두 번 결혼했다. 첫 번째 부인은 시중쉰이 섬감변구소비에트 주석 시절인 1935년 12월에 결혼한 하오밍주郝明珠다. 그녀는 서북혁명가 우다

---

39 「明報」, 1988년 3月 28日; 何頻·高新, 앞의 책, p.220.
40. 1987년 1월 15일부터 16일 당 중앙은 정치국 확대회의에서 당 원로들은 부르주아지 자유화에 대한 후야오방의 放縱정책을 격렬하게 糾彈하고, 정치국 전원과 중앙서기처 서기 대다수가 일제히 후야오방에게 비판의 포문을 열었다. 이때 침묵을 지킨 사람은 후야오방과 같은 공청단 출신인 왕자오궈 서기처 서기와 주허우쩌朱厚澤 중앙선전부장 두 사람뿐이었다. 정치국 위원 중에는 시중쉰(현재 당 총서기 시진핑의 아버지) 한 사람만이 문화대혁명식의 인신공격에 반대했다(김정계(2009), 앞의 책, p.114).

제2장 | 시진핑은 어떤 인물인가? • 53

이펑吳仲峰의 생질녀였다. 그러나 두 사람은 결혼 9년만인 1944년 10월에 이혼했다. 당시 하오밍주는 28세였다. 둘 사이에 다섯 자녀를 두었으나 두 딸은 일찍 죽고, 세 자녀는 하오밍주가 평생 독신으로 살면서 키웠다.

두 번째 부인은 1944년 4월에 결혼한 치신이다. 시진핑은 시중쉰과 치신 사이에서 태어난 2남2녀 중 첫 번째 아들이다. 시진핑의 남동생으로는 시위안핑習遠平(현 국제에너지절약환경보호협회장)이 있고, 두 여동생은 시차오차오習橋橋와 시안안習安安이다.

시중쉰과 전처 사이의 장남 시정닝習正寧(일명 시푸핑習富平)은 산시성 조직부 부부장과 청년간부처 처장을 거쳐 하이난성 정법위원회 서기 겸 사법청장을 역임한 후 1998년 사망했다. 그리고 전처 사이의 두 딸 중 장녀 시허핑習和平은 문화대혁명 중 자살했고, 그녀의 아이는 어머니 하오밍주가 키웠다. 차녀 시하오핑習郝平(일명 시간핑習乾平)은 아직 생존한 것으로 알려지고 있다. 시하오핑의 남편은 현재 「법제일보」 편집인으로 있는 마바오산馬宝善이다.

제2절
현역병으로 중앙군사위원회에 근무하다

시진핑은 고위 간부인 시중쉰의 아들로 태어나 어린시절을 남부럽지 않게 보냈다. 시진핑은 당시 고위 간부의 자제들만이 다닐 수 있는 베이징 81학교에 다녔다. 이 학교는 인민해방군이 그들의 자제를 교육시키기 위하여 설립한 학교로, 시진핑과 같이 이 학교에서 공부한 사람은 덩샤오핑의 아들 덩푸팡鄧樸方, 보이보의 아들 보시라이, 황징의 아들 위정성, 쩡산의 아들 쩡칭홍 등 이른바 태자당 출신들이다.

아버지가 뤄양으로 하방될 때 시진핑은 아홉 살이었다. 시진핑은 1968년까지 이 학교에 다니는데, 이 학교는 문화대혁명 중 '고위 간부 자제의 학교'라는 이 유로 폐교되었고, 시진핑은 인근 베이징 제25중학교로 옮겼다. 그러나 그곳에 서 시진핑은 문화대혁명으로 '반동집안의 자식'이라는 비판과 멸시를 받아야 했다. 베이징 제25중학 역시 고급 혁명 원로들의 자제들이 많이 다닌 학교다.

시진핑이 중학을 졸업할 즈음 중국에서는 모든 대학이 문을 닫았고, 지식 청년들은 하방되어 노동에 종사해야 했다. 시진핑은 중학을 마친 1969년(만 15세)에 지식청년으로 산시陝西의 오지 량자허梁家河라는 산촌에 배치되었다. 이후 7년 동안 이곳에서 농민과 함께 생활을 했다. "몸이 아플 때를 제외하 고는 1년 365일을 거의 노동에 종사했다. 땅굴 같은 집에서 풀을 베고 가축 을 돌보고 들에서 양을 방목했다."[41] 이로 인해 시진핑은 고위간부 자제이면 서도 서민적 정서를 갖고 있었으며, 자신이 다른 고위간부 자제와 비교되는 것을 싫어했다. 그는 당시 하방된 베이징 지식청년 가운데에서는 처음으로 농촌대대 서기가 되는 등 두각을 나타냈고, 몇 차례 퇴짜를 맞기는 했지만 1974년 공산당에 입당할 수 있었다.

1975년 22세 때 시진핑은 약 7년간의 하방생활을 마치고 베이징으로 돌 아와 공농병(노동자, 농부, 병사) 학생 신분으로 칭화대학 화학공학과에 입학 했다. 입학은 필기시험이 아닌 추천에 의한 것이었다. 시진핑은 아버지의 상 사이자 동료로 일한 지덩구이(당시 부총리)의 도움을 받은 것으로 알려져 있 다. 겨우 중학교 졸업생으로 하방 생활 동안 책을 접할 기회가 없었기 때문 에 입학 초기 그의 실력은 간단한 화학 방정식도 모를 정도로 형편없었다. 그래서 우선 중학교 수준의 수학, 물리, 화학의 기초지식을 익혔다고 한다.[42] 잃어버린 청춘시절을 만회하는 데 온 몸을 던진 것이다.

41 夏飛, 楊韻, 白曉雲, 「太子黨和共靑團: 習近平PK李克强」(香港: 明鏡出版社, 2007), p.92.
42 吳明, 『習近平評傳』(香港: 香港文化藝術出版社, 2008), pp.69~70.

1977년 칭화대학 재학시 시진핑과 그의 친구

1978년 들어 덩샤오핑이 집권하여 개혁개방이 시작되자 시진핑의 아버지는 복권되었고, 시진핑은 1979년 칭화대학을 졸업했다.

칭화대학 졸업 후, 시진핑은 당시 중앙군사위원회 상무위원 겸 비서장이었던 겅뱌오耿彪의 비서로 취직이 되어 중앙군사위원회 판공청에 근무했다.[43] 그는 현역병 신분이었다. 당시 겅뱌오는 중앙군시위원회 주석과 부주석을 보좌하며 군사위원회의 일상 업무를 관장하는 인민해방군의 실세였다. 그는 국무원 부총리도 겸직하고 있었다.

당시 고위 간부의 비서가 된다는 것은 특혜였다. 그것도 현역병으로 중앙군사위원회 비서장의 비서라는 것은 대단한 자리였다. 1970~1980년대에 비서들은 원로 지도자들이 정책 게임에서 능동적으로 활동하도록 지원하는 중요 역할을 했다. 겅뱌오는 전 국방부장 예젠잉의 부하로, 문화대혁명에 대해서는 관용적이었지만 개혁파의 한 축인 예젠잉에 대한 충성심은 강했던 인물이다. 예젠잉은 시진핑의 아버지를 광둥 성장에 추천한 광둥의 좌장이다.

비서로 재직하는 동안 시진핑은 업무 스케줄 잡기, 내빈 접대, 연설문 초안 작성 등의 업무를 담당했다. 또 당시 국가계획위원회 주임 위추리의 비서였던 쩡칭훙, 류샤오치의 아들 류위안(현역 해방군 상장) 등 고위 간부 자제 출

---

43 상장위 지음, 이재훈 옮김, 『중국을 움직이는 시진핑 리커창』(도서출판 린, 2014), pp.106-108.

신 비서들과 교분을 다지기도 했다. 쩡칭훙은 베이 징 81학교 선배로 상하이 당위원회 부서기(서기: 장쩌민)를 거쳐, 장쩌민이 총서기가 될 때 베이징으 로 함께 가서 당 중앙판공청 부주임, 중앙조직부장 과 중앙서기처 상무서기, 중앙당교 교장, 정치국 상무위원, 국가 부주석을 역임하는 등 막강한 실력 자로 성장하였다. 그는 시진핑의 성장가도에 있어 서 결코 빼놓을 수 없는 큰 힘이었다.

1979년 중앙군사위원회 판 공청 근무 시절의 시진핑

일개 화공학도가 중앙군사위원회 판공실 비서가 되었다는 것은 평민의 자녀로서는 상상할 수 없는 파격적인 등용이었다.

시진핑은 1980년 5~6월 겅뱌오를 수행하여 미국을 방문했다. 당시 그는 미군의 최신 장비를 시찰하며 견문을 넓혔으며, 이는 중국군의 열세를 통감 하는 계기가 되었다.[44] 시진핑은 중앙군사위원회 판공실에 근무하는 동안 군부의 간부들과 인맥을 다졌고, 국방관리의 기초지식을 익혔다. 현직 당 중 앙 최고 지도층 가운데, 군 대표 현역 장성을 제외한 문민정치인 중 군대 경 험을 가진 지도자는 오직 시진핑뿐이다. 중국정치에 있어서 군의 힘이 얼마 나 막강한가를 볼 때, 이는 시진핑만이 가진 큰 정치적 자산이며 힘이다.

1982년 시진핑은 제대했다. 제대 후 허베이성 정딩正定현 부서기를 시작 으로 20여 년간 지방만을 돌며 기층 경험을 쌓았다. 중국의 "최고 간부가 되 려면 지방정부의 당정 업무를 경험하는 것이 중요한 코스다."라고 한 아버 지의 조언을 따른 것이다. 약 3년간에 걸쳐 정딩현의 당위 부서기와 서기를 지냈다. 이 시기 그의 큰 실적은 청나라 거리를 재현한 '영국부榮國府' 건설 이다. 그곳에 CCTV 드라마 〈홍루몽〉의 촬영장을 유치하였고, 그로 인해 작

---

44 위의 책, p.89.

은 농촌 현에 많은 관광객을 모여들게 한 것이다. 이는 결국 성공적인 지방 경제 활성화의 사례로 전국에 알려졌다. CCTV 드라마 촬영을 일개 시골 현 부서기의 힘으로 어떻게 유치할 수 있었을까 하는 것이 당시 언론들의 의문 이었다. 당시 아버지 시중쉰은 중국 공산당 중앙의 핵심부서인 중앙서기처 서기로 당 총서기 후야오방을 돕고 있었다.

제3절
개방지역 지도자 경험을 통해 개혁의지를 다지다

1985년 시진핑은 개방전초 기지인 푸젠성 샤먼廈門시로 옮겨 가 1988년까지 당위원회 상무위원 겸 부시장으로 근무했다. 샤먼시는 개혁개방 초기에 개 방된 중국의 4개 경제특구 가운데 하나로, 시진핑은 이곳에서 물 만난 물고 기처럼 자신의 능력을 십분 발휘할 수 있었다. 그 가운데 세상 사람들의 주 목을 끈 일은 그가 기획하여 수립한 '2000년 샤먼 시 경제사회 발전전략'으 로, 그 개혁 방안은 각 분야의 호평을 받았다. 그는 "전략문제는 약간은 모호 해야 한다. 어떤 의미에서는 모호성이야말로 과학이다."라고 말했다.

　1988년 시진핑은 푸젠성 닝더寧德지구 당위 서기에 임명되었다. 그의 나 이 불과 36세였다. 당시 그는 푸젠성의 지급地級 및 시급 지도자 가운데 제일 젊었다. 기자들이 그에게 "귀하는 닝더에 부임하여 민동閩東(푸젠 동부)지구 에 대해 어떠한 전략적인 생각을 하고 있느냐?"고 물었다. 이에 시진핑은 "나는 수많은 새로운 비전이나 아이디어를 내지 않고 행동 지상주의로 나가 는 리루이환李瑞環 톈진시 서기의 관점을 찬동한다."고 답했다. 또 어떤 기자 가 "귀하의 출세가도는 귀하의 가정배경과 관계가 있지 않는가?"라고 물었 다. 이에 시진핑은 "아주 관계가 없다고는 말할 수 없지만, 그렇다고 해서 내가 아버지에게 기대어 밥 먹는 사람이라고는 말할 수 없다."[45]고 답했다.

닝더지구는 빈곤하고 낙후된 지역인데다가 간부들은 부패해 있었다. 이에 시진핑은 부임 후, 부패퇴치를 주요 시정목표로 삼았다. 닝더지구 간부들의 주택을 조사한 결과 7,392명의 전체 간부가 자신의 수입에 비하여 과분한 집을 짓거나 대지를 소유하고 있었다. 이는 빈곤지역에 걸맞지 않은 일이었고, 그 재산 또한 상상을 초월하는 액수였다.

시진핑이 부임하기 전, 닝더지구 당위원회는 이 일에 관하여 세 차례나 조사를 진행했지만 용두사미식으로 끝나거나 수박 겉핥기식 조사에 그쳤으며, 오히려 부동산 투기만 부추겼었다. 이에 시진핑은 부패와 일전을 벌이기로 결심했다. 시진핑은 '계층 책임제'를 만들어 각 계층의 책임자가 책임을 지고 토지 소유의 심사 허가 과정 등을 면밀히 조사하고 감찰토록 했다. 그는 1982년 이래 토지를 취득했거나 건축한 가옥에 대해 면밀한 조사를 실시했다. 간부 개인이 지은 가옥의 대지, 허가 절차, 대지 매매 비용, 건물 구조 및 건설비용, 건물주의 경제상황 등을 점검하였다. 그리고 건축주의 명단을 게시하고, 시민들에게 비리에 대한 신고와 감시를 호소하였다.

전체 닝더지구에서 비리에 연루된 간부는 모두 1,021명이었고, 부처장급 이상 간부가 32명이나 되었다. 그 결과 4채의 가옥을 몰수하고, 31가구는 철거했으며, 21명은 징계처분을 내리고 94만 7,600원의 벌금을 부과했다. 개인 집을 지어놓고 사택에 사는 간부는 1개월 내에 사택을 비우도록 하고, 집값의 10배에서 20배의 벌금을 부과하였다. 벌금은 월급에서 압류했다. 지방 토착세력의 뿌리가 강고한 상황에서 그들의 기득권은 상대하기 쉬운 대상이 아니었지만 그는 해냈다.

---

45 이때 벌써 홍콩의 작가 李國强은 그가 쓴 『中國當代名人錄』에 일개 지급 당위 서기인 시진핑을 소개하고 있다. 『中國當代名人錄』은 현대 중국의 당·정·군 및 재계의 고위 엘리트 및 미래의 지도자감을 선정하여 그 프로필을 소개한 책이다(李國强, 앞의 책(1989), pp.172-173.).

「인민일보」가 '한 가지 일을 하여, 만인의 마음을 얻다' 라는 제목으로 시진핑의 이러한 부패척결 사실을 보도함으로써 시진핑의 이 일전은 세상에 널리 알려지게 되었다. 시진핑이 이처럼 과감하게 부패를 척결할 수 있었던 것은 아버지의 배경이 있었기 때문이라고 말하는 사람도 있다. 당시 그의 아버지 시중쉰은 전국인민대표대회 상무부위원장(국회부의장 격) 겸 내무사법위원회 주임위원으로 활동하고 있었다. 비록 후야오방은 실각했지만, 정권은 덩샤오핑 휘하 개혁파에 의해 주도되고 있었기 때문에 이러한 배경은 시진핑에게 힘을 실어주었을 것이다. 하지만 그것보다는 시진핑 자신의 용기와 신념 그리고 지혜의 결실이었다고 볼 수 있다.

1990년 5월 시진핑은 푸젠성 푸저우福州시 당위원회 서기에 임명되었다. 푸저우 당위 서기는 부副성급 간부에 해당한다. 이후 2000년까지 푸저우 시 인민대표대회 상무위원회 주임, 푸젠성 부서기, 부성장, 성장대리를 거쳐 성장으로 승진하는 등 주로 푸젠성에서 30~40대를 보냈다. 1997년에 당 제15기 중앙후보위원에 선출되어 중앙 진출의 기회가 주어졌음에도 불구하고 푸젠성에서 5년 더 근무하며 계획된 업무를 완료한 후 새로운 직위를 맡기를 희망했다.

푸저우는 푸젠성의 수도다. 또 푸저우는 중국 14개 대외 개방특구 가운데 하나며, 푸젠성은 대對 타이완통일전선의 '최전선' 이라는 점에서 지리적으로 중요한 곳이다. 통계에 의하면 당시 푸저우에 투자한 외자기업은 500여 개였으며, 외자기업의 공업생산액은 푸저우 전체 시 총 생산액의 30%에 달했는데 이들 외자기업의 절반 이상이 타이완 기업이었다. 타이완 기업인들은 대륙열풍을 타고 막대한 자금을 푸저우에 쏟아 붓고 있었다.

이러한 외자기업의 유치는 중앙정부의 개방정책도 주효했지만 시진핑의 노력 또한 컸다. 시진핑은 푸저우를 위해 '하나의 중점', '두 개의 선', '세 개의 단계', '네 개의 발전' 이라는 방침을 세워 밀고 나갔다.

'하나의 중점' 이란 민강閩江을 중점으로 하여 인근 지역을 전면적으로 개발함으로써 민강 어귀 개발을 촉진한 것이었다. 이 구역은 약 100평방 킬로미터에 달하는 면적이었다.

'두 개의 선' 은 푸저우-마웨이馬尾와 푸저우-샤먼 간의 도로를 확장하여 대외개방의 기반을 마련하는 것이었다.

'세 개의 단계' 는 마웨이 개방구와 민강 어귀 투자구-푸저우의 구시가지-교외의 8개 현을 연계시키고 상호 발전을 촉진시키는 단계를 거쳐, 이 지역 전체를 전면 개방한다는 내용이었다.

'네 개의 발전' 은 외자를 끌어들이고, 기술을 도입하고, 수출을 통해 외화를 벌어들이고, 투자환경을 지속적으로 개선해 나가는 전략이었다.

시진핑은 1991년 직접 홍콩에 가서 '투자환경 개선과 외국기업의 푸저우 투자환경에 대한 설명회' 를 주최하였다. 이 회의에서 시진핑은 홍콩기자들에게 다음과 같이 말했다.

"개방의 각도에서 보면 푸저우와 홍콩, 타이완 간에는 지연과 혈연 등에 있어서 밀접한 관계가 있다. 타이완 주민 가운데, 60여만 명은 민난어閩南語 계통에 속하며 홍콩에도 호적이 푸저우인 사람이 상당히 많다. 푸저우가 대외적으로 개방하고 있는 연해지역 8개 현 가운데 6개 현이 타이완 해협에 인접해 있고, 가장 가까운 곳은 84m에 불과하다. …… 타이완 기업인들이 푸저우에 투자하는 것은 대세의 흐름이고, 그 열풍을 인위적인 '냉각' 으로 막기는 어려울 것이다." 시진핑은 또 양안兩岸의 3통(통신, 통상, 통항)은 필연적인 추세라고 했다.

이처럼 시진핑은 푸젠성에 근무하는 동안 타이완 자본을 유치하는 데 큰 공헌을 하였음은 물론, 푸젠을 동남아로 향하는 중국 경제의 전진기지로 발전시키는 데 크게 기여했다.

한편, 시진핑은 1998~2002년 푸젠성 당위부서기 겸 성장에 재직하는 동안 칭화대학 대학원에서 마르크스주의이론과 사상 정치교육을 전공하여 「중국농촌 시장화 연구中國農村市場化研究」라는 논문으로 법학박사 학위를 취득했다. 학부에서는 공학을 전공했지만, 대학원 과정부터 정치학을 전공했다. 제5세대 지도자들 다수가 이처럼 재직 중에 학위를 취득한 경우가 많다. 그들은 정상적인 대학원생들처럼 시험도 거치지 않고 입학하여 강의도 듣지 않았으며, 오직 논문만 제출하여 학위를 받았다. 이는 문화대혁명 중 정상적인 교육을 받지 못한 그 세대만이 갖는 학문에 대한 목마름 때문이었다고 할 수도 있고 아니면 경력관리를 위한 유행이었다고 할 수도 있다.

제4절
제1 경제도시 상하이 서기로 중앙 진출의 디딤돌을 마련하다

시진핑은 2002년 푸젠성 성장에서 저장성 부서기로 자리를 옮겼다. 푸젠성 성장에서 저장성 부서기로 옮긴 이유에는 두 가지 해석이 있다.

첫째는 푸젠성 샤먼에서 발생한 중국 건국 후 최대의 부정부패 사건이라 할 수 있는 위안화遠華 밀수사건의 처리과정 때문이었다는 것이다. 당시 성장이었던 시진핑은 현지 경제상황을 고려하여 원만하고 단계적인 처리를 주장한 반면, 루잔궁盧展工 부성장은 강력한 처벌을 원했던 것이다. 루잔궁은 당시 당 중앙정치국 상무위원이며 중앙기율검사위원회(부패척결의 최고 지도기관) 서기 웨이젠싱의 측근이었다. 따라서 그는 부패척결에 적극적이었다. 밀수사건은 당시 전국인민대표대회 상무위원장인 리펑의 아들 등 중앙 고위층의 자제들, 이른바 태자당이 연계되어 있다는 여론이 팽배했던 사건이다. 웨이젠싱은 차오스喬石 전 전국인민대표대회 상무위원장의 계열로 리펑을 필두로 하는 보수파와는 대립각을 세우던 인맥이다. 결국 이 문제의 처리과정에서 발생한 권력투쟁에서 시진핑이 밀렸다는 설이다.

둘째는 2000년 푸젠성 당위 서기로 부임한 쑹더푸宋德福(후진타오 후임 공청단 중앙서기처 제1서기) 때문이라는 설이다. 쑹더푸는 당시 당 중앙정치국 상무위원이며 국가 부주석이던 후진타오의 핵심 측근 공청단 계열이었다. 후진타오가 공청단 중앙서기처 제1서기 시절에 육성한 후배로, 공청단 제1서기를 지냈다. 즉 시진핑은 공청단 계열 쑹더푸 밑에서는 크게 빛을 보지 못할 것 같아서 저장으로 옮겨갔다는 설이다.

저장성은 상하이와 인접해 있는 중국에서 가장 부유한 성 가운데 하나로, 장쩌민 전 주석을 대표로 하는 상하이방의 본거지 중 한 곳이다. 여기서 시진핑은 부성장과 대리성장을 거쳐 2002년 11월 저장성 당위 서기로 승진하였다. 이 점으로 보아 그는 푸젠에서 밀려난 것이 아니라 오히려 개방지역의 경험을 더욱 넓히면서 더 좋은 인맥과 연계되어 그들의 지지를 받았다고 볼 수 있다. 저장성 당위 서기가 된다는 것은 중앙의 영향 없이는 불가능하기 때문이다. 당시 당 총서기가 태자당이며 상하이방인 장쩌민이었다.

그는 저장성 서기로 재직하는 5년 동안 저장성을 전국에서 민간기업의 비율이 가장 높은 성으로 끌어 올렸다. 그리고 저장성 수도 항저우를 세계적인 그린 시티로 조성하고, 관광자원을 개발하는 등 환경과 문화 행정에도 심혈을 기울였다.

2007년 봄 천량위 상하이 서기가 부정에 연루되어 숙청당하자 시진핑은 중국 제1의 경제도시 상하이 시 당위 서기가 되었다. 그리고 그해 가을 중앙정치국 상무위원에 오름으로써 포스트 후진타오 시대의 대표 주자가 되었다. 이는 2002년 제16기 중앙위원에서 일약 두 단계나 승진한 파격적인 인사였다. 중앙정치국 위원을 거치지 않고 , 바로 상무위원에 오른 것이다. 그리고 쩡칭훙에 이어 중앙서기처 상무서기직과 중앙당교 교장직까지 겸임하게 되었고, 국가 부주석 자리까지 올랐다. 나아가 2010년 중앙군사위원회 부주석직까지 겸임함으로써 후진타오가 걸었던 것과 꼭 같은 후계자의 수업을 받게 되었다.

시진핑은 마침내 2012년 11월 중국공산당 제8차 대회에서 중국공산당 중앙위원회 총서기에 당선되었고, 당 중앙군사위원회 주석직도 후진타오로부터 승계하였다. 그리고 2013년 3월 제12기 전국인민대표대회에서 국가주석 겸 국가중앙군사위원회 주석직도 승계함으로써 그는 명실상부한 중국의 최고 지도자가 되었다.

제12기 전국인민대표대회에서 국가주석에 당선된 시진핑은, 총 투표자 2,956명 가운데 찬성 2,952명, 반대 1명, 기권 3명으로 4명만이 찬성하지 않아 99.86%의 지지를 받았다. 기권 또는 반대자의 수가 2003년 후진타오 국가주석 때 7표(찬성률 99.8%), 1993년 장쩌민 국가주석 선출 때 60표(찬성률 97.9%)였음을 비교해보면, 시진핑이 장쩌민과 후진타오보다 더 많은 지지를 얻었음을 알 수 있다. 이는 시진핑 주석에 대한 국민적 기대를 보여준 것이다.

시진핑의 지지율은 1954년 마오쩌둥이 100% 지지율로 국가주석에 당선된 이후 최고의 득표율이었다. 1949년 9월30일(중화인민공화국 수립 전날) 중앙인민정부 주석 선거에서는 마오쩌둥을 반대하는 표는 단 1표가 나왔다. 당시 이 1표의 반대표에 대해 사람들은 마오 본인이 '겸손'의 의미로 던진 것으로 추정했지만 이는 이후 다른 사람이 던진 표로 확인됐다.

국가주석 선거 외에 1993년 이후 있었던 국가 부주석, 전인대 위원장 선거까지 포함해도 시진핑의 득표율이 가장 높았다.

중국런민대학 정치학과의 장밍張鳴 교수는 시진핑의 높은 득표율에 대해 "관리들 사이에 인기가 좋다는 점을 보여준 것"이라면서도 "시진핑의 권위는 당시 마오쩌둥에는 미치지 못한다."고 평가했다.

역사학자 장리판章立凡 역시 투표에 참여한 인민대표들이 엄격한 검증 과정을 거친 '말을 잘 듣는' 사람들인 만큼 높은 지지율은 '관의官意'일 뿐이라고 해석했다.

그는 또 반대표가 적었던 것은 관리들이 과거 유약했던 후진타오 정권 10년에 권태를 느껴 강한 지도자를 갈망했기 때문이며, 혈통의식이 비교적 강한 중국인들이 '훙얼다이紅二代(중국 건국을 이룬 지도자의 자녀, 태자당)'가 권력을 물려받는 것을 당연하게 생각하는 점도 이유라고 설명했다.

시진핑은 덩샤오핑 이후 군부 내 영향력이 가장 큰 지도자로 평가된다. 혁명원로의 아들인 데다 겅뱌오 중앙군사위원회 비서장의 비서로 공직을 시작해 군부 내 인맥을 충실히 쌓아왔기 때문이다. 또 인민해방군 소장이자 가수인 부인 펑리위안彭麗媛의 내조도 한몫하고 있다. 후진타오 전 국가주석의 경우 장쩌민 전 국가주석이 당 총서기와 국가주석에서 물러나고도 중앙군사위원회 주석을 2년 동안 더 유지했던 점과 비교하면 시진핑 정권의 출범 과정은 상당히 이례적이었다고 할 수 있다.

제5절
시진핑의 인맥과 리더십

1. 인맥 및 측근

시진핑은 당 원로 시중쉰의 아들이라는 점에서 같은 태자당 출신인 장쩌민과 쩡칭훙의 도움을 받아 상하이방의 일원(상하이시 당위 서기)에 흡수되었다는 설이 있다. 또 시진핑 본인이 칭화대학 출신임은 물론, 공청단 출신인 시중쉰의 아들이라는 점에서 후진타오와의 관계 또한 나쁠 이유가 없는 것으로 알려져 있다.

어찌되었던 시진핑이 인구 1,400만 명의 '중국의 경제수도' 상하이 당위 서기에 발탁되었던 점으로 볼 때는 상하이방 및 태자당의 힘이 컸던 것으로 볼 수 있다. 장쩌민과 쩡칭훙은 정치적으로 상하이에서 성장한 정치지도자(상하이방)로서 상하이에 가장 큰 지분을 갖고 있으며, 그들은 모두 혁명열사의 자제(태자당)이기 때문에 공동 운명체로서 시진핑에 대한 배려가 컸을 것이다. 그리고 무엇보다도 당시 총서기이며 칭화대학 출신(칭화방) 및 공청단의 리더인 후진타오의 양해와 협조 없이는 당위 서기 발탁이 불가능한 일이었으리라 생각된다.

2000년대에 들어 중국의 관영 및 반半민영 미디어들은 당 총서기 후진타오가 선호하는 리커창 허난성 당위 서기(현 국무원 총리)와 리위안차오 장쑤성 당위 서기(현 국가 부주석)의 행정 업적을 자주 보도하는 등 이른바 '양리兩李(두 리씨)'를 미래의 지도자로 띄워왔다. 두 리 씨는 모두 후진타오 계열의 공청단 출신이며 경제학박사와 법학박사 학위를 받은 수재들로 제16차 당 대회 때부터 포스트 후진타오의 최고 지도급 리더로 점쳐진 인물들이었다.

그러나 제17차 당 대회는 물론, 제18차 당 대회에서 포스트 후진타오 시대 최고 지도자로 시진핑이 지목되기 시작했다. 시진핑이 서열 1위, 리커창이 서열 2위로 낙점된 것이다. 이는 장쩌민-쩡칭훙 라인의 상하이방과 태자당 계열이 지원하는 시진핑의 승리였다. 그 배경에 대해서는 장쩌민-쩡칭훙 계열의 상하이방과 태자당 연합세력이 공청단파의 약진을 견제하는 데 성공했다는 등 설이 구구하다. 하지만 당시까지만 해도 후진타오 총서기가 이끄는 공청단파가 수적으로 우세했기 때문에, 그것은 어느 일방이 다른 일방을 눌렀다고 보기보다는 중국공산당 내 정파들 간의 타협의 산물이라고 볼 수 있다. 즉 후진타오의 공청단파가 장쩌민이 내민 '시진핑 카드'를 무리 없이 받아들였다는 해석이 지배적이다. 그 배경에는 역시 후야오방에서 후진타오로 이어지는 공청단의 정치적 전승, 그리고 후야오방과 시진핑의 부친 시중쉰의 오랜 인연이 작용했다는 시각이다.[46]

시진핑의 아버지 시중쉰은 일찍이 공청단 가입을 시작으로 공산주의자의 길을 걸었고, 공청단의 실질적인 대부인 후야오방과는 의기가 투합됐기 때문에, 공청단 중앙 제1서기 출신으로 공청단 인맥의 리더인 후진타오와의 관계도 무난할 수밖에 없었다.

40대 후반의 나이에 중국에서 손꼽히게 부유한 푸젠성 성장과 저장성 서기를 지낸 경력이나, 경제적으로 중국의 숨통이라 할 수 있는 상하이 당위 서기에 선임되었던 것으로 보아 시진핑의 정치적 배경 못지않게 행정 능력 또한 비범했던 것으로 보인다. 그의 아버지가 1979년 광둥성 서기에 재임할 때, 덩샤오핑에게 개혁개방의 본격적인 추진을 위해 광둥성에 경제특구를 설치해야 한다고 건의했다는 점을 상기할 때, 시진핑의 핏속에도 개혁개방의 열의가 흐르고 있었음을 알 수 있다.

청장년 시절 개방지구의 최일선이라 할 수 있는 샤먼 · 푸저우 등의 기층 지도자로 단련된 점, 또 저장성 서기로 재직한 5년 동안 저장성을 전국에서 민간기업의 비율이 가장 높은 성으로 끌어 올린 성적표가 말해 주듯이, 시진핑은 개혁의지가 뚜렷하고 경제발전 우선론과 개방경제를 강력히 지지하는 인물이라 볼 수 있다.

시진핑의 최측근으로 그림자 역할을 하는 사람으로는 왕후닝 중앙정책연구실 주임과 리잔수 중앙판공청 주임 그리고 스즈훙施芝鴻 중앙정책연구실 부주임 을 들 수 있다.

왕후닝은 시진핑을 움직이는 핵심 브레인이다. 중앙정치국 위원 겸 당 최고의 싱크탱크인 중앙정책연구실 주임으로, 서방 정치 스타일을 잘 파악하고 있는 학자 출신이다. 미국 중앙정보국CIA에서 중국 문제를 담당한 크리스토퍼 존슨 전략국제문제연구소CSIS 수석고문은 워싱턴포스트에 왕후닝을 미

---

46 고진갑 · 유광종, 「長江의 뒷물결」(도서출판 책밭, 2012) 참조.

국 공화당의 선거전략 귀재인 칼 로브에 비유하며 "사고의 폭이 넓고 똑똑하고 융통성이 있다."고 평가했다. 왕후닝은 1995년 상하이방과 태자당 고위 인사들의 추천으로 푸단復旦대학 법과대학장에서 일약 당 중앙정책연구실 정치조장으로 발탁되어 부주임을 거쳐 주임에 오른 인물이다.

리잔수는 시진핑이 등장하는 공식 행사에 그림자처럼 모습을 드러내는 사람이다. 중앙판공청은 한국의 대통령 비서실과 경호실을 합친 기능을 한다. 리잔수는 얼마 전에는 당과 국가의 기밀관리와 비밀공작을 지휘·감독하는 기능을 담당하는 조직인 중앙보밀위원회 주임자리도 차지했다. 구이저우성 서기를 지냈으며 개방적 성향의 인물로, 1980년대 그가 허베이성 우지無極현 서기로 일할 때 시진핑은 이웃 현인 정딩현 서기로 근무한 인연이 있다.

시진핑이 부주석 시절 해외순방에 동행하는 것으로도 유명했던 스즈홍 중앙정책연구실 부주임은 대문필가란 평가를 받는다. 상하이에서 주로 일하다 2007년 1월 중앙정책연구실 부주임에 올랐다. 스즈홍은 상하이 시 당위 정책연구실 처장을 거쳐, 쩡칭훙이 당 중앙판공청 주임 재직 시 쩡칭훙의 비서로 발탁되었다. 그리고 조사연구실 정치조장과 부주임을 거쳐 2007년 중앙정책연구실 부주임에 승진하여 시진핑을 보좌하며 오늘에 이르고 있다. 그의 책임하에 중앙정책연구실은 당 중앙과 시진핑의 중요한 연설문의 초안을 작성한다.

2. 퍼스터레이디 펑리위안

지도자에게 있어서 가장 중요한 최측근 조력자는 부인이다. 특히 최고 지도자의 경우 퍼스트레이디의 역할은 아주 중요하다. 국가원수의 부인을 칭하는 퍼스트레이디를 중국에서는 '제1부인第一夫人'이라 부른다.

중국 영부인의 스타일은 크게 세 부류다. 첫째는 초대 국가주석인 류샤오치의 부인 왕광메이王光美 같은 스타일이고, 두 번째는 마오쩌둥의 부인인 장칭과 같은 스타일이며, 세 번째는 덩샤오핑의 부인인 쥐린卓琳 스타일이다.

1921년 톈진 출신인 왕광메이는 베이징 푸런輔仁 대학원을 나온 중국 최초의 여성 원자물리학 석사다. 수학여왕이라 불릴 정도로 총명하고 미모도 뛰어났다. 뛰어난 영어실력을 갖춘 데다 동양적 우아함을 겸비하여 완벽한 퍼스트레이디란 평을 받았다. 중국 전통의상인 치파오를 즐겨 입었기 때문에 '치파오 외교' 란 말도 생겼다.

마오쩌둥의 부인인 장칭(1915년생)은 산둥성 칭다오靑島에서 성장한 배우 출신이다. 장칭은 마오쩌둥의 네 번째 부인으로, 18차 전국인민대표대회에서 권력 4위(정협 주석)에 오른 위정성의 아버지 황징이 그녀의 두 번째 남편이다. 장칭은 마오쩌둥의 비서로 일하다 그와 혼인을 했다. 30년간 정치에 참여하지 않는다는 조건으로 공산당으로부터 결혼승낙을 받았지만, 마오쩌둥의 만년에 '4인방' 의 괴수로 중국정치를 혼란에 빠뜨린 장본인이다.

덩샤오핑의 부인인 쥐린(1916년 광시 출신)은 현대 중국 '제1부인' 의 전형이다. 쥐린은 덩의 세 번째 부인으로 베이징대학 물리학과를 나온 수재다. 하지만 그녀는 외부행사에는 거의 나서지 않고 내조에만 치중했다. 덩의 뒤를 이은 장쩌민과 후진타오의 부인들도 뒤로 숨기만 했다. 마오쩌둥 사망 후 권력투쟁을 벌이며 중국에 혼란을 일으킨 장칭에 대한 거부감이 주된 이유인 듯하다.

시진핑의 부인 펑리위안은 빼어난 미모와 고운 목소리로 '모란의 요정' 이란 별명을 갖고 있는 국민가수다. 인민해방군 예술학원 원장으로 현역 소장(한국의 준장)이기도 하다. 야학학교 교장인 아버지와 극단 단원인 어머니와의 사이에서 태어난 그녀는 1982년 '희망의 들판 위에서' 란 곡으로 인기가수의 반열에 올랐다.[47]

---

47 http://www.hankyung.com/news/app/newsview.php?aid(검색일: 2013년 3월 15일).

펑리위안은 1962년 산둥성 출신으로 시진핑의 두 번째 부인이다. 첫 번째 부인은 주영 대사를 지낸 커화 柯華의 딸 커링링柯玲玲으로, 이들은 1980년대 결혼했다가 3년만에 성격 차로 헤어졌다. 시진핑과 펑리위안은 1987년 시진핑이 샤먼 부시장 재임 시에 결혼했다.

펑뤼위안은 1970년 8살 때, 산둥 방송국의 추천에 의해 베이징에서 열린 전국민요경연대회에 참가하여

쓰촨성 지진피해지역 위문 공연
(2008년 6월 21일)

입상했다. 그리고 베이징의 중국음악대학에 입학하여 성악을 전공했다. 1990년 중국대륙 음악계에서 처음으로 민족성악전문 석사학위를 받았다. 18세에 가요계에 데뷔(인민해방군 입대)한 뒤 인민해방군 총정치부 가무단 단원으로 활동했다. 그후 중국음악가협회 부주석, 중국인민해방군 가무단 단장, 세계보건기구 AIDS 결핵 예방 친선대사, 중화전국청년연합 상무위원, 인민정치협상회의 위원을 역임하는 등 그녀의 활동은 광범위하다. 이처럼 그녀는 남편의 뒤에 숨어 그림자 내조를 하는 다른 중국 지도자들의 부인과는 달리 국내외에서 왕성한 활동을 하고 있어 종전과 다른 중국의 퍼스트레이디상을 보여주고 있다. 2008년 5월 '쓰촨 대지진' 때 피해 주민 및 피해 복구에 나선 군인들과 스스럼없이 어울렸고, 에이즈 예방 캠페인 TV 광고에도 출연한 적이 있다.

펑리위안은 건국 60주년과 공산당 창당 90주년 기념식 등 주요 국가 행사에 빠지지 않고 등장했다. 군복을 입고 무대에 오르는 경우도 많았다. 그녀의 대중적 인기와 인민해방군에서의 위치는 시진핑이 군부와 좋은

관계를 유지하는 데도 긍정적 영향을 미친 것으로 보인다. 또 중화전국총연합은 중국공산주의청년단(공청단)을 주축으로 하는 여러 청년단체의 연합조직이기 때문에 그녀가 수년간 청년연합(상무위원)에서 다져온 인맥관계는 태자당 출신인 남편 시진핑에게는 큰 힘이 될 것이다.[48]

중남미 첫 방문국인 트리니다드토바고 공항에서 시진핑과 펑리위안(2013년 3월 1일)

3. 시진핑의 리더십

시진핑은 2012년 11월 중국공산당 총서기로 취임한 이후 4개월 동안의 권력교체기에도 자신의 색깔을 거침없이 드러냈다. 탄탄한 권력 기반을 토대로 소탈하면서 실용적이고 과감한 리더십을 발휘하고 있다.

그는 총서기 취임 직후 첫 연설에서 원고 없이 친근한 구어체 표현을 섞어 '중국의 꿈', '중화민족의 위대한 부흥'을 선언했다. 이후 국민 속으로 거침없이 파고드는 파격적인 행보를 보였으며, 수행인원과 교통 통제를 최소화하는 등 의전도 대폭 간소화했다.

시진핑은 실용주의적 모습도 부각시키고 있다. 당 총서기 취임 후 첫 시찰 지역으로 덩샤오핑이 남순했던 지역을 택하여 개혁개방의 심화와 실용주의 노선을 천명했다. 덩샤오핑이 말한 '빈말만 하면 나라가 망한다. 실질적인 행동이 나라를 흥하게 한다空談誤國 實干興邦'를 언급하기도 했다. 그가 등장한 뒤 보고 방식과 회의 분위기 등 중국 정부의 일하는 방식이 바뀌고

---

48 夏飛, 程恭羲, 『政治局常委之爭─中共十八大布局驚變』(香港: 明鏡出版社, 2012), p.85.

있다. 그는 또 과감한 반부패 드라이브를 걸어 향후 노동교화소 폐지, 공무원 재산 공개, 국유기업 개혁 등 혁신 사안들을 구체화할 것으로 보인다.

시진핑의 권력기반은 과거 지도자들보다 견고하다. 시진핑은 당·정·군의 명실상부한 최고 지도자다. 과거 후진타오가 당 총서기와 국가주석을 장쩌민으로부터 넘겨받았지만, 2년 여 동안 중앙군사위원회 주석직을 승계하지 못했던 점과 비교할 때 시진핑의 권력 승계는 확실하게 이루어졌다. 권력은 총검에서 나온다는 마오쩌둥의 말을 차치하고서라도 군대를 장악하지 못하고는 완전한 권력을 장악했다고 할 수 없는 것이 정치 현실인 점을 감안할 때 시진핑의 권력은 어느 누구보다 견고하다.[49] 여기다 그의 군대 경력은 인민해방군으로부터 큰 호감을 받고 있다. 덩샤오핑 이후 중국의 어느 지도자도 군대 경력을 갖지는 못했다.

태자당의 끈끈한 인맥과 상하이방이라는 선배 정치인들의 후광과 칭화방이라는 중국 최대의 학맥은 시진핑을 지탱해주는 버팀목이 될 것이다. 자신에게는 공청단 경력이 없지만, 아버지 시중쉰이 일찍이 공청단 간부로 일한 바 있고, 인민해방군 준장이자 국민가수인 부인 펑리위안 역시 공청단의 방계인 청년연맹과 인연이 있어 그녀의 내조도 클 것으로 보인다.

중국의 국가주석 임기는 5년이지만 한 차례 연임하기 때문에 시진핑은 이변이 없는 한 2023년까지 최고 지도자로서 중국을 이끌어 갈 것이다. 하지만 그에게도 풀어야 할 만만치 않은 과제가 기다리고 있다.

그는 '중국의 꿈'을 슬로건으로 내걸고 중화민족의 부흥을 외치고 있다. 대내적으로는 빈부격차 해소와 경제구조 전환, 대외적으로는 군사력 확장을 통해 강한 중국을 표방하고 있다. 하지만 대내적으로 개혁이 성공하려면

---

49 후야오방과 자오쯔양은 당 총서기직은 승계하였지만, 중앙군사위원회 주석직은 승계하지 못했다. 결국 군부를 장악하지 못했기 때문에, 그 두 사람은 후계자로서의 위치를 견고히 하지 못하고 보수파의 집요한 공격으로 실각하고 말았다.

시진핑 총서기 겸 중앙군사위원회 주석 광저우 군부대 시찰, 강군과 부국이 함께 갈 것을 강조

기득권 세력을 타파하고 원로 그룹의 입김을 차단해야 한다. 그리고 상대적으로 연줄이 적은 공청단 출신들과의 원만한 관계설정이 중요하다.

중국의 기득권 세력은 군부와 관료, 국유기업 등 곳곳에 포진하고 있어 비효율을 야기하고 있다. 공무원들과 결탁해 농민의 토지 이용권을 싼값에 사들여 막대한 이익을 독식하고 있는 부동산 개발업자들도 기득권 세력이다. 또 혁명 원로들의 자제로 미국에서 교육을 받고 자란 '신新 태자당'들도 국영기업 곳곳에 포진하고 있다. 때문에 호적제도와 소득분배제도 개선, 반부패 등의 작업을 차질 없이 추진하기가 말처럼 쉽지 않다. 더구나 시진핑은 기득권층과의 이해를 조정하면서 개혁개방 이후 30여 년간 추진해온 수출과 투자 주도형 성장 모델을 내수 주도형으로 전환해 지속가능한 성장 기반을 마련해야 하는 난제를 안고 있다.

원로들의 영향력이 약화될 조짐은 보이고 있지만 3세대 지도자 장쩌민과 4세대 지도자 후진타오의 영향력도 간단치 않다. 장쩌민은 자신의 측근들을 곳곳에 심어두고 있으며, 리펑 전 총리는 아들인 리샤오펑李小鵬 산시山西성 성장을 차기 총리로 키우겠다는 포부까지 밝힐 정도다.

월리 람Willy Wo-Lap Lam 홍콩중문대 교수는 "당 고위 인사들은 자신의 후원세력과 이해관계, 이념에 따라 분열이 나타날 수 있으며 시진핑이 부패척결을 계속 밀고나갈 경우 분열은 배가될 수도 있다."고 지적하기도 했다.

현 당 중앙정치국 상무위원 7명 가운데 리커창 총리를 제외하면 모두 장쩌민이 발탁한 인사들이며, 시진핑보다 나이가 많고 보수적 색채가 강하다. 하지만 차기 지도부의 유력 후보군 중에는 후진타오 계열의 공산주의청년단이 우세를 점하고 있다. 리커창 현 국무원 총리와 국가주석 리위안차오, 왕양 국무원 부총리 등이 차기를 노리는 공청단 계열 유력주자이며, 정치국 위원 겸 광둥성 당위 서기 후춘화는 포스트 시진핑시대 대권을 기대하는 공청단 출신 유력인사다.

시진핑 약력

1969~1975 중·고등학교졸업 후 산시성 옌촨延川현 량자허대대 지식청년으로 하방, 당지부 서기

1975~1979 칭화대학 화공계 기본유기합성 전공

1979~1982 국무원판공청, 중앙군사위원회 판공청 비서(현역군 복무)

1982~1983 허베이성 정딩현 당위 부서기

1983~1985 허베이성 정딩현 당위 서기

1985~1988 푸젠성 샤먼 시 당위 상무위원, 부시장

1988~1990 푸젠성 닝더지구 당위 서기

1990~1993 푸젠성 푸저우 시 당위 서기, 동 인민대표대회상무위원회 주임

1993~1995 푸젠성 당위 상무위원, 푸저우 시 당위 서기, 인민대표대회 상무위원회 주임

1995~1996 푸젠성 당위 부서기, 푸저우 시 당위 서기, 인민대표대회 상무위원회 주임

1996~1999 푸젠성 당위 부서기, 중앙후보위원(1997~2002)

1999~2000 푸젠성 당위 부서기, 성장대리

2000~2002 푸젠성 당위 부서기, 성장(1998~2002 칭화대학 대학원 마르크스주의이론과 사상 정치교육 전공 법학박사 취득)

2002~2002 저장성 당위 부서기, 성장대리, 중앙위원(2002~)

2002~2003 저장성 당위 서기, 성장대리

2003~2007 저장성 당위 서기, 동 인민대표대회 상무위원회 주임

2007~2007 상하이 시 당위 서기,

2007~2012 중앙정치국 상무위원, 중앙서기처 서기, 중앙당교 교장, 국가 부주석(2008~), 중앙군사위원회 부주석(2010~)

2012~ 　　　당 총서기, 국가주석(2013~), 중앙군사위원회 주석

제3장
시진핑 정권의 권력구조

현대 중국의 권력구조는 횡적으로는 당과 국가 및 이를 지탱해주는 집권화된 군사조직, 그리고 이들 권력조직과 인민 간의 연계를 제공하는 대중群衆 조직 단위로 조직되어 있으며, 종적으로는 이들 조직이 '민주집중제'의 원칙에 의해 중앙-지방-기층으로 이어지는 피라미드 체계를 구성하고 있다 ([그림 3-1], [표 3-1] 참조).

본 장에서는 현행 중국공산당 〈당헌黨章〉과 〈중화인민공화국 헌법〉에 근거하여 현재 중국권력구조의 기본단위인 당·정·군 그리고 대중조직을 중심으로 시진핑 정권의 권력구조를 살펴보고자 한다.

[표 3-1] 중국의 중앙과 지방 정권체계

	공산당체계			국가(정부)체계		군대체계	대중조직
	당 대표대회	당 위원회	당기율 검사위원회	인민대표 대회	인민정부	해방군	정치협상 회의
중앙	전국 대표대회	중앙 위원회	중앙 기율검사위	전국인민 대표대회	국무원	중앙 군사위원회	전국 정협
성급省級	성 대표대회	성 당위원회	성 기율검사위	성인민 대표대회	성 인민정부	성 군구	성 정협
지급 시 地級 市	시 대표대회	시 당위원회	시 기율검사위	시인민 대표대회	시 인민정부	군 분구	시 정협
현급縣級	현 대표대회	현 당위원회	현 기율검사위	현인민 대표대회	현 인민정부	무장구	현 정협
향,진鄕鎭	향 대표대회	향 당위원회	기율검사조	인민대표 대회주석단	향 인민정부	무장부	정협 참사조#
가街		가 당위원회			가도 판사처*		
촌社區		촌 당조직					

주: 1) *표시는 파출기구, #표는 협조기구임.
    2) 당 16차 대회에서 과거 촌 당지부를 촌 당조직으로 바꾸었음.

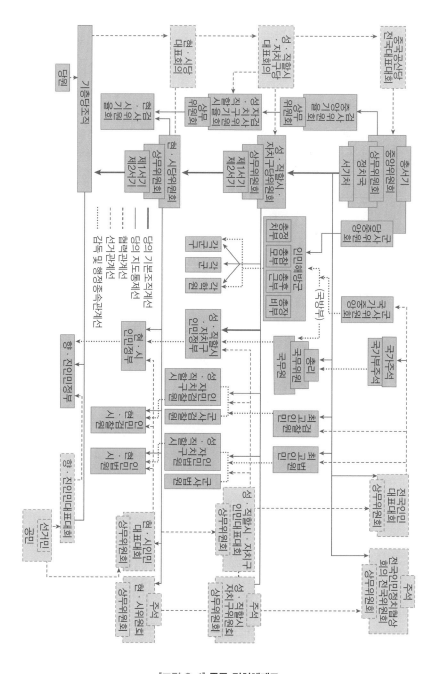

[그림 3-1] 중국 정치체계도

중국공산당의 조직체계

중국공산당은 1921년 7월 23일~31일 상하이에서 57명의 당원을 대표한 13명의 대표가 출석한 가운데 제1차 전국대표대회(1대 혹은 1기로 약칭)를 개최하였다. 이것이 바로 중국공산당의 창당이다.[50] 창당 이후 조직기구는 노선의 변화에 따라 약간의 변동이 있었으나 당 조직의 기본골격은 '민주집중제'의 원칙하에 ① 중앙조직, ② 지방조직, ③ 기층조직으로 짜여진 피라미드 체제를 유지하고 있다.

1. 당의 중앙조직

현행 중국공산당 중앙조직은 전국대표대회, 중앙위원회, 중앙정치국, 중앙정치국 상무위원회, 중앙서기처, 중앙군사위원회, 중앙기율검사위원회 등으로 구성되어 있다.

1) 전국대표대회

중국공산당은 1921년 창당 이래 레닌주의적 정당의 전통에 따라 당의 명목상 혹은 의전상의 최고 권위를 전국대표대회에 귀속시켜왔다. 그러나 문화대혁명기간인 제11기~제13기 〈당헌〉에서는 전국대표대회의 직권을 삭제했다. 덩샤오핑 등장 이후 1982년 제12기 〈당헌〉에서 이를 복구하여 중국공산당의 최고 영도기구이며 최고 정책결정기구로 규정하였다. 그리고 다음과 같은 권한과 기능을 부여하였다. 그것은 ① 중앙위원회보고의 청취 및

---

50 중국공산당 중앙은 1941년 6월 30일 〈중국공산당 탄생 20주년 및 항쟁 4주년 기념에 관한 지시〉를 발표하고 7월 1일을 창당일建黨日로 정하였다(高凱 · 于玲, 「中共七十년」, 北京: 中國國際廣播公司, 1990, p.1).

• 상무위원 9명 • 위원 25명 (수시 회동)

• 위원 205명 • 후보위원 171명
(약 1년마다 소집)

2,268명 (5년마다 소집)

8,200만 명 (수시 심사 및 가입)

중앙정치국

중앙위원회

전국대표대회

당원

주: 위 그림 속의 숫자는 중공 제18차 전국대표대회 당시의 숫자임.

중국공산당 18차 대회에서 선출된 각종 위원의 수						
인구 –	공산당원 –	전국대표대회대표 –	중앙위원 –	정치국원 –	정치국상무위원 –	총서기
13억명 ▶	8,200만명 ▶	2,268명 ▶	376명 ▶	25명 ▶	7명 ▶	1명

[그림 3-2] 중국 공산당 권력구조

심사, ② 중앙기율검사위원회 보고의 청취 및 심사, ③ 당의 중대 문제에 대한 토론 및 결정, ④ 당헌개정, ⑤ 중앙위원회의 선거, ⑥ 중앙기율검사위원회의 선거 등이다.

현행 〈당헌〉에 의하면 전국대표대회는 5년마다 1회씩 개최되며 중앙위원회가 소집한다. 전국대표대회는 보통 중앙위원회의 결정을 추인하는 형식적인 회합에 지나지 않기 때문에 그 회기 또한 1주 혹은 2주에 불과하다. 이 정도의 기간은 사실상 의안에 대한 충분한 검토와 논의를 하기에는 짧은 기간이다. 또한 전국대표대회 대표는 2,268명으로, 그 규모가 크기 때문에 사실상 토의기관으로서는 부적합하다. 따라서 실질적인 토의와 결정은 중앙위원회에서 이루어진다.

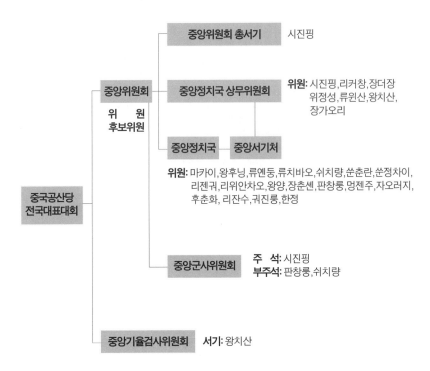

[그림 3-3] 중국 공산당 중앙조직의 구조

2) 중앙위원회

중앙위원회는 전국대표대회의 폐회기간 중 전국대표대회의 결의를 집행하고 모든 당의 활동을 지도하며 대외적으로 중국공산당을 대표한다. 중앙위원회의 임기는 전국대표대회의 대표와 같이 5년이다. 중앙위원회는 당력黨歷 5년 이상의 중앙위원과 후보위원으로 구성되며, 그 전체회의는 중앙정치국이 소집하고 적어도 매년 1회 이상 개최한다. 중앙위원회의 위원 및 후보위원의 정수는 전국대표대회에서 결정되며 그 수는 300명 내외인 것이 보통이지만 2012년 18대의 경우 376명(위원 205명, 후보위원 171명)을 선출하였다.

중앙위원회 역시 그 규모나 개최 회수로 보아 정책결정기구로는 비효율적이다. 따라서 중앙정치국 혹은 중앙정치국 상무위원회에서 내락된 정책,

중국공산당 제18차 전국대표대회 개막식

세부사업 또는 중앙기구의 인사변동사항 등을 형식적으로 발의·승인 또는
비준하는 경우가 보통이다. 그러므로 중앙위원회에 속하는 대부분의 권한
은 실제적으로 중앙정치국과 중앙정치국 상무위원회에 의해 행사된다.

　　그러나 중앙정치국 위원, 중앙정치국 상무위원, 중앙위원회 총서기, 중앙
군사위원회 구성원 등 주요 지도층의 대부분은 중앙위원회 전체회의에서
선출되며, 나아가 중앙위원회는 전국대표대회와는 달리 중앙과 지방, 그리

[표 3-2] 역대 중국공산당 각급 구성원

기/구분	당원	전대 대표	중앙위원			중앙정치국 위원			
			위원	후보	합계	상위	위원	후보	합계
12기(1982)	3,960만	1,545	210	138	348	6	19	3	28
13기(1987)	4,600만	1,936	175	110	285	5	12	1	18
14기(1992)	5,100만	1,989	189	130	319	7	13	2	22
15기(1997)	5,800만	2,048	193	151	344	7	15	2	24
16기(2002)	6,635만	2,132	198	158	356	0	15	1	25
17기(2007)	7,300만	2,220	204	167	371	9	16	0	25
18기(2012)	8,200만	2,268	205	171	376	7	18	0	25

고 당과 국가의 핵심간부들로 구성되어 있다. 따라서 중앙위원회의 구성을
보면 중국 정치의 향방을 가늠할 수 있다.

3) 중앙정치국과 중앙정치국 상무위원회

중앙정치국과 중앙정치국 상무위원회는 중앙위원회의 폐회 기간 중 중앙위
원회의 직권을 행사한다는 규정 이외에는 〈당헌〉상 중앙정치국이 행사하는
실질적인 권한이 무엇인가에 관해 아무런 언급도 없다. 그러나 분명한 것은

[표 3-3] 중국공산당 18기 지도체제의 변화

직위	17기 지도체제(2007)	18기 지도체제(2012)	퇴임
중앙위원회 총서기	후진타오	시진핑	후진타오
중앙정치국 상무위원	후진타오, 우방궈, 원자바오, 자칭린, 리창춘, 시진핑, 리커창, 허궈창, 저우융캉	시진핑, 리커창, **장더장,** **위정성, 류윈산, 왕치산,** **장가오리**	후진타오, 우방궈, 원자바오, 자칭린, 리창춘, 허궈창, 저우융캉
중앙정치국 위원	왕러첸, 왕자오궈, 후이량위, 류치, 류윈산, 장더장, 위정성, 궈보슝, 왕강, 왕치산, 류옌둥, 리위안차오, 왕양, 장가오리, 쉬차이허우, 보시라이	**마카이, 왕후닝,** 류옌둥, **류치바오, 쉬치량, 쑨춘란,** **쑨정차이, 리젠궈,** 리위안차오, 왕양, **장춘셴,** **판창룽, 멍젠주, 자오러지,** **후춘화, 리잔수, 궈진룽,** **한정**	왕러첸, 왕자오궈, 후이량위, 류치, 궈보슝, 왕강, 쉬차이허우, 보시라이
중앙서기처 서기	시진핑, 류윈산, 리위안차오, 허융, 링지화, 왕후닝	류윈산, **류치바오, 자오러지,** **리잔수, 두칭린, 자오훙주, 양징**	시진핑, 리위안차오, 허융, 링지화, 왕후닝
중앙군사 위원회	〈주석〉후진타오 〈부주석〉궈보슝, 쉬차이허우 〈위원〉량광례, 천빙더, 랴오시룽, 리지나이, 징즈위안, 창완취안, 우성리, 쉬치량	〈주석〉**시진핑** 〈부주석〉**판창룽, 쉬치량** 〈위원〉창완취안, **팡펑후이,** **장양, 자오커스,** **장유샤,** 우성리, **마샤오톈, 웨이펑허**	〈주석〉후진타오 〈부주석〉궈보슝, 쉬차이허우 〈위원〉량광례, 천빙더, 랴오시룽, 리지나이, 징즈위안
중앙기율검사 위원회	〈서기〉허궈창 〈수석부서기〉허융	〈서기〉**왕치산** 〈수석부서기〉**자오훙주**	〈서기〉허궈창 〈수석부서기〉허융

참고: **굵은 글자** - 신임

[표 3-4] 중국공산당 18기 중앙정치국 상무위원(서열 순)

이름	시진핑	리커창	장더장	위정성	류윈산	왕치산	장가오리
겸직	총서기 국가주석 군위 주석	국무원 총리	전인대 상무위원장	전국정협 주석	서기처 상무서기	기율검사 위원회 서기	국무원 상무부총리
생년	1953	1955	1946	1945	1947	1948	1946
계파	태자당 상하이방	공청단	태자당, 범상하이	태자당 범상하이	공청단 범상하이	태자당	석유방, 범상하이

중앙정치국과 그 상무위원회가 국가와 당의 존립에 관계되는 모든 정책에 관하여 무한하고 막강한 권한을 갖고 있다는 점이다.

중앙정치국은 1927년 당 5대1중전회(제5기 전국대표대회 제1차 중앙위원회 전체회의의 약칭)에서 최초로 구성되었으며 역대 중앙정치국과 상무위원회의 규모는 위원과 후보위원을 합하여 20명에서 25명 내외, 그리고 상무위원은 5~9명이다([표 3-2] 참조). 중앙정치국의 위원과 후보위원 그리고 상무위원은 모두 중앙위원회 전체회의에서 선출된다. 정치국 후보위원은 정치국 회의에 배석은 하지만 표결권이 없다.

중앙정치국 상무위원회는 1927년 6월 1일 중앙정치국 확대회의에서 확정된 중국공산당 제3차 수정 〈당헌〉에 의해 최초로 설치되었으나 제7기 〈당헌〉에서 삭제된 바 있다(대신 중앙서기처 설치). 그러나 1956년 제8기 〈당헌〉에서 이를 복원하였으며, 현재 중국 최고위 통치 집단이다. 정치국 상무위원회는 흔히 정치국과 상의 없이 독자적으로 정책을 결정하는 '정상頂上 중의 정상'이다. 이들 정치국 상무위원들은 실질적으로 중국정치의 핵심인 당의 총서기, 국가주석, 전국인민대표대회 상무위원장, 국무원 총리, 중앙군사위원회 주석 및 중국인민정치협상회의 전국위원회 주석 등 중국의 당·정·

시리趣李체제의 출범, 시진핑(우)과 리커창(좌)

군·대중단체의 최고위직을 맡아 중국을 이끄는 최고 실세 그룹이다. 따라서 이들을 포함한 중앙정치국 위원의 성분은 중국의 정치노선과 정책방향을 가늠하는 주요 지표로 활용된다. 이 책의 제4장에서는 역대 중앙정치국 위원의 배경과 시진핑 정권 최고 정책엘리트의 성분을 비교 분석하였다.

2012년 11월에 출범한 시진핑 정권(제18기) 중앙정치국의 경우 상무위원 7명과 위원 18명이 선출되었다. 17기보다 상무위원은 9명에서 2명을 줄였고 위원은 2명을 늘렸다.

상무위원은 시진핑, 리커창, 장더장, 위정성, 류윈산, 왕치산, 장가오리 등 7명이다([표 3-4] 참조). 시진핑과 리커창은 제17기에서 유임되었고, 그 밖에 5명은 정치국 위원에서 승진했다. 상무위원에서 물러난 7명은 모두 제4세대 지도자들이었으며, 새로 충원된 신임 상무위원은 대부분 제5세대 정치지도자들이다. 상무위원을 9명에서 7명을 줄인 것은 효율적인 정책결정을 위해서이며, 시진핑의 권한이 강화되었다고 볼 수 있다.

향후 10년 중국을 이끌 중국의 제5세대 지도부는 흔히 '시리趣李체제'로 불린다. 중앙정치국 상무위원으로 당 총서기 겸 국가주석을 맡은 시진핑과

정치국 상무위원으로 국무원 총리를 맡은 리커창의 성을 딴 것이다. 여기에는 리커창이 시진핑과 함께 쌍두마차 격으로 중국을 이끌어나갈 것이란 의미가 담겨 있다. 시진핑이 외교정책을 총괄하는 중앙외교영도소조를 맡고, 리커창은 경제정책을 책임진 중앙재경영도소조를 이끌게 된다. 리커창은 전임 원자바오 총리가 당 서열 3위였던 점과는 달리 2위로 올라섰다. 이는 국무원 총리의 위상이 강화되었음을 보이는 것이다.

집단지도체제인 중국 정치에 있어서 최고 정책결정권은 정치국 상무위원회에 있다. 따라서 정치국 상무위원이 누가 되느냐에 2012년 정초부터 중국 정치를 연구하는 많은 사람들의 관심이 집중되었다. 연령기준(68세)에 따를 경우,[51] 제17기 정치국 위원 가운데 11명이 이에 해당되었다. 즉 시진핑, 리커창, 위정성, 리위안차오, 류옌둥, 왕치산, 장더장, 류윈산, 왕양, 보시라이, 장가오리 등 11명이 그 대상이었다. 그래서 한때는 11명으로 하자는 주장도 있었다. 하지만 그렇게 하면 권력이 지나치게 분산되고 정치국 상무위원회의 권위를 저하시키며 정치적 위험을 증가시킬 것이라는 주장이 많았다.

다른 한편에서는 제17기와 같이 9명을 유지하자는 주장도 있었다. 그 이유는 첫째, 정치의 안정과 지속성을 유지하기 위해서였고, 둘째, 9명으로 한다면 계파별 안배가 용이하고, 셋째, 구九(jiu)는 숫자 가운데 가장 크다는 의

---

51 중국은 1982년 〈헌법〉과 〈노간부 퇴직 및 휴직제도에 관한 결정中共中央於老幹部退休制度的決定〉을 통해 고급 간부의 연임과 연령을 제한하고 있다. 전자의 경우 국가주석·총리·전국인민대표대회 상무위원장 등 국가·행정부·입법부의 최고 직위의 경우 5년 임기의 연임만이 가능하다. 그리고 후자의 경우 당 중앙 및 국가기관의 부장·부부장, 성·직할시·자치구 당위 제1서기, 성장·부성장급, 법원·검찰원의 주요 책임간부들은 일반적으로 정직正職은 65세, 부직副職은 60세를 초과하지 못한다고 규정하고 있다. 다만 중앙정치국 위원에 대해서는 정년과 관련한 명확한 법적 규정은 없으나 68세를 기준으로 삼고있다. 임기 절반에 70세가 넘기 때문이나 가끔 예외가 있으며, 총서기의 경우는 정년과 관련한 제약을 받지 않는다. 1997년 중앙정치국은 정치국 상무위원과 국무원 정·부 총리를 포함한 고위 지도간부는 특수한 경우를 제외하고는 모두 70세 퇴직연령의 제한을 받는다고 규정했다(楊光斌, 「中國政府與政治導論」, 北京, 中國人民大學出版社, 2003, p.40). 또 2002년 7월, 당 중앙은 〈당정 지도간부 선발 임용 공작 조례〉를 공포하여 당정 지도간부는 임직 연령제한 또는 퇴직연령에 도달하면 반드시 물러나야 함을 명백히 규정하였다(「文匯報」, 2002년 11월 15일). 당 총서기의 경우도 장쩌민 이후 5년 연임이 관례화되고 있다.

미이며 영원성을 나타내는 구久(jiu)와 같은 발음으로 중국의 전통에 비교적 부합한 것이었기 때문이다.

9명의 명단에는 시진핑, 리커창, 위정성, 리위안차오, 왕치산, 장더장, 장가오리, 왕양, 보시라이가 들어갔고, 류윈산과 류옌둥이 후보자 명단에서 빠졌다. 이유는 류윈산은 지나치게 보수적이고, 중앙선전부 공작이 각계의 비판을 받았으며, 중국공산당 역사상 중앙선전부장이 바로 중앙정치국 상무위원으로 승진한 예는 적기 때문이었다. 그리고 류옌둥의 경우 비록 그녀는 태자당과 공청단 및 칭화방 출신으로 장쩌민, 후진타오, 쩡칭훙 등과 밀접한 관계를 유지하는 사이였지만, 지금까지 여성이 중앙정치국 상무위원에 진입한 경우는 없으며[52] 지방경험이 전무한 것이 탈락 이유였다.

2012년 3월 15일 보시라이가 부패에 연루되어 충칭시 서기직에서 해임되고, 이어 5월에는 상무위원을 7명으로 조정하게 되었다. 7명으로 축소 조정함으로써 중앙정법위원회 서기와 이데올로기 담당(정신문명위원회 주임)을 중앙정치국 상무위원이 겸직하던 것을 중앙정치국 위원이 겸직하도록 바꾸었다. 사실상 당 중앙정법위원회는 중국의 법·검·경(공안)을 총괄하는 당의 최고 직위다. 따라서 그 권한과 영향력이 너무 커서 최고 지도층들도 위협을 느낄 정도며, 심지어는 중국 법치건설의 가장 큰 저항세력이기 때문에 그 힘을 약화시키고자 하는 것이 시진핑과 여타 최고 지도자들의 바람이었다. 그렇기 때문에 이를 정치국 상무위원이 겸직치 못하도록 격을 낮춘 것이다. 이데올로기 담당 역시 중국 정치가 점차 제도화되어 가는 과정에서 그렇게 중요치 않은 데다가 상무위원회를 8인제로 하는 것은 위원회제도에도 반하는 것[53]이었기 때문에 제외했다.

---

52 마오쩌둥의 부인 장칭과 린뱌오의 부인 예췬葉群 그리고 저우언라이의 부인 덩잉차오 등이 중앙정치국 위원에 는 선임된 선례가 있지만 정치국 상무위원회에는 진입하지 못했다.

7명으로 조정하는 과정에서 먼저 후진타오 계열 공청단 간부 출신인 왕양이 제외되었다. 왕양이 제외된 이유는 다음과 같다. 첫째, 전 주석 장쩌민이 자파 세력을 우선적으로 끌어올리려는 데서 비롯되었다. 상무위원 후보 중 나이가 가장 많은 위정성(67세)은 이번 기회를 놓치면 끝장이고, 상무위원 후보군 중 최연소인 왕양(57세)은 능력과 잠재력이 있지만 한 차례 더 기회가 있다고 하면서, 후진타오에게 왕양을 양보케 한 것이다. 둘째, 왕양(보시라이 직전 충칭 시서기, 공청단)은 보시라이(태자당)와 지나치게 적대적인 관계였기 때문에 보시라이만 탈락시키고 왕양을 승진시킬 경우 반대파의 분노가 클 것을 우려하였기 때문이다. 그래서 형의 미국 망명으로 탈락 위기에 놓였던 위정성은 살아남게 된 것이다.[54]

8월 베이다이허北戴河 1차 회의 결과, 시진핑을 비롯한 위정성, 리커창, 리위안차오, 장더장, 왕치산, 장가오리가 일단 가장 유력한 상무위원 후보로 외부에 알려졌다.[55] 하지만 최종 결과는 위의 7명 가운데, 리위안차오가 탈락하고 류윈산이 되살아났다.

결국 제18기 정치국 상무위원은 시진핑과 리커창이 유임되고, 그밖에 장더장, 위정성, 류윈산, 왕치산, 장가오리 등 5명은 정치국 위원에서 승진하였다. 퇴임자들은 모두 정년(68세 이상)에 걸려 물러났다. 이들 7명의 상무위원은 각각 국가주석, 국무원 총리, 전인대 상무위원장, 전국정협 주석, 중앙서기처 상무서기, 중앙기율검사위원회 서기, 국무원 상무부총리 등 중국 정치의 최고위직을 분담하게 되었다. 특이한 점은 당 서열 1, 2위인 시진핑과 리

---

53 위원회제도는 원칙적으로 그 구성원을 홀수로 한다. 그래야만이 표결에 있어 가부동수가 나오지 않기 때문이다.

54 위정성의 친형인 위창성俞強聲이 국가안전부(한국의 경우 국정원) 처장이던 1985년 미국으로 망명하면서 미국 CIA에 중국측 특급기밀문서를 넘겨주었다. 이로 인하여 CIA에서 40년 이상 암약하던 중국 측 특무 요원 진우지金無忌가 체포되고, CIA 내 상당수 중국측 정보망이 무너져버렸다.

55 정치국 상무위원을 7명으로 조정할 경우, 평론가들은 대개 시진핑을 총서기, 위정성을 전인대 위원장, 리커창을 총리, 리위안차오를 서기서 상무서기, 장더장을 정협 주석, 왕치산을 상무 부총리, 장가오리를 중앙기율검사위원회 서기로 임명하면서 정치국 상무위원을 겸직시키는 것이 합리적이지 않나 생각했다(夏飛·程恭羲, 앞의 책, p.26.).

커창이 각각 국가주석과 국무원 총리에 선임된 것이다. 과거 관례는 전인대 상무위원장이 당 서열 2위에 있었다.

장더장은 인민해방군 지난군구 포병사령관을 지낸 장즈이의 아들로, 김일성 종합대학 경제학부를 나와 지린성과 저장성 당위 서기, 부총리, 충칭시 서기를 역임한 친장쩌민 계열 인사다.

위정성은 톈진 시서기와 제1기계공업 부장을 역임한 황징의 아들로, 후베이성과 상하이 시서기를 역임한 친장쩌민·쩡칭훙 계열 태자당의 맏형뻘이다.

왕치산은 정치국 상무위원과 부총리를 역임한 야오이린의 사위로, 금융담당 부총리 재임 중 이미 그 능력을 인정받은 바 있다.

류윈산은 네이멍구 자치구 공청단 서기를 거쳤지만 후진타오 직계 적자는 아니며, 장쩌민에 의해 발탁된 선전부문의 베테랑이다. 막판에 가서 리위안차오를 제치고 기용되었다. 물론 장더장도 공청단 지린성 하급지부 서기직을 맡은 경력은 있지만, 장쩌민에 의하여 중앙에 발탁된 인물이다.

장가오리 역시 청년시절 광둥성 지방석유공사의 공청단 간부를 거쳤지만, 장쩌민계의 쩡칭훙·저우융캉과 가까운 범상하이방 및 석유방이다.

새 지도부의 가장 큰 특징은 장쩌민 전 주석이 지지하는 상하이방과 유력 정치인의 2세인 태자당 연합세력이 후진타오 중심의 공청단을 압도하였다는 점이다. 정치국 상무위원은 태자당(시진핑, 위정성, 왕치산)과 범상하이방(장더장, 류윈산, 장가오리)의 연합세력이 6명을 차지했고, 공청단은 리커창 1명뿐이다. 정치국 상무위원 후보군에서 낙마한 류옌둥, 리위안차오, 왕양 등 3명은 모두 후진타오와 가까운 공청단 간부 출신이다. 또다른 특징은 18기 정치국 상무위원들 가운데 시진핑과 리커창을 제외한 5명은 모두 차기(19기: 2017년)에는 연령 초과로 물러날 것이라는 점이다.

정치국 위원으로는 18명이 선출되었는데, 그 가운데 유임된 위원은 류옌둥, 리위안차오, 왕양 등 3명이며 그밖에 15명은 신임이다. 부패 혐의로 숙청된 보시라이를 제외한 퇴임자 모두는 연령 초과로 물러났다. 이는 지도층의 인사가 제도화되어가고 있음을 입증하는 것이다. 반면, 새로 입국한 신임은 거의 모두 50대 초반에서 60대 초반의 제5정치세대다.

당초 정치국 상무위원으로 거론되던 류옌둥, 리위안차오, 왕양 등 공청단 출신 3명은 상무위원에는 탈락했지만 정치국 위원에는 유임되어 각각 국무원 부총리, 국가 부주석, 국무원 부총리를 겸임하게 되었다. 리뤼안차오와 왕양은 2017년에 각각 67세, 62세에 불과하므로 다시 한번 정치국 상무위원 진입을 노릴 수 있다.

4개 직할시 당위 서기와 중국 제1의 경제 대성인 광둥성 및 민족 분규가 잦은 신장위구르자치구 당위 서기는 제17기와 마찬가지로 정치국에 진입했다. 베이징직할시의 궈진룽郭金龍, 상하이직할시의 한정, 톈진직할시의 쑨춘란, 충칭직할시의 쑨정차이 서기와 신장위구르자치구의 장춘셴 및 광둥성 당위 서기 후춘화가 그들이다. 후춘화와 쑨정차이는 각각 네이멍구자치구와 지린성 서기 재직 중 정치국에 진입하면서 충칭시와 광둥성으로 이동했다.

후춘화와 쑨정차이는 18차 당대회 당시 49세로 최연소 정치국 위원이었다. 후춘화는 공청단 중앙서기처 제1서기 출신으로 후진타오가 특별히 챙기는 제6세대 선두주자다. 쑨정차이 역시 장쩌민이 밀고 있는 테크노크라트로 중국에서 인구가 가장 많은 충칭직할시의 서기를 겸직하게 되었다. 이들 두 사람은 이변이 없는 한 2017년 제19차 당 대회에서 정치국 상무위원에 오를 가능성이 크며, 2022년 제20차 당 대회와 2023년 전인대에서는 각각 유력한 당 총서기와 국무원 총리 후보로 점쳐지고 있다.

군부에서는 제17기 때와 마찬가지로 2명의 현역 장성(쉬치량許其亮과 판창룽范長龍)이 정치국에 진입했다. 쉬치량은 공군사령관 출신으로 중앙군사위원에서 부주석으로 승진하면서 정치국에 진입했고, 판창룽은 지난군구 사령관에서 중앙군사위원을 거치지 않고 바로 중앙군사위원회 부주석에 당선되면서 정치국에 진입했다. 두 사람 모두 후진타오 전 국가주석으로부터 중국군 최고 계급인 상장계급을 수여받은 친후진타오 계열 현역장성이다.

이 밖에 국무위원 겸 국무원 비서장 마카이馬凱와 국무위원 겸 공안부장인 멍젠주가 중앙정부 출신 인사로 정치국에 진입하여 각각 국무원 부총리와 중앙정법위원회 서기를 겸직하게 되었다. 그리고 중앙서기처 서기 왕후닝이 중앙정책연구실 주임직을 유지하면서 정치국에 진입했다. 지방지도자 출신으로는 앞에서 언급한 4개 직할시와 신장위구르자치구 및 광둥성 서기 외에, 자오러지 산시성 서기가 정치국에 발탁되면서 중앙조직 부장직을 맡게 되었다. 또 류치바오 쓰촨 서기와 리잔수 구이저우성 서기도 정치국에 진입하면서 각각 당의 중책인 중앙선전 부장과 중앙판공청 주임직을 맡게 되었다. 특히 리잔수가 맡은 중앙판공청 주임직은 우리나라의 청와대 비서실장과 경호실장을 합친 위상으로, 당 총서기 시진핑의 측근이 아니면 맡을 수 없는 자리다. 리잔수는 혁명열사 가문 출신으로 시진핑과 의기가 통하는 사이로 알려져 있다.

18기 정치국위원의 비공식적 네트워크를 보면, 정치국 상무위원회를 상하이방과 태자당 연합세력이 장악하고 있는 것과는 대조적으로, 정치국 위원은 공청단 출신이 다수를 점하고 있다. 류옌둥, 리위안차오, 류치바오, 후춘화는 공청단 중앙서기처 제1서기를 역임한 공청단 중앙 지도자 출신이며, 리잔수(후베이성 서기), 왕양(안후이성 부서기), 자오러지(칭하이성 지부서기), 한정(상하이시 부서기), 쑨춘란(안산 시 경방輕紡 공업국 서기) 등은 공청단 성급 제1간부 내지 지부 서기 등을 역임한 바 있는 공청단 간부 출신이다. 하지만 공청단을 거쳤다고 해서 모두 친후진타오 계열은 아니다. 한정 상하이 서기의 경우 공청단 간부 출신이기는 하지만 오히려 정치적으로 상하이에서 성장한 상하이통이다. 리잔수 역시 시진핑과 긴밀한 관계이며, 쑨춘란은 비교적 계파색이 옅은 여성 지도자다.

상하이방의 경우는 한정 상하이시 서기와 밍젠주(전 상하이 부서기), 왕후닝(전 상하이 푸단대학 법대학장) 등 세 사람 정도다. 류옌둥과 리위안차오, 리잔수는 공청단 출신이면서도 태자당, 즉 혁명열사 가문 출신이다. 류옌둥과 리위안차오는 혁명원로의 자제이기는 하지만, 공청단 중앙에서 후진타오와 함께 성장한 공청단 지도자 출신이다.

4) 중앙서기처

중앙서기처는 1945년 6월 당의 일상 업무를 관장하고 독립된 집행권을 행사하는 당의 중앙기구로 출발하였다. 당시 중앙정치국 상무위원회가 폐지된 상태여서 서기 역시 고위 정치국 위원이 겸임하는 등 정치국보다 우위에 있었다. 오늘날의 정치국 상무위원과 같은 위상이었다. 그러나 1956년 정치국 상무위원회가 부활됨과 동시에 중앙서기처는 중앙정부의 기능부처에 대응하여 당의 각종 기능부처를 지휘 감독하는 당의 행정참모기관으로 변하였다. 따라서 중앙서기처 기능부처의 수가 한때 중앙정부 부처에 버금가는 18개를 넘기도 하였다. 당시 중앙서기처 총서기는 덩샤오핑이 맡아 당 행정을 장악하면서 정부의 각 부처를 지휘 감독하였다.

중앙서기처 서기의 수는 고정되어 있지 않았고 7~8명에서 10~11명 정도였으며, 중앙위원회의 고위 위원이 서기직을 겸임하여 왔다. 그러나 이 기구는 문화대혁명 때 폐지되었다가 1980년 2월 11대5중전회에서 부활되어 정책결정 과정상 중앙정치국과의 역할분담이 불가피하게 되었다.

1982년 제12기에 통과된 〈당헌〉에 의하면, 정치국은 이데올로기나 원칙면에서 당의 주요 노선과 정책을 결정하는 기구라고 규정한 반면, 중앙서기처는 정치국과 그 상무위원회의 지도하에 당 중앙의 일상 업무를 관장하는 제1선의 행정(당무) 기구라고 규정하고 있다. 1987년 제13기 〈당헌〉에서는 이를 더욱 명백히 하고 있다. 즉 중앙서기처는 중앙정치국과 그 상무위원회의 집행기구이지 정책결정기구가 아니라는 것이다. 중앙서기처의 구성원은 중앙정치국 상무위원회의 제청에 의해 중앙위원회 전체회의에서 선출된다.

제18기 중앙서기처 서기는 모두 7명으로 제17기에 비해 1명이 늘어났다. 이 7명 중에는 상무서기 류윈산(3회 연임)만 연임되고 나머지는 모두 신임이다. 류윈산은 당 서열 5위 정치국 상무위원으로 서기처 업무를 총괄하는 한편 중앙당교 교장직도 겸직하게 되었다. 그 밖에 6명의 서기 중 류치바오, 자오러지, 리잔수는 중앙정치국 위원이다. 이로써 제17기에 비해 서기처의 위상이 높아졌다. 제17기의 경우 시진핑 상무서기가 정치국 상무위원이었고, 류윈산과 리위안차오 두 서기만이 정치국 위원이었다. 제16기에는 쩡칭훙이 서기처 상무서기로 막강한 힘을 과시했었다. 상무서기가 중앙당교 교장을 겸직하는 것이 관례이며, 과거 후진타오(1993~2002), 쩡칭훙(2002~2007), 시진

[표 3-5] 중국공산당 제18기 중앙서기처 서기

이름	생년 (본적)	학력	겸직
류윈산 (유, 共)	1947 (산시山西)	사범학교, 在 중앙당교(학사)	정치국 상무위원, 중앙당교교장
류치바오 (신, 共)	1953 (안후이)	안후이사대 역사과, 在 지린대 경제학석사	정치국 위원, 중앙선전부장
자오러지 (신, 共)	1957 (산시陝西)	베이징대철학과, 在중국사회과 학원석사 수료	정치국 위원, 중앙조직부장
리잔수 (신, 共)	1950 (허베이)	허베이사대 정치교육과, 在 하얼빈공대 공상관리학석사	정치국 위원, 중앙판공청 주임
두칭린 (신, 共)	1946 (지린)	在 지린대 법학과 지린대 경제학석사	전국정협 부주석
자오훙쭈 (신)	1947 (네이멍구)	在 중앙당교 대학본과	중앙기율검사위원회 부서기
양징 (몽고족) (신, 共)	1953 (네이멍구)	네이멍구대학 한어과 在 중국사회과학원 경제관리학 석사	국무위원, 국무원 비서장, 중앙통전부 부부장

주: 유-유임, 신-신임, 共-공청단 출신, 在-재임 중

핑(2007~2012) 등 상무서기 모두 중앙당교 교장을 겸직했었다. 중앙당교는 당·정·군의 고급간부를 훈련시키는 교육 및 훈련기관이다.

자오훙쭈趙洪祝를 제외한 6명의 서기처 서기 모두 공청단 출신이다. 류윈산은 공청단 네이멍구자치구 서기 출신이며, 류치바오는 공청단 중앙 제1서기 출신이고, 자오러지는 공청단 칭하이 성서기, 리잔수는 공청단 후베이 성서기 출신이다. 두칭린杜靑林은 공청단 지린성 부서기 및 서기로 근무하면서 공청단 중앙위원으로도 활동하였다. 이때 공청단 중앙은 후진타오 전 주석이 중앙서기처 서기 및 제1서기로 근무하고 있었다. 양징楊晶은 몽고족으로 공청단 중앙의 근무경력은 없으나 네이멍구자치구 공청단 말단 간부에서 자치구 공청단 서기를 지내는 등 전형적인 공청단 간부 출신으로 전 주석 후진타오 계열이다.

그리고 제16~제17기 때와는 달리 제18기에는 당 중앙서기처에 군 출신이 1명도 포함되지 않은 것이 특징이다. 그만큼 군부의 세력이 약화되고 문민화가 진일보하였다고 볼 수 있다.

5) 중앙위원회 총서기

당 최고 지도체제의 변화 과정을 요약하면 창당 이후 1935년까지는 총서기가 최고 지도자였고, 1935년부터 1945년까지는 총서기가 존재했으나 실권은 당 주석에게 있었으며, 1945년부터 1956년까지는 총서기제는 공식적으로 폐지되었다. 1956년에는 중앙서기처 총서기제가 부활되어 문화대혁명 전까지 계

건국 후 중국공산당 역대 중앙위원회 주석 및 총서기

| 마오쩌둥 | 화궈펑 | 후야오방 | 자오쯔양 | 장쩌민 | 후진타오 | 시진핑 |

[표 3-6] 제18기 당 중앙 각 부 기구

부서(직위) 명	부서장 명	생년 본적	학력	경력 및 겸직
중앙기율검사위원회 기관① 서기	왕치산	1948 산시山西	시베이西北대학 역사과	정치국 상무위원 기율검사위 서기
중앙판공청 주임	리잔수	1950 허베이	在 하얼빈공대 공상 관리학석사	정치국 위원 서기처 서기
중앙조직부 부장	자오러지	1957 산시陝西	베이징대 철학과, 在 중국사회과학원 석사 수료	정치국 위원 서기처 서기
중앙선전부② 부장	류치바오	1953 안후이	在 지린대 경제학석사	정치국 위원, 서기처 서기
중앙통전부 부장	링지화 令計劃	1956 산시山西	在 후난대 공상관리학 석사	前 중앙판공청 주임/서기 처서기, 전국정협 부주석
중앙대외연락부 부장	왕자루이 王家瑞	1949 허베이	在 푸단대 경제학박사	前 대외연락부 부부장, 전국 정협 부주석, 베이징대 교수
중앙정법위원회기관③ 서기	멍젠주	1947 장쑤	在 상하이기계대 공학석사	정치국 위원 정법위 서기
중앙정책연구실 주임	왕후닝	1955 산둥	푸단대 국제정치학 석사	前 푸단대 법과대학장, 정치국 위원
중앙타이완공작 판공실④ 주임	왕즈쥔 王志軍	1953 장쑤	베이징대, 영국유학	前 대외연락부, 외교부 부부장
중앙대외선전판공실 주임	왕천 王晨	1950 베이징	중국사회과학원 신문 학과 석사	중앙선전부 부부장, 전인대 비서장
중앙재경영도 소조판공실 주임	류허 劉鶴	1952 베이징	인민대,하버드대 케네 디스쿨 행정학석사	국가발전·개혁위원회 부 주임
중앙외사공작영도 소조판공실 주임	다이빙궈 戴秉國	1941 구이저우	쓰촨대 러시아어과, 베이징외교학원	前 외교부 부부장, 대외연 락부장, 국가안전공작영 도소조판공실 주임
중앙기구편제위원회 판공실 주임	장지난 張紀南	1957 광둥	在 난카이대 관리학 박사	前 共 톈진 부서기, 허난조 직 부장, 조직부 부부장
중앙직속기관공작 위원회 서기	리잔수	1950 허베이	在 하얼빈공대 공상 관리학석사	정치국 위원 서기처 서기
중앙국가기관공작 위원회 서기	마카이	1946 상하이	인민대 정치경제학 석사	정치국 위원, 부총리, 국가행정원장

주: ① 감찰부와 통합관리, ② 중앙정신문명건설지도위원회: 중앙선전부가 대리관리,
　　③ 중앙사회관리종합치리위원회판공실 서기겸임, ④ 국무원타이완사무판공실 주임겸임
　　在-재직 중, 共-공청단

[표 3-7] 제18기 당 중앙 직속 사업단위

단위(직위) 명	부서장	생년 본적	학력	경력 및 겸직
중앙당교 교장	류윈산	1947 산시山西	사범학교, 在 중앙당교학사	정치국 상무위원 서기처 상무서기
중앙문헌연구실 주임	링룽 冷溶	1953 산둥	베이징대 철학과, 연구원	중국사회과학원 부원장, 중공문헌연구회장
중앙당사연구실 주임	오우양쑹 歐陽淞	1948 후난	후난사대 중문과, 在 중국인민대 법학박사	중앙조직부 부부장, 중공당사학회장
중앙편역국 국장	자가오젠 賈高建	1959 산시山西	동북사대 대학원, 在 중앙당교 철학박사	중앙당교 철학부주임/ 출판사장/교육장
인민일보사 사장	장옌눙 張研農	1948 쓰촨	在 중앙당교 대학원과정	중앙선전부 연구실 주임, 인민일보 편집인
구시求是잡지사 사장	리바오산 李宝善	1955 산둥	산시사범대	중앙선전부 신문국장, 『구시』잡지 편집인
광명일보사光明日報社 사장	허둥핑 何東平	1955 광둥	중산대 중문학과	광명일보사 편집위원/ 부편집인
중국푸둥浦東 간부학원 원장	자오러지	1957 칭하이	베이징대 철학과, 在 중국사회과학원 경제학석사 수료	정치국 위원 서기처 서기 조직부장
중국징강산井岡山 간부학원 원장	자오러지	–	–	–
중국옌안延安 간부학원 원장	자오러지	–	–	–

주: 在-재직 중

속되었으나 당 최고 지도권은 1945년 이후 계속 당 주석(마오쩌둥, 1945~1976)에게 있었고 중앙서기처 총서기는 행정상의 업무만을 담당했을 뿐이었다.

1982년 당헌을 개정하여 당 주석제를 폐지하자 1980년 신설한 중앙위원회 총서기가 당의 최고 지도자가 되었다. 당 주석제를 폐지한 가장 중요한 이유는 당권이 마오쩌둥과 같은 1인의 카리스마적 지도자에 의해 독점되는 것을 방지하기 위해서였다.

마오쩌둥 사후 당 중앙위원 주석 및 총서기는 화궈펑(1976~1981), 후야오방(1980~1987), 자오쯔양(1987~1989), 장쩌민(1989~2002), 후진타오(2002~2012)

부패척결을 다짐하는 중앙기율검사위원회
서기 왕치산

를 거쳐 현재 시진핑(2002.11~)이다.

당 중앙위원회 산하 주요 직속기구
및 사업단위는 [표 3-6] 및 [표 3-7]과
같다.

6) 중앙기율검사위원회

중앙기율검사위원회는 1978년 12월 11
대3중전회에서 신설된 당 중앙 감찰기
구다. 이것은 문화대혁명 중 폐지된 중
앙감찰위원회(1955년 전국대표대회에서 둥비우董必武를 초대 서기로 선출)를 대체
한 중앙기구이며, 당원의 부패와 정치적 비행을 척결하는 등 일종의 감찰업
무를 수행하는 정당整黨 장치로 출범했다. 중앙기율검사위원회는 〈당헌〉에는
중앙위원회와 병렬적 관계에 위치하고 있으나 실제로는 중앙위원회의 지도
하에 그 임무를 수행한다. 제12기 이후 중앙기율검사위원회는 과거의 감찰
위원회와는 달리 준독립적인 지방조직을 가질 뿐만 아니라, '당의 노선, 방
침, 정책과 결정의 집행을 감찰' 하는 포괄적인 기능을 보유하는 막강한 기구
가 되었다.

중앙기율검사위원회는 당의 전국대표대회에서 선출되며, 서기와 부서기
그리고 약간의 상무위원은 중앙기율검사위원회 전체회의에서 선출하여 중
앙위원회의 비준을 얻도록 되어 있다.

시진핑 정권 당 중앙기율검사위원회 서기는 전임 서기 허궈창이 정년으
로 물러나면서 왕치산 중앙정치국 상무위원이 선임되었다. 수석부서기는
정치국 위원 자오훙주가 선임되었다. 제18기 중앙기율검사위원회는 '부패
척결, 공정사회' 를 기치로 내걸고 있다.

7) 중앙군사위원회

국가중앙군사위원회와 이름만 다를 뿐 구성원은 같다. '군대' 편에서 설명하기로 한다.

2. 당의 지방조직

중국공산당의 지방조직으로는 성省, 자치구自治區, 직할시와 자치주, 현, 자치현, 구區가 없는 시와 시 직할구 이상의 지방행정단위에 설치된 당의 각급 대표대회와 위원회(당위로 약칭) 및 기율검사위원회가 있다.

1) 당의 지방 각급 대표대회

성, 자치구, 직할시, 구를 두고 있는 시와 자치주의 당 대표대회는 5년마다 한 번 열리며, 현(또는 기旗), 자치현, 구를 두고 있지 않은 시와 시 직할구의 당 대표대회는 3년마다 한번씩 소집된다. 지방의 각급 대표대회는 동급의 당 위원회에 의해서 소집되며, 특수한 상황하에서는 차상급次上級 위원회의 승인을 얻어 그 개최를 앞당기거나 연기할 수 있다.

　각급 대표대회의 직권은 ① 동급 당 위원회의 보고에 대한 청취 심사, ② 동급 기율검사위원회의 보고에 대한 청취 심사, ③ 당해 지구 범위 내의 중요문제에 관한 토론 및 결의, ④ 동급 당 위원회와 기율검사위원회의 선거 및 상급 당 대표대회에 출석하는 대표의 선거 등이다.

2) 당의 지방 각급 위원회

성, 자치구, 직할시, 구가 있는 시와 자치주의 위원회의 임기는 매기 5년으로 지방 각급 대표대회와 동일하며, 이들 위원회의 위원과 후보위원은 5년 이상의 당력을 가져야 한다. 현, 자치구, 구가 없는 시와 시직할구의 위원회 임기는 매기 3년(동급 대표대회와 동일)이며, 그들 위원회의 위원이나 후보위원의 정수는 각기 차상급 위원회가 정한다. 당의 지방 각급 위원회는 1년에 적어도 한 번은 소집되어야 한다. 당의 지방 각급 위원회는 당해 대표대회의 폐회기간 중 상급 당 조직의 지시와 동급 당 대표대회의 결의를 집행하고, 당해 지방의 활동을 지도하며, 상급 당 위원회에 정기적으로 그 활동을 보고한다.

당의 지구위원회는 성, 자치구위원회의 위임을 받아 지구의 활동을 지도한다. 지구위원회는 당의 성, 자치구위원회가 그 산하 몇 개의 현, 자치현, 시를 한 단위의 지구로 하여 파견한 대표기관이다. 당의 지방각급위원회 전체회의는 상무위원회와 서기·부서기를 선출하여 상급의 당 위원회에 보고하여 승인을 받아야 하고, 상무위원회는 전체회의의 폐회기간 중 위원회의 권한을 행사하며 새로운 상무위원회가 선출되기까지는 차기의 대표대회 개최 중에도 계속 일상 업무를 관장한다.

3) 당의 지방 각급 기율검사위원회

지방에는 각급 기율검사위원회가 동급의 당 위원회와 상급의 기율검사위원회의 이중적 지도 아래 활동하고 있으며, 임기는 동급의 당 위원회 임기와 같다. 직무는 중앙기율검사위원회의 그것과 같으며, 상급의 기율검사위원회는 하급의 활동을 감찰하고 그 결정을 승인 또는 변경할 수 있다.

3. 당의 기층조직

성과 현 아래에는 당의 기층단위들이 있다. 이들 기층단위는 당의 정책과 노선을 집행하는 '최일선 조직'이다. 당은 여기서 사회의 나머지 부분과 직접적인 접촉을 갖게 된다. 성의 당 위원회와 마찬가지로 당의 기본적인 단위는 모두 당위를 주관하는 서기가 중심이 되어 운영된다. 그러나 이들 단위는 상부기구의 결정을 단순히 집행하는 데 그치는 것이 아니라, 창의성과 자율성 있는 활동이 권장되며, 비평과 토론이 끊임없이 계속되는 곳도 바로 여기라고 할 수 있다.

　모든 기층 행정단위(향, 진), 모든 생산단위(공장, 상점, 학교, 기관, 합작사, 농장 등), 인민해방군의 중대 및 기타 기층단위는 3명 이상의 정식 당원이 있으면 구성하여야 한다. 당의 기층조직은 그 활동의 필요와 당원의 수에 따라서 차상급 당 조직의 승인을 얻어 당의 기층위원회 또는 총지부위원회, 지부위원회를 설치하며, 기층위원회는 당원대회 또는 대표대회에서 선출되고, 총지부위원회와 지부위원회는 당원대회에 의해서 선출된다. 이들의 임기는 전자는 3년이며, 각 위원회가 선출한 서기·부서기는 상급 당 조직에 보고하여 승인을 받아야 한다. 위원회가 설치된 당 조직은 대표대회 또는 당원대회를 매년 한 차례, 총지부는 매년 두 차례, 지부는 3개월에 한 차례 열어야 한다.

[표 3-8] 성급 지방 지도자(당위 서기 및 정부 주석)

성시, 자치구		성명 (생년)	본적 (입당)	학력	경력
베이징	서기	궈진룽* (47.7)	장쑤 (1979)	난징대학 물리학과	시장/안후이 서기, 베이징 시장
	시장	왕안순 王安順 (57.12)	허난 (1984)	在 난카이대 경제학석사, 경제사	상하이/베이징 부서기, 베이징 시장대리
톈진	서기	쑨춘란* (50.5)	허베이 (1973)	안산공업기술학교, 在 중앙당교 정치학석사	랴오닝 부서기, 푸젠 서기
	시장	황싱궈 黃興國 (54.10)	저장 (1973)	퉁지대학 경제와관리과학 在 박사	共 저장성 상산象山현 서기, 저장 부성장, 톈진 부서기
허메이	서기	저우번순 周本順 (53.2)	후난 (1971)	창춘과기대학, 在 후난대학 공학석사	후난 공안청장, 중앙정법위 비서장
	시장	장칭웨이 張慶偉 (61.11)	허베이 (1992)	서북공대 비행기설계 전공, 공학석사	중국우주과기그룹 회장, 국방과기위원회 주임,

산시山西성	서기	위안춘칭 袁純清 (52.3)	후난 (1971)	베이징대 법학사, 在 중국정법대 법학사, 在 후난대학 관리학박사	베이징대 학생회장, 共 중앙서기, 시안서기, 산시 부서기/성장
	성장	리샤오펑 (59,6)	쓰촨 (1985)	화북전력대 전력학과, 고급공정사, 리펑의 아들	화넝華能국제전력개발공사 이사장, 산시 부성장/부서 기/성장대리
네이멍구 자치구	서기	왕쥔 王君 (52,3)	산시山西 (1977)	산시광업대 석탄채굴학과, 在 중앙당교 철학석사, 고급공정사	매탄공업부 차관, 장시 부서기/부성장, 산시 부서기/성장
	주석	바터얼 巴特爾 (55.2)	랴오닝 (1981) 몽고족	멍구사범대, 푸단대학 경제학석사	共 네이멍구 서기, 네이멍구 부서기/주석대리
랴오닝遼寧성	서기	왕민 王珉 (50.3)	안후이 (1985)	난징항공대 기계학과 공학 박사	난징항공대 부학장, 장쑤 부성장, 지린 성장/서기
	성장	천정가오 陳政高 (52.3)	랴오닝 (1972)	在 다롄해운대 해양선박항 해학과, 在 동북재정대학 화폐은행학석사	共 다롄시 부서기/부시장, 선양 시장/서기, 랴오닝 부성장
지린성	서기	왕루린 王儒林 (53.4)	허난 (1973)	在 지린농업대 농경제학과, 在 지린대 경제학석사	共 지린서기, 옌볜 조선족자치주 주석, 창춘 서기,지린 부서기
	성장	바인차울 巴音朝魯 (55.5)	네이멍 (1976) 몽고족	在 지린대 경제학석사	共 네이멍구 서기/중앙상무 서기, 전국청년연맹 주석, 저장/지린 부성장
헤이룽장성 黑龍江성	서기	왕셴구이 王憲魁 (52.7)	허베이 (1974)	서남교통대 철로운수관리 전공, 在 중앙당교대학원 과정	철도부 정치주임, 간쑤/장 시 부서기, 헤이룽장 부성 장/성장
	성장	루하오퉁 陸昊同 (67.6)	상하이 (1985)	베이징대 경제관리학과,在 베이징대학 경제학석사	共 중앙1서기,베이징부시 장, 헤이룽장 부성장/성장 대리
상하이	서기	한정* (54.4)	저장 (1979)	在 화동사범대 정치교육학 과/대학원 경제학석사	共 상하이 서기, 상하이시 비서장/부서기/시장
	시장	양슝 楊雄 (53.11)	저장	在 중국사회과학원 대학원 경제학석사	상하이 부비서장/상무부시 장/시장대리

장쑤성	서기	뤄즈쥔 羅志軍 (51.11)	랴오닝 (1969)	在 중국정법대 정치학석사	共 중앙상무위원, 난징 시 장, 장쑤 성장/부서기
	성장	리쉐융 李學勇 (50.9)	허베이 (1974)	베이징화공대 고분자학과	과학기술부 부부장, 장쑤 부서기/성장대리
저장성	서기	샤바오룽 夏宝龍 (52.2)	톈진 (1973)	톈진사범대, 在 베이징대 대경제학박사	共 톈진시 허시河西구 서기/ 부시장/부서기, 저장 부서기 /성장
	성장	리창 李强 (59.7)	저장 (1983)	在 중앙당교대학원 공상관리학석사	共 루이안瑞安현 서기, 원저 우溫州시 서기, 저장 부서기/ 성장대리
안후이성	서기	장바오순 張宝順 (50.2)	허베이 (1971)	在 인민대 통신대, 在 지린 대 경제학석사	共 중앙서기, 신화사 부사장, 산시 성장/서기
	성장	왕쉐쥔 王學軍 (52.12)	허베이 (1975)	허베이공대 기계학과	허베이 비서장, 국무원 비 서장, 국가민원국장
푸젠성	서기	룽취안퉁 龍權同 (54.1)	허베이	인민대 경제학사, 석사	국가전력감독위원회 주석, 국무원 상무부비서장
	성장	쑤수린 (62.6)	푸젠	따칭大慶석유대 석유지질 전공, 在 하얼빈공대 관리 학석사	다칭유전공사 이사장, 랴오 닝성 조직부장, 중국석유화 공그룹 회장
장시江西 성	서기	창웨이 强衛 (53.3)	장쑤 (1975)	베이징화공국직공대학 유 기화학, 在 중국과기대 경 제관리학석사	해군사병, 共 베이징 서기, 베이징 선전부장/부서기, 칭하이 서기
	성장	루신스 鹿心社 (56.11)	산둥 (1985)	우한武漢수리전력대 수리 공정학과, 독일연수	국토자원부 부부장, 간쑤 부서기, 장시 성장대리
산둥성	서기	장이캉 姜異康 (53.1)	산둥 (1970)	중남공대 관리공정학석사	중앙판공청 부주임, 충칭시 부서기, 국가행정원 부원장
	성장	궈수칭 郭樹清 (56.8)	네이멍구 (1984)	난카이대 철학과, 중국사 회과학원 법학석사/박사, 영국연수	국가체제개혁위원회 비서장, 구이저우 부성장, 인민은행 부행장, 건설은행장

허난성	서기	궈경마오 郭庚茂 (50.12)	허베이 (1972)	베이징대 국제정치학과, 在 중앙당교 경제학석사 수료	허베이 부성장/성장/부서기, 허난 부서기/성장
	성장	셰푸잔 謝伏瞻 (54.8)	후베이 (1974)	화중공대 전자학과, 기계과학연구원 공학석사, 미국연수	국무원발전연구실 판공청 부주임, 국가통계국장, 국무원연구실 주임
후베이성	서기	리훙중 (56.8)	산둥 (1976)	지린대 역사학과	전자공업부 비서, 광둥 부성장, 선전 시장, 후베이 성장
	성장	왕궈성 王國生 (56.5)	산둥 (1975)	산둥대 정치학과, 在 산둥당교 정치학석사 수료	산둥 무역청장, 장쑤 부서기, 후베이 성장대리
후난성	서기	쉬서우청 徐守盛 (53.1)	장쑤 (1973)	在 장쑤성당교 경제학석사 수료, 고급경제사	장쑤 상위, 간쑤 부성장, 후난 성장
	성장	투자하오 杜家毫 (55.7)	저장 (1973)	在 화동사대 중문과, 在 중앙당교 경제학석사 수료, 고급경제사, 고급정공사政工師	共 상하이 농장국 서기, 상하이시 비서장, 헤이룽장 부성장/서기, 후난 성장대리
광둥성	서기	후춘화* (63.4)	후베이 (1983)	베이징대 중문학과	共 중앙제1서기, 시장당위 부서기, 네이멍구 서기
	성장	주샤오단 朱小丹 (53.1)	저장 (1975)	在 중앙당교 경제관리학석사 수료	共 광저우 서기, 광둥 선전부장/부성장/성장대리
광시廣西 좡족 자치구	서기	펑칭화 彭清華 (57.4)	후베이	베이징대 철학과, 在 후난대 국제상학석사, 중산대 경영학박사	중앙조직부 간부1국장, 중앙정부 홍콩주재연락사무소 주임
	주석	천우퉁 陳武同 (54.11)	광시 (1975) 좡족	광시대 철학과, 在 중앙당교 법학석사 수료, 독일연수	광시인민정부 비서장/판공청부임, 난닝南寧시 서기, 광시 주석대리
하이난海南성	서기	뤄바오밍 羅保銘 (52.10)	톈진 (1971)	在 난카이대 명청사전공 석사	共 톈진 서기, 톈진선전 부장, 하이난 부서기/성장
	성장	장딩즈 蔣定之 (54.9)	장쑤	난징대 철학과, 在 난징이공대 공학석사, 중앙당교 정치학석사 수료	장쑤 조직부장/부성장, 중국은행감독관리위원회 부주석, 하이난 부성장

충칭시	서기	쑨정차이* (63.9)	산둥 (1988)	라이양농대, 在 중국농업대 농학박사, 영국연수	베이징농림과학원 부원장, 베이징 비서장, 농업부장, 지린 서기
	시장	황치판 黃奇帆 (52.5)	저장 (1976)	상하이기계대 계기학과, 在 중유럽국제공상대 공상관리학석사	상하이 부비서장/체제 개혁위 주임, 충칭 부시장
쓰촨성	서기	왕둥밍 王東明 (56.7)	랴오닝 (1975)	랴오닝대 철학과, 在 중앙당교 법학석사 수료	共 랴오닝 진저우錦州시 서기,랴오닝 조직부장,중앙조직부 부부장,
	성장	웨이훙 魏宏 (54.5)	산둥 (1973)	창사철도병대 정치과, 在 서남재경대/쓰촨당교 경제학석사 수료	쓰촨 조직부장/부성장/행정학원장/부서기
구이저우성	서기	자오커즈 趙克志 (53.12)	산둥 (1975)	在 중앙당교 과학사회주의 석사 수료	共 라이시萊西현 서기, 산둥/장쑤 부성장, 구이저우 부서기/성장
	성장	천민얼 陳敏爾 (60.9)	저장 (1982)	샤오싱紹興사범전문학교 중문계, 在 중앙당교 석사 수료	저장 선전부장/부성장,구이저우 부서기
윈난雲南성	서기	천광룽 陳光榮 (50.12)	후베이 (1972)	헝양衡陽사범전문학교 중문과, 在 중남공대 공학석사	共 후난 부서기, 창사 서기, 윈난 부서기/부성장
	성장	리지헝 李紀恒 (57.1)	광시 (1976)	광시대 중문과, 在 중국사회과학원 도시학박사 수료	광시 부서기/성장대리, 윈난 성장대리
시짱자치구	서기	천취안궈 陳全國 (55.11)	허난 (1976)	정저우鄭州대학 정치학과, 在 우한이공대 경제학석사	허난 부성장/부서기, 허베이 부서기/부성장
	주석	뤄쌍장춘 洛桑江村 (57.7)	시짱 (1978) 짱족	시짱민족대 중문과, 在 중앙당교 석사 수료	共시짱 서기, 라싸 부서기/시장, 시짱 통전부장/상무부주석
산시陝西성	서기	자오정융 趙正永 (51.3)	안후이 (1973)	중남대 금속과, 在 중앙당교 석사 수료	共 안샨鞍山시 서기, 안후이 공안청장, 산시 부성장/부서기
	성장	러우진젠 樓勤儉 (56.12)	구이저우 (1975)	화중공대 전산학과, 在 화중과기대 전산학과 공학박사, 교수, 고급공정사	국방공업위원회 전산전문조장, 정보산업부 부부장, 산시 부성장

간쑤성	서기	왕산윈 王三運 (52.12)	산둥 (1979)	구이양貴陽사범대 중문과, 在 중앙당교 정치학석사 수료	共 구이저우 서기, 구이저우 /쓰촨/푸젠/안후이 부서기, 구이저우 성장
	성장	류웨이핑 劉偉平 (53.3)	헤이룽장 (1974)	난징항공대 항공설계과, 在 중앙당교 경제학석사 수료, 공정사	장시 선전부장, 칭하이 부 성장/부서기, 간쑤 부서기/ 성장
칭하이성	서기	뤄후이닝 駱惠寧 (54.10)	저장 (1982)	안후이대 경제학사, 在 중국과기대 관리학석사, 인민대 경제학박사	안후이 비서장/선전부장, 칭하이 부서기/성장
	성장	허펑 郝鵬 (60.7)	산시陝西 (1982)	서북공대 항공제조학과, 在 서북항공대 공학석사 수료, 고급경제사	共 중국항공란저우공장 서 기, 전국청년연합 부주석, 시짱 부서기, 산시 부성장
닝샤 후이족 자치구	서기	리젠화 李建華 (54.9)	허베이 (1975)	在베이징직공업여대 중문 과, 난카이대 경제학석사	중앙조직부 배치국장/부부장, 국가행정원 부원장
	주석	류후이劉慧, 여 (59.12)	톈진 (1985)	인촨銀川사범대 중문과, 중앙당교 경제학석사 수료	共 닝샤 서기, 닝샤 민정청 장/부주석/성장대리
신장 위구르	서기	장춘셴* (53.5)	허난 (1953)	동북 중형기계대, 在 하얼 빈공대 관리학석사, 고급 공정사	중국포장과식품기계총공사 부회장, 교통부장, 후난서기
	주석	누얼 바이커리 努爾白克力 (61.8)	신장 (1982) 위구르	신장대 정치학과, 在 중앙 당교 정치학석사 수료	共 신장대학 서기, 우루무 치 시장, 신장 부비서장/부 서기/주석대리
홍콩 행정구	행정 장관	량전잉 梁振英 (54.8)	산둥	홍콩이공대, 명예박사	홍콩특별행정구 준비위원, 행정회의 멤버
	입법 주석	청위청 曾鈺成 (47.5)	광둥	홍콩대 수학과, 교육학석사	홍콩정치단체민주연맹 멤 버, 홍콩특구 입법위원
마카오 행정구	행정 장관	추이스안 崔世安 (57.10)	광둥	캘리포니아주립대 위생학 사, 오클라호마대 공공위 생학석/박사	마카오 입법위원, 사회문화 국장, 행정위원
	입법 주석	류쭤화 劉焯華 (1945)	광둥	대학학력	마카오상공인연합회 부회장, 특별행정구 기본법기초위원

주: *표는 중앙 정치국위원, 共-공청단 출신, 在-재임중

국가의 조직체계

중화인민공화국 국가 조직체계의 특징은 '민주집중제'
와 '의행합일議行合一' 을 통한 인민민주독재를 건설하는
데 있다. 따라서 국가 최고 권력기관인 전국인민대표대
회(보통 '전인대' 로 약칭)가 입법권과 행정권은 물론 검찰
과 사법권까지 장악 통제하며, 이를 정점으로 행정·사

인민정부 마크

법·검찰기구가 중앙에서 지방으로 연계되어 중앙의 통일적 지도를 받는다.
지방조직은 전통적인 성·현·향의 3급 계층으로 구성되어 있으며, 그 하부
구조는 중앙조직의 기능과 연계되어 있다.

이들 중국의 국가조직은 당이 국가(정부)를 지도하는 '이당영정以黨領政' 의
원칙에 따라 당의 정책과 계획을 집행하는 기능을 주 임무로 한다. 그리고
중앙정부의 요직은 '교차 겸직 메커니즘' 에 의해 당의 최고 지도층(중앙정치
국 상무위원 및 정치국위원)이 겸직하고 있다.

1. 국가의 중앙조직

현행 헌법상 넓은 의미에서의 중앙정부조직은 국가 최고 권력기관인 전국
인민대표대회를 정점으로, 한편으로는 그 상설기구인 전인대 상무위원회와
중화인민공화국 주석 및 국가 최고군사기관인 국가중앙군사위원회가 병렬
적 위치에 있고, 다른 한편으로는 최고행정기관인 국무원과 최고 사법 및
검찰기관인 최고인민법원 및 최고인민검찰원이 전인대에 예속적인 위치에
있다. 제도상 '의행합일' 의 원칙하에 국가조직이 체계화되어 있는 것이다.

제12기 전국인민대표대회 개회식

1) 전국인민대표대회 및 상무위원회

전국인민대표대회는 1954년 헌법 제정과 더불어 설립된 국가 최고 권력기관이다. 정권초기(1949~1954, 〈공동강령〉)에는 중국인민정치협상회의가 그것을 대신했다. 전국인민대표대회는 ① '의행합일' 의 원칙에 따라 국가의 최고 권력기관이며, ② 성·자치구·직할시 및 군대에서 선출된 대표로 구성(소수민족도 일정한 인원수의 대표로 구성)되는 인민의 대표기관이다. 또 ③ 입법권과 재정에 관한 권한 및 각종 인사에 대한 비준권을 가지며, ④ 국가 중대 사항의 결정 및 국정전반에 대해 질의 등의 방법을 통하여 관여하고 통제할 수 있는 지위에 있다.

전국인민대표대회의 대표는 성·자치구·직할시 인민대표대회(이하 '인대' 로 약칭) 및 인민해방군의 선거에 의하여 선출되며, 대표의 정수는 3,500명을 초과하지 못한다. 전국인민대표대회의 임기는 1기를 5년으로 한다. 대회는 1년에 1회 개최되며, 상무위원회에 의해 소집된다. 1954년 이후 현재까지 전인대는 12기까지 선출되었는데, 처음 3기의 임기는 4년(현재는 5년)이었고, 1954년에서 1964년까지 매년 소집되었다. 그러나 1965년 1월 이후

문화대혁명과 '린빠오 사
건'으로 인한 국내정치의
혼란으로 1975년까지 한
차례도 소집되지 않았다.

신구 전국인민대표대회 상무위원장, 장더장과 우방궈
(2013년 3월 15일, 인민대회당)

헌법상 전인대는 '인민
민주독재' 및 '의행합일'
의 원칙에 의해 국가권력
구조에서 헌법상 막강한
권한을 보장받고 있다. 그러나 그것은 명목적 권한에 불과하고 실질적인 운영
에 있어서는 당 및 정부(국무원)가 사전 합의한 내용을 승인하는 데 그칠 뿐이
다. 따라서 흔히 공산주의국가의 의회를 '고무도장rubber stamp'에 비유하기도
한다. 그것은 전인대가 1년에 한 차례 소집되고 회기가 짧을 뿐 아니라 그 구
성원이 3,000여 명(12기 현재 2,987명)에 달하는 데서도 연유한다. 따라서 그 기
능은 대부분 전인대 상무위원회에 위임하고 있다.

전인대 상무위원회는 현재 위원장 1명, 부위원장 13명, 비서장 1명, 그리
고 161명의 위원으로 구성되어 있다. 이들은 전인대에서 선출되고 파면되
며, 그 구성원 속에는 반드시 적당한 수의 소수민족대표가 포함되어야 한다.
그리고 그 구성원은 정부의 직위를 겸임할 수 없다. 문화대혁명기에 국가주
석제가 폐지되었을 때에는 전인대 상무위원회 위원장(당시 주더朱德 상무위원
장)이 대내외적으로 국가를 대표하였다.

전국인민대표대회가 전 인민의 대표기관이라고는 하지만, 그 대표의 상당
수(현 12기 전인대 34.8%)가 공산당원이며,[56] 전인대 상무위원회 위원장 및 핵

---

56 2013년 3월에 선출된 제12기 전인대 대표의 경우, 총 2,987명 중 1,042명(34.8%)이 공산당원이다. 노동자·
농민 대표는 401명(13.4%), 여성 대표자 수는 699명(23.4%)이다(http:news.xinhuanet.com, 2013.3.5).

[표 3-9] 시진핑 정권 국가지도체제(2008.3-)

직위		성명	생년	겸직 및 당직
전국인대 상무위원회	위원장	장더장	1946	중앙정치국 상무위원
	상무부위원장	리젠궈	1946	중앙정치국 위원
국가주석단	주석	시진핑	1953	중앙정치국 상무위원, 총서기
	부주석	리위안차오	1950	중앙정치국 위원
국무원	총리	리커창	1955	정치국 상무위원
	부총리(상무)	장가오리	1946	정치국 상무위원
	부총리	류옌둥	1945	정치국 위원
	부총리	왕양	1955	정치국 위원
	부총리	마카이	1946	정치국 위원, 국가행정학 원장
	국무위원	양징(몽고족)	1953	국무원 비서장, 서기처 서기
	국무위원	창완취안	1949	국방부장(상장★★★)
	국무위원	양제츠	1950	외교담당, 전 외교부장
	국무위원	궈성쿤	1954	공안부장
	국무위원	왕융	1955	국유자산감독관리위원회 주임

심 부위원장은 중국공산당 중앙정치국 상무위원이나 정치국 위원급이 겸임하고 있다. 그럼으로써 당이 국가를 영도하는 체계를 유지하고 있는 것이다.

역대 전국인민대표대회 상무위원장은 류샤오치(1954. 9~1959. 4), 주더(1959. 4~1978. 3), 예젠잉(1978. 3~1983. 6), 펑전(1983. 6~1988. 4), 완리(1988. 4~1993. 3), 차오스(1993. 3~1998. 3), 리펑(1998. 3~2003. 3), 우방궈(2003. 3~2013. 3) 등 당 최고위층이 겸임했다. 펑전과 완리(중앙정치국 위원)를 제외하고는 모두 중앙정치국 상무위원이었다.

제12기 전인대 상무위원장은 당 서열 3위이며 중앙정치국 상무위원인 장더장이 당선되었고, 수석 상무 부위원장에는 당 정치국 위원인 리젠궈가 선임되었다. 전임 우방궈 상무위원장이 당 서열 2위였던 점으로 볼 때, 12기 전인대 상무위원장의 위상은 한 단계 떨어졌다고 보겠다. 전인대 상무위원장의 당 서열은 리펑이 당선된 이후(1998, 9기 전인대)부터 2위로 올랐다. 그 이전에는 국무원 총리(리펑 총리)가 서열 2위였다. 현 정권에서 당 서열 2위는 국무원 총리 리커창이다. 이는 아직도 중국에서는 그 직위보다 개인의 정치적 위상에 따라 당 서열이 결정된다는 것을 보여준다.

새로 구성된 전인대 지도부는 후진타오 계열인 공청단 세력이 우위를 점한 것으로 나타났다. 부위원장 중 선웨웨沈躍躍 당 중앙조직부 상무부부장 겸 전국부녀연합회장과 지빙쉬안吉炳軒 전 헤이룽장성 서기가 각각 공청단 저장성 서기와 중앙서기처 서기 출신이며, 장핑張平 전 국가발전 · 개혁위원회 주임 역시 후진타오와 동향인 안후이 출신이다. 13명 부위원장 중 중국의 민주당파 계열과 소수민족 몫 부위원장을 빼면 6명 중 3명이 후진타오 계열이라고 전한다.

역사학자인 장리판은 공청단 출신이 정치국 상무위원 중에는 많지 않지만 전인대는 물론 당 중앙위원회에서는 우세를 점했다면서 공청단파는 쇠락하지 않았다고 분석했다.

2) 중화인민공화국 주석

중화인민공화국 주석(국가주석으로 약칭)은 대내외적으로 국가를 대표한다. 건국 초기 정치협상회의 체제하(1949~1954)에서는 국가주석직을 두지 않고 중앙인민정부위원회가 대내외적으로 중화인민공화국을 대표하였다. 중앙인민정부위원회는 주석 1명, 부주석 6명, 위원 56명, 비서장 1명으로 구성되었으나 당시의 중앙인민정부위원회 주석은 중앙인민정부위원회 구성원이었을 뿐 독립된 국가기구가 아니었으며 후에 설립된 국가주석과는 그 위상이 달랐다. 당시 주석은 마오쩌둥이었다.

1954년 헌법의 제정과 더불어 국가주석제가 신설되었다. 이 시기에 중국은 '집단지도체제'를 표방하였으나 중국공산당 중앙위원회 주석인 마오쩌둥이 국가주석을 겸임하여 강력한 권한을 행사했다. 국가주석은 국가를 대표하고 상징하는 수반으로서 외교상의 일정한 권한을 행사할 뿐 아니라 전국의 무장력을 통솔하는 국방위원회의 의장이 되며, 최고국무회의를 주재하는 등 정부의 '명백한 중심체'였던 것이다.

당시 국가주석이 국방위원회의 의장 및 최고국무회의의 주재자가 되었던 것은 형식상의 상징적 지위를 넘어 큰 실권을 장악하였음을 의미하는 것이다. 왜냐하면 최고국무회의는 공화국 주석과 전인대 상무위원회의 지도급 인사 및 국무원 요직자에 의해 구성된 국가의 중대사를 논의하는 회의체였기 때문이다. 또 국방위원회는 원래 그 성격상 최고 군사지도자들이 국가의 중요 군사전략을 기획하는 군 수뇌기관이었지만, 사실상 그것은 인민해방군의 고위지도자들뿐만 아니라 투항 또는 전향한 전 국민당정부군의 장성들을 수용하는 기관이었다. 따라서 중국의 모든 군사지도자들을 국가주석의 통제 하에 둔다는 것은 그 직위를 차지하는 개인으로서는 중요한 의미를 갖는 것이었다. 이와 같이 1954년 헌법시기의 국가주석은 막강한 권한을 가진 실질적인 국가원수의 지위에 있었다.

그러나 대약진 운동의 실패로 마오쩌둥은 1959년 제2기 전인대에서 국가주석직을 류사오치에게 넘겨줄 수밖에 없었고, 1964년의 제3기 전인대에서도 류사오치가 국가주석에 재선되었다. 하지만 문화대혁명이 시작되면서 당시 주석이던 류사오치가 '주자파'로 몰려 실각됨으로써 중국은 국가주석이 없는 시대로 돌입하게 되었다. 1970년 〈린林·마오毛 헌법초안〉, 1975년 헌법, 그리고 1978년의 헌법에는 모두 국가주석제를 두지 않았으며, 대내외적으로 국가를 대표하는 직위는 전인대 상무위원회 위원장이었다. 당시 전인대 상무위원장은 주더였다. 1981년 5월 16일 전인대 상무위원회는 쑨원孫文의 부인 쑹칭링宋慶齡을 국가 명예주석으로 추대했다. 하지만 그것은 말 그대로 명예였으며, 그녀는 그해 5월 29일 사망했다.

덩샤오핑 집권 후 개정한 1982년 헌법에서 국가주석제가 부활되었는데, 그 권한을 1954년 헌법과 비교해 보면 실권적 지위보다 상징적 성격이 훨씬 강하다고 할 수 있다. 1982년 헌법, 즉 현행 헌법상의 국가주석은 전인대의 결정 및 전인대 상무위원회의 결정에 따라 법률을 공포하고, 총리·부총리·국무위원·각부 부장·각 위원회 주임·심계장·국무원 비서장의 임명권을 가지며, 국가훈장·영예의 수여, 특히 사면·계엄령·선전포고·동원령의 발포권을 가진다. 그외에도 대내외적으로 중화인민공화국을 대표하고 외국사절 접수, 전인대 상무위원회의 결정에 의한 해외전권대표 파견 및 소환, 외국과 체결한 조약 및 중요협정을 비준하고 파기하는 권한을 가지는 등 극히 의례적 지위에 있다.

제12기 전국인민대표대회 제1차 회의에서 연설하고 있는 시진핑 국가주석

다시 말해, 현행 헌법상의 국가주석은 1954년 헌법과는 달리 군의 통수권도, 최고국무회의의 주재권도 없는 명목상의 지위다. 종래 군의 통수권을 국가주석 내지 당 중앙위원회 주석에게 주어졌던 것을 중앙군사위원회 주석에게 부여한 것은 제도적으로 국가권력을 분산하겠다는 의도로 풀이된다.[57] 그리고 현행 헌법상 국가주석에게 대통령제 정부형태하의 대통령이라기보다는 내각제하의 대통령에 더 가까운 지위를 부여한 것도 국가지도력의 다원화를 실현하기 위한 의지의 표현이라 볼 수 있다.

현행 헌법상 국가주석과 부주석은 전인대에서 선출되며, 그 임기는 전인

---

57 1983년 이후 리셴녠과 양상쿤은 국가주석만을, 후야오방과 사오쯔양은 낭 총서기반을 유시하나, 녕샤오빙은 당·국가중앙군사위원회 주석을 맡았다. 이는 권력을 분산하기 위한 것으로 1993년까지는 이러한 의도가 지켜졌다. 하지만 이후 장쩌민과 후진타오 그리고 시진핑은 당 총서기와 국가주석 및 중앙군사위원회 주석직을 모두 겸임하고 있다.

마오쩌둥　　류사오치　　리셴녠　　양상쿤　　장쩌민　　후진타오　　시진핑

대의 임기와 같이 5년으로 연임할 수는 있으나 2회를 초과할 수 없다. 선거권과 피선거권이 있는 만 45세의 중화인민공화국 국민은 누구나 공화국 주석과 부주석의 피선거권이 있다.[58]

1982년 헌법 개정 후 국가주석직은 리셴녠(1983~1988), 양상쿤(1988~1993), 장쩌민(1993~2003), 후진타오(2003~20013) 등이 거쳐갔다.

현재 중국의 국가주석은 2013년 3월 제12기 전인대에서 당 중앙정치국 상무위원 겸 중앙위원회 총서기인 시진핑이 당선되었다. 그리고 부주석에는 중앙정치국 위원 리위안차오가 선출되었다. 전임 국가주석이었던 후진타오는 정년으로 물러나고 부주석이던 시진핑이 국가주석으로 승진한 것이다.

국가 부주석은 지난 5년 동안은 현 국가주석인 시진핑이, 1998~2003년에는 후진타오 전 국가주석이 맡았던 자리다. 특히 시진핑 주석이 국가 부주석이었을 당시는 중국공산당 중앙정치국 상무위원으로 당 서열 6위였다. 리위안차오는 2012년 11월 18대1중전회에서 중앙정치국 위원 유임에는 성공했지만 상무위원(7명) 진입에는 실패했다. 따라서 리위안차오의 부주석 선출은 그가 사실상 당 서열 8위가 됐다는 얘기다. 이로써 리위안차오 신임 부주석은 2017년 가을에 열릴 당 19대1중전회에서 정치국 상무위원으로 등극하여 차기 최고 지도부가 될 가능성이 커졌다.

---

58 중국의 국가원수(국가주석)제도에 대해서는 김정계, "중국의 국가원수제도에 관한 연구", 『社會科學硏究』, 제3집(창원대학교 사회과학연구소, 1996), pp. 63-78 참조.

리위안차오 신임 부주석은 공청단 계열 후진타오의 직계다. 그는 홍콩·마카오공작협력소조 조장과 외교·안보 정책 입안 기구인 중앙외사공작영도소조 부조장(조장: 시진핑 국가주석)도 맡게 되었다. 이는 시진핑 주석이 부주석 때 맡은 직책이다.

3) 국무원

국가조직을 넓은 의미의 정부라 한다면 국무원을 정점으로 한 중앙 및 지방의 행정체계를 좁은 의미의 정부라 할 수 있다. 국무원은 건국 당시의 정무원을 1954년 헌법제정과 더불어 승계하여 개편한 최고 행정기관, 즉 중앙인민정부다.

중화인민공화국 국무원은 바로 중앙인민정부로서 최고 국가권력기관(전인대)의 집행기관이며 최고 국가행정기관이다. 따라서 국무원은 중앙행정 각 부·위원회 및 전국의 각급 지방행정기관의 업무를 통일적으로 지도하는 한편, 전인대(폐회 중일 때는 그 상무위원회)에 대해서 책임을 지고 업무를 보고한다.

국무원은 그 소관업무를 수행하기 위해 총리, 부총리 약간 명, 국무위원 약간 명, 각부 부장·각위원회 주임·심계장·비서장 등으로 조직되어 있으며, 제도적 기구로서 부·위원회·심계기관·직속기구·사무辦事기구 및 비서기구·지도기구 등을 설치·운영하고 있다. 단 비상사태 등 돌발사태가 발생할 경우나 기타 필요시에는 임시기구 및 참모기구, 부설기구 등도 설치·운영한다.

총리는 국가주석의 제청에 의해 전인대에서 선거되며, 임기는 전인대 1기의 임기(5년)와 동일하고 1회에 한하여 연임이 가능하다. 부총리 및 국무위원, 각 부·위원회의 부장 및 주임, 심계장·비서장은 총리의 제청에 의해 전인대에서 선출하며, 부총리·국무위원의 임기는 총리와 같다.

국내외 기자들과 회견하고 있는 리커창 총리

총리는 행정조직인 국무원을 이끌며 전인대에 부총리, 국무위원, 각부 부장, 각 위원회 주임 임면 제청권을 가진다. 특히 최고 경제 분야 의사결정 기구인 중앙재경영도소조(조장)를 맡아 경제 전반을 주도하게 된다. 총리는 또 계엄 선포 및 해제 권한이 있으며 각종 법안 제출, 국무원령 발포권도 지녀 실질적으로 상당한 권한을 행사한다.

국무원은 총리 주재하에 운영되며 '총리책임제'를 실시한다. 총리책임제란 표면상으로는 내각책임제의 의미와 비슷한 감을 주지만 실제적으로는 그것과 구별된다. 왜냐하면 중국정치권력의 내부에는 서구의 내각책임제와 같은 내각 총사퇴나 국회해산, 즉 전인대의 해산은 있을 수 없기 때문이다.

총리는 국무원 전체회의와 상무회의를 소집하고 주재한다. 후자는 총리 · 부총리 · 국무위원 · 비서장이 참석하는 이른바 '핵심내각'의 성격을 띤 회의다. 전자는 국무원 구성원 전체(각 부의 장과 위원회의 주임 포함)가 참석하는 회의로, 이 경우는 그 구성원 수가 많기 때문에 효과적인 정책결정체로서는 적합하지 않다. 따라서 중요정책의 경우는 대부분 매주 1회씩 열리는 국무원 상무회의에서 결정한다. 국무원 상무회의는 사실상의 정부 최고 정책결정기구로서 당 중앙서기처와 긴밀한 협의하에 국무를 관장한다. 주요 정책결정을 함에 있어 중국사회과학원 산하 경제개혁연구소나 국무원 직속의 각종 발전연구중심(센터) 등의 조사 연구결과에 의존하는 경향이 높아지고 있다. 특히 주룽지 총리가 국무원을 장악한 이후부터는 이들 연구소에 재직하는 개혁성향의 학자 및 연구원들의 주장이 정책결정에 막강한 영향력을 발휘하고 있다.

역대 중화인민공화국 국무원 총리

저우언라이   화궈펑   자오쯔양   리펑   주룽지   원자바오   리커창

한편 국무원 각부나 위원회의 경우 부장 및 주임이 국무원 전체회의에 참석함으로써 정책결정에 영향을 미치는 동시에, 각부와 위원회의 부장과 주임이 부무部務회의 및 위무委務회의를 소집하고 주재하는 '부장·주임책임제'를 실시한다. 각부나 위원회는 법률·명령 및 국무원의 행정법규와 결정에 따라 해당 부서의 권한 내에서 법령을 공포할 수 있다.

중국 국무원 역대 총리는 저우언라이(1949. 10. 1~1976. 1. 8), 화궈펑(1976. 2~1980. 9), 자오쯔양(1980. 9~1987. 11), 리펑(1987. 11~1998. 3), 주룽지(1993. 3~2003. 3), 원자바오(2003. 3~2013. 3)가 거쳐갔다. 1954년 헌법제정 이전까지는 정무원 총리였다.

2013년 3월, 12기 전인대에서는 리커창이 총리에 선출되었다. 리 총리는 전체 유효표 2,949표 가운데 2,940표를 얻어 99.7%의 찬성률을 기록했다. 반대는 3표, 기권은 6표가 나왔다. 리 총리가 얻은 찬성률은 전임자인 원자바오가 2003년 초임 총리로 등극할 때 기록한 99.3%보다도 높았다.

허난성 서기를 거쳐 2008년부터 상무 부총리를 맡아온 리 총리는 중국의 주요 권력 계파인 공청단 중앙서기처 제1서기를 38세에 맡아 일찍부터 차세대 지도자 후보로 거론돼 왔다. 전임자인 원자바오(당 서열 3위)와는 달리 당 서열 2위이자, 적지 않은 정치적 기반을 지닌 실세라는 점에서 각종 경제 정책 및 행정시책의 추진에 더욱 많은 힘이 실릴 것으로 전망된다. 총리의 임기는 5년이며 통상 한 차례 연임하는 것을 고려하면 리커창은 앞으로 10년간 총리로 중국의 경제와 행정을 이끌어갈 것으로 전망된다.

부총리의 경우 상무 부총리는 정치국 상무위원인 장가오리가 맡고, 류옌둥, 왕양, 마카이 등 당 중앙정치국 위원이 부총리를 겸임하게 되었다. 장가오리는 재정과 세무 및 금융을 담당하고, 류옌둥은 과학기술과 교육 및 문화 분야를, 왕양은 국가발전·개혁위원회와 국토자원과 주택건설 분야를, 그리고 마카이는 농업 및 종교와 소수민족 분야를 각각 관장한다. 전임 부총리 리커창은 총리로, 왕치산은 정치국 상무위원 겸 중앙기율검사위원회 서기로, 장더장은 정치국 상무위원 겸 전국인민대표대회 상무위원장으로 승진했다. 전임 부총리 후이량위(1944년생, 68세)는 연령 제한에 걸려 퇴임했다.

국무위원에는 양징(국무원 비서장), 창완취안常萬全(국방부장), 양제츠楊潔篪(외교담당), 궈성쿤郭聲琨(공안부장), 왕융王勇 등 5명이 선임되었다. 전임 국무위원 겸 비서장 마카이는 부총리로, 류옌둥도 부총리로, 멍젠주는 중앙정법위원회 서기로 승진했다. 이들 승진자는 모두 정치국 위원에도 발탁되었다. 반면 다이빙궈(외교 담당) 전임 국무위원은 당 중앙외사공작영도소조 판공실 주임으로 자리를 옮겼고, 량광례梁光烈 전 국방부장은 정년에 걸려 퇴임했다.

각 부나 위원회는 거의 예외 없이 전국적인 기능적 명령체계를 지휘할 권한과 책임이 있으며, 위로는 중앙으로부터 아래로는 지방에 이르기까지 수직적 계층구조를 형성하여 국무원의 통일적 지도하에 전국적인 행정업무를 집행한다. 부와 위원회의 차이점은 위원회의 업무가 종합적이고 광범한 업무에 연계되어 있는 반면, 부의 업무는 비교적 전문적인 성격을 띠고 있다는 것이다[59]

국무원의 각 부는 두 가지 유형으로 나뉜다. 그 첫째 유형은 업무의 성격

---

[59] 정무원 시기의 위원회는 부급部級보다 상위에 있었다. 즉 정무원과 부의 중간계층으로서 정무원을 도와 산하 부의 업무를 협조하고 지도하는 위치에 있었다.

이 지방정부와는 비교적 관계가 적고 일체의 업무가 거의 중앙에 집중되어 중앙정부가 직접 처리하는 경우의 부류이다. 이를 다시 세분하면 경제적 성격을 띤 기업기구와 비경제적 성격을 띤 사업기구로 구분된다. 전자의 경우는 기계공업부·철도부 등과 같은 것이며, 후자의 경우는 외교부·국방부 등과 같은 것이다.

둘째 유형의 부는 그 업무의 성격이 비교적 지방정부와 긴밀한 관계에 있는 것으로 일체의 공작을 지방행정기관의 조직적 지도를 통하여 달성할 수 있는 업무를 관장하는 부류이다. 교육부·민정부 등이 이 부류에 속한다.

한편 국무원 직속기구는 건국 이후 문화대혁명 시기를 제외하고는 계속 존립해온 기구다. 직속기구는 국무원의 각종 전문 업무를 담당하는 기구로서 그 업무의 성격이 특수하거나 업무량 면에서 하나의 부를 설치하기에는 적합하지 않을 경우 설치 운영한다. 직속기구의 설치나 통폐합은 국무원 전체회의에서 결정한다. 이는 전인대 상무위원회의 의결을 거쳐야 신설 또는 통폐합할 수 있는 부나 위원회와 차이점이 있다.

이 밖에 국무원 비서기구는 국무원 비서장의 지도 아래 총리가 처리하는 일상 업무를 돕는 역할을 한다. 또 지도기구로서 중국사회과학원 등은 정부 정책을 연구·기획하는 싱크 탱크think tank의 역할을 한다.

2013년 3월 국무원 총리의 제청에 의해 제12기 전인대에서 선출된 국무원의 각 부 및 위원회의 수장은 다음 [표 3-10]과 같다.

먼저 장관급인 각 부처 수장은 대부분 부부장급(차관급)에서 한 단계씩 승진하거나 유임됐다. 25개 부처 가운데 16개 부처의 수장이 유임되었다.

외교 라인에서 주목되는 인사는 양제츠 외교담당 국무위원과 왕이 외교부장이다. 양제츠는 전형적인 미국통 직업외교관으로, 외국어 통역관으로 시작하여 주미대사와 외교부장을 거친 중국의 대표적인 소장파 외교관이다. 영국 런던정경대학을 거쳐 1998년 최연소 외교부 부부장, 2001년에는

[표 3-10] 국무원 각 부/위원회 부장 및 주임

부/위원회	부장/주임 명	생년	학력	경력 및 겸직
외교부	왕이▲ 王毅	1953 베이징	베이징 제2외국어대, 在 난카이대 경제학석사, 외교학원 외교학박사	외교부 아주국장, 주일대사, 외교부 부부장, 대만판공실 주임
국방부*	창완취안▲	1949 허난	在 웨이난사범전문통신 과정, 상장	베이징군구 참모장, 선양군 구 사령관, 총장비부장
국가발전· 개혁위원회	쉬사오스▲ 徐紹史	1951 저장	지린대 지질공정학과, 在 난카이대 경제학석사	국무원 부비서장, 국토자원 부장
교육부	위안구이런 袁貴仁	1950 안후이	베이징사대 철학과/ 문학석사	베이징사대 교수/총장, 교육 부 부부장
과학기술부	완강 萬鋼	1952 상하이	동북농대, 퉁지대 공학석사, 독일 클라우스탈Clausthal 대학 기계학공학박사	독일아우디자동차공장 근무, 퉁지대 총장, 치궁당致公黨중 앙 주석, 전국정협 부주석
공업·정보 화부	먀오웨이 苗圩	1955 베이징	허페이合肥공업대 내연기 과, 在 중앙당교 경제학 석사 수료, 고급엔지니어	기계공업부 부국장, 둥펑東風 자동차공사 부사장, 우한서기
국가민족사 무위원회	왕정웨이▲ 王正偉 후이족	1957 닝샤	닝샤대 중문과, 在 중앙민족대 법학박사	共 지부서기, 닝샤 선전부장/ 부주석/주석
공안부*	궈성쿤▲	1964 장시	장시야금공업대, 在 중남공대 석사, 베이징 과기대 관리학박사	국유중점대형기업감사회 주 석, 광시 서기, 정법위 부서 기, 총경감
국가안전부	겅후이창 耿惠昌	1951 허베이	대졸	국가안전부 부부장, 부총경감
감찰부	황수셴▲ 黃樹賢	1954 장쑤	난징대 문사철과, 난징대 경제학석사 수료	共 장쑤 서기, 장쑤 감찰청장, 감찰부 부부장, 국가부패방지 국장
민정부	리리궈 李立國	1953 허베이	在 라오닝대 경제과, 동북공대 공학석사	共 라오닝 부서기, 시짱 부서 기, 민정부 부부장
사법부	우아이잉 吳愛英(여)	1951 산둥	산둥대 정치학과, 在 산둥대 과학사회주의 석사 수료	共 산둥 부서기/부녀연합 주 임/부성장/부서기, 사법부 부 부장

재정부	러우지웨이 樓繼偉	1950 저장	칭화대 전산학과, 중국 사회과학원 경제학석사	중국투자공사 사장, 중국50인 경제논객
인력자원 · 사회보장부	인웨이민 尹蔚民	1953 허베이	해방군측량測繪학원, 在 지린대 경제학석사	인사부 부부장, 국가공무원 국장, 중앙조직부 부부장
국토자원부	장다밍▲ 姜大明	1953 산둥	헤이룽장대 철학과, 在 하얼빈대 경제학석사 수료	共 중앙서기처 서기, 산둥부서기/성장
환경보호부	저우성셴 周生賢	1949 닝샤	우중吳忠사범학교, 고급경제사	닝샤 부주석, 국가임업국장, 국가환경 총국장
주택·도시농 촌건설부	장웨이신 姜偉新	1949 헤이룽장	베이징대	국가발전과계획위원회 부주임
교통운수부	양촨탕 楊傳堂	1954 산둥	산둥사대 중문학과, 在 중국사회과학원 경제 학석사 수료	共 산둥 서기, 시짱 부주석/ 서기, 칭하이 성장, 국가민족 사무위원회 부주임
수리부	천레이 陳雷	1954 베이징	동북공대 금속재료학과, 화북수리대 석사	수리부 농촌수리국장, 수리부 부부장, 신장 부주석
농업부	한창푸 韓長賦	1954 헤이룽장	在 중국정법대 법학석사, 칭화대 법학박사	共 중앙선전부장, 농업부 부 부장, 지린 성장
상무부	가오후청▲ 高虎城	1951 산시山西	제2외국어대 불어과, 파리7대학 사회학박사	대외경제무역합작부 부장보 좌관, 광시 부주석, 상무부 부부장
문화부	차이우 蔡武	1949 간쑤	베이징대 국제관계학과 법학박사	共 중앙대외연락부장, 중앙선전부 부부장, 베이징대 교수
국가위생 · 생육계획위	리빈▲ 李斌(여)	1954 랴오닝	지린대 경제학과, 在 지린대 경제학박사	지린 부성장, 국가인구계획 생육위 주임, 안후이 성장
중국인민은행	저우샤오촨 周小川	1948 장쑤	베이징화공대, 칭화대 시스템공정공학박사	중국은행 부행장, 중국건설은행장
심계서	류자이 劉家義	1956 충칭	쓰촨재정학교, 서남재경 대 박사, 고급심계사	쓰촨심계국 무저상, 심계서 상무심계국장, 부심계장

주: *-국무위원, ▲-신임, 在-재직 중 학력, 共-공청단

최연소 주미대사로 부임했다. 그 후 리자오싱李肇星 외교부장의 뒤를 이어 중국 외교의 사령탑이 되었다. 미국 근무기간만 12년이나 되는 대표적인 미국통이다.

왕이 부장은 1953년 10월, 베이징 출신으로 외교학원에서 국제관계학을 전공하여 외교학 박사학위를 받았다. 주일대사와 외교부 부부장 및 당과 국무원의 타이완판공실 주임을 거쳐 중국외교의 사령탑이 되었다. 또 북핵문제 6자회담의 중국 측 대표단장을 지냈다. 왕이는 일본 대사 경력과 일본 내 네트워크로 중국 외교부 내 대표적 일본통으로 알려지고 있다. 일각에서는 중국이 일본 정·재계의 폭넓은 관계를 형성하고 있는 왕 외교부장을 통해 센카쿠열도(중국명 댜오위다오) 영유권 문제로 냉기류가 흐르고 있는 중일 관계 회복을 시도하려는 것으로 보고 있다.

한편 당의 대외관계 업무는 중앙대외연락부장 왕자루이와 중앙외사공작영도소조 판공실 주임 다이빙궈가 맡고 있다. 왕자루이는 2000년 당 중앙대외연락부 부부장에 오르고 2003년 부장으로 승진된 이후 계속 자리를 지키고 있다. 왕 부장은 한반도에서 사건이 발생할 때마다 북한을 방문해 최고지도자를 만나는 중국공산당 대북한 외교의 베테랑이다. 왕자루이는 1949년 허베이성 친황다오秦皇島 출신으로 재직 중 푸단대학 대학원에서 경제학 박사학위를 받았다. 국무원에서 무역 업무를 담당하다가 칭다오 시장을 거쳐 2000년 당 중앙대외연락부 부부장으로 자리를 옮긴 후 부장으로 승진하여 지금에 이르고 있다. 2013년 3월 이후 전국정협 부주석직도 겸임하고 있다. 다이빙궈는 투자土家족으로 1941년 구이저우 출신이다. 쓰촨대학에서 러시아어를 전공하고 베이징외교학원을 거쳐 외교부에서 소련 및 동유럽 업무를 맡았다. 헝가리대사와 외교부 부부장, 당 중앙대외연락부장, 그리고 외교담당 국무위원을 역임한 소련 및 동유럽통이다. 우리나라 서해 천안함 폭침사건 이후 한국과 북한을 차례로 방문하기도 했다.

결국 인사로 본 시진핑 정권 외교의 핵심은 대미, 대일, 그리고 대한반도에 역점을 두고 있음을 알 수 있다.

경제 분야의 경우, 정치국 상무위원인 장가오리가 국무원 상무부총리를 맡아 경제정책 전반의 조율을 맡게 되었다. 장가오리 부총리는 푸젠과 산둥성 및 톈진 시서기 출신, 경제전문가로 경제적 배경이 모자라는 리커창 총리(베이징대 경제학 박사이기는 하지만 경제실무 부처에 근무한 경력이 없음)를 보좌하기에는 안성맞춤의 인사로 평가받고 있다. 장가오리는 특히 경제 분야의 핵심인 재정과 세무 및 금융을 직접 관장한다. 농업은 마카이가 관장하고, 국가발전개혁위원회와 국토자원 및 주택건설 분야는 왕양 부총리가 관장한다. 경제 분야는 외교 분야와는 달리 부총리급 인사가 부문별로 나누어 관장하는 등 그 정책적 위상이 높다.

중국인민은행장은 저우샤오촨이 유임되었다. 저우샤오촨 인민은행장의 재선임은 안정적인 통화금융정책과 금융개혁의 연속성을 강조한 것이라 보인다. 저우 은행장은 전인대 기간 중 열린 기자회견에서 통화량 팽창을 경계하며 통화기조와 관련해 "더 이상 완화하지는 않을 것"이라고 말한 만큼 이후 중국은 금리인상 등 긴축정책으로 돌아설 것이라는 전망에 힘이 실리고 있다. 러우지웨이 중국투자공사(CIC) 사장을 재정부장에 선임하고, 쉬사오스 전 국토자원부장을 국가발전개혁위원회 주임으로 한 단계 올린 것도, 그리고 상무부 부부장 가오후청을 상무부장으로 승진시킨 것 등도 바로 현 경제정책의 급진적인 변화를 주지는 않을 것이라는 예측을 낳게 한다.

러우지웨이는 저장 출신으로 칭화대학 전자계산기학과를 나와 중국사회과학원 대학원에서 경제학석사학위를 받았다. 재정부 부부장과 국무원 부비서장(장관급)을 거친 재정·금융통이다. 쉬사오스는 지린대학(전 창춘지질대) 지질공정학과를 나와 재직 중 난카이대학에서 경제학석사학위를 받고 국무원 부비서장과 중국지질학회 이사장을 거친 지질관계 전문가다. 가오후청은 베이징 제2외국어대학에서 불어를 전공하고 프랑스 파리제7대학에서 사회학박사학위를 취득한 후 주로 대외경제 분야와 상무부에서 근무한 프랑스통이다. 2010~2013년까지 국제무역담판대표(장관급)를 겸직했다.

새 정부에는 각료 중 박사학위자와 하방 경험자가 다수 포진해있는 것이 눈길을 끈다. 국무위원과 각 부처 수장 이상의 각료 33명 가운데 박사학위 소지자는 13명으로 전체의 39%를 차지하고 있다. 각료 모두 전문대(1명) 졸업 이상 학력자들이며, 정치·경제·역사·철학 등 인문계열 전공자가 25명으로 이공계 전공자(8명)에 비해 훨씬 많다. 또 평균 연령이 60.2세인 이들은 리커창 총리와 궈성쿤 국무위원, 왕이 외교부장 등 12명이 문화대혁명기에 농촌으로 내려가 하방 생활을 한 경험이 있다. 중국 전문가들은 고학력자와 하방 경험자가 각료로 다수 포진되어 있는 새 정부는 정책 추진에 있어서 전문성과 기층민에 대한 관심을 높일 것으로 전망하고 있다.

4) 중화인민공화국 중앙군사위원회

중화인민공화국(국가) 주석은 1982년 헌법에 신설된 전국의 무장역량을 영도하는 국가최고의 군사영도기관이다. 국가중앙군사위원회에 대한 상세한 내용은 '군대' 편에서 후술하겠다.

5) 사법기관: 최고인민법원과 최고인민검찰원

중국의 사법기구로는 국무원과 대등한 관계에 있는 최고인민법원과 최고인민검찰원이 있다. 이들은 모두 전인대의 직속기관으로 3자는 상호연계 속에 각각 독립된 수직적 하위체제를 갖고 있다.

중국의 인민법원은 국가의 심판기관으로 최고인민법원, 지방각급 인민법원 및 전문인민법원이 있다[60]. 검찰의 경우 인민검찰원은 국가의 법률 감독기관으로 최고인민검찰원, 지방각급 인민검찰원 및 전문인민검찰원으로 조직되어 있다. 중국의 최고인민법원은 구소련의 연방 최고법원과 같이 그 권한에 있어서 미국의 대법원보다 훨씬 약한 기구이다. 왜냐하면 중국의 법 이론은 권력의 분립을 인정하지 않으므로 위헌조사권이나 법률해석권은 모두 전인대 상무위원회에 귀속시키고 있기 때문이다.

사법기관 마크

최고인민법원장과 최고인민검찰원 검찰장은 국가주석의 제청으로 전인대에서 선출한다. 2013년 3월 제12기 전인대에서는 저우창과 차오젠밍曹建明을 각각 최고인민법원장과 최고인민검찰원 검찰장으로 선출했다.

저우창은 1960년 4월 후베이성 황메이黃梅 출신으로 서남정법대학 대학원에서 민법을 전공하고 법학석사학위를 받은 법학도다. 후진타오 계열 공청단 중앙서기처 제1서기와 후난성 서기를 역임했던 인물로, 제18기 중앙정치국 위원의 후보군에도 거론되었지만 최고인민법원장에 머물렀다.

차오젠밍은 1955년 9월 장쑤성 난퉁南通 출신으로 화둥정법대학과 대학원에서 국제법 전공으로 법학석사학위를 받았다. 화둥정법대학 교수·총장을 거쳐 최고인민법원 부원장, 심판위원회 위원 겸 국가법관학원 원장을 거쳐 최고인민검찰원 수석검찰관 겸 검찰장에 올랐다.

과거와는 달리 최고인민법원장과 검찰장 모두 법학도 출신이라는 점에서 법원 및 검찰 계통도 이제 전문화되어가고 있다고 볼 수 있다.[61]

---

60 지방 각급 인민법원에는 형사심판정·민사심판정·경제심판정과 행정심판정을 두며, 전문인민법원에는 군사법원·해사海事법원·삼림법원을 두고 있다. 그리고 최고 인민법원에는 형사1·2, 민사, 경제, 교통운수, 행정심판, 신소申訴(민원)심판징 등의 재판부와 판공칭, 시법행정칭, 연구실, 인사칭 등 행정기구를 둔다.

61 전임 최고인민법원장 왕성쥔王勝俊은 허베이사범대학 역사학과 출신으로 안후이성 당 간부를 거쳐 중앙정법위원회 비서장을 역임하였으며, 최고인민검찰장 자춘왕賈春旺은 칭화대 물리학과 출신으로 베이징 시 당 간부로 성장한 비법학도이다.

2. 국가의 지방조직

중국은 전통적으로 중앙정부에 정치와 행정의 모든 권력이 집중된 중앙집권적 통일(단일)국가인 한편, 지방의 특수성을 감안하여 지방정부의 자주성을 어느 정도 허용하는 정치체제를 지속시켜 왔다. 오늘날의 지방조직도 중앙정부의 통일적 지도하에 지방의 적극성을 창출하기 위하여 어느 정도의 자율성을 보장하고 있다. 현재 중국의 지방정부 단위는 다음과 같이 구분한다.

① 전국을 성·자치구·직할시로 구분한다.

② 성·자치구를 자치주·현, 자치현·시로 구분한다.

③ 현·자치현을 향·민족향·진으로 구분한다.

그리고 직할시 및 비교적 규모가 큰 시(지급地級시)는 구와 현으로 나누며, 자치주는 현·자치현·시로 나눈다. 여기서 자치구·자치주·자치현은 모두 민족자치지방이다. 따라서 오늘날 중국의 지방 단위는 전통적인 지방단위와 마찬가지로 성급·현급·기층조직의 계층으로 구성되어 있다. 2004년 말 현재 중국의 현급 이상 1급 지방정부 단위는 23개 성, 5개 자치구, 4개 직할시, 2개 특별행정구로 구성되어 있다. 그리고 50개 지구(주, 맹盟), 661개 시(그중 4개는 직할시, 283개는 지급시, 374개는 현급시), 1,636개의 현(자치현, 기旗, 자치기, 특구와 임구林區)과 852개의 시관할 구市轄區가 있다. 그리고 기층조직으로 전국에 7만 8,000개의 거민위원회(사구社區거민위원회)와 129만 6,000개의 거민소조居民小組, 64만 4,000개의 촌민위원회와 507만 9,000개의 촌민소조가 있다.

지방의 각급 국가기구는 중앙조직과 마찬가지로 동급 인민대표대회와 인민정부, 그리고 인민법원 및 인민검찰원(현급 이상에만 설치)이 수평적으로 연계되어 있다. 여기서는 지방조직 중 지방각급 인민대표대회와 인민정부 그리고 민족자치기구에 대해서만 살펴보기로 한다.

1) 지방의 각급 인민대표대회

성 · 직할시 · 현 · 시 · 시관할 구 · 향 · 민족향 · 진 등 지방각급 행정 단위에는 인민대표대회를 설치하며, 이는 지방의 비상설적 권력기관이다. 현급 이상의 인대에는 상설적인 인대 상무위원회를 둔다.

성 · 직할시 및 구를 설치하고 있는 시의 인대 대표는 임기 5년으로 차하급次下級 인대에 의하여 간접 선출되며, 현과 구를 설치하지 않은 시 · 시관할 구 · 향 · 민족향 · 진의 인대 대표는 임기 3년으로 선거민에 의해 직접 선출된다.

지방 각급 인대는 적어도 년 1회 개최한다. 현급 이상 지방 각급 인대의 회의는 동급 인대 상무위원회가 소집하며, 현급 미만 인대의 회의는 동급 인민정부가 소집한다.

현급 이상의 지방 각급 인대의 상무위원회는 주석, 약간 명의 부주석 및 위원 약간 명으로 구성되며, 동급 인대에 대하여 책임을 지고 회무를 보고한다. 그리고 상무위원회 구성원은 국가행정기관, 재판기관 및 검찰기관의 직무를 겸임하지 못한다.

현급 이상의 지방 각급 인대 상무위원회의 헌법상 주요 직권은 다음과 같다. 즉 당해 행정구역 내에서 각 부분의 업무 중 중요사항을 토의 · 결정하며, 동급의 인민정부, 인민법원 및 인민검찰원의 업무를 감독하고, 동급 인민정부의 부적당한 결정과 명령을 취소할 권한이 있다. 그리고 차하급 인대의 부적당한 결의를 취소하고, 법률에 정한 권한에 따라 국가공무원의 임면을 결정하며, 동급 인대의 폐회기간 중에는 차상급 인대의 개별대표를 파면 · 보선할 권한이 있다.

2) 지방의 각급 인민정부

지방 각급 인민정부는 지방 각급 인대(국가권력기관)의 집행기관이며, 지방의 각급 국가행정기관이다. 지방 각급 인민정부의 임기는 그것을 선출한 동급 인대의 임기와 동일하며, 지방 각급 인민정부는 성장·현장·구장·향장·진장 책임제를 실시한다.

한편 지방 각급 인민정부는 모두 동급의 인대와 차상급의 국가행정기관에 대하여 책임을 지고 업무를 보고한다. 현급 이상 각급 지방인민정부는 동급 인대의 폐회 중 그 상무위원회에 대하여 책임을 지고 업무를 보고한다.

또 성·자치구·직할시 인민정부의 각 업무부처는 인민정부의 통일적 지도를 받으며 국무원 주관부처의 지도 또는 업무지도를 받는다. 자치주·현·자치현·시·시관할 구 인민정부의 각 업무부처는 인민정부의 통일적인 지도를 받으며, 상급 인민정부 주관부처의 지도 또는 업무지도를 받는다. 따라서 전국의 지방 각급 인민정부는 동급의 인대에 책임을 지는 한편, 모두 국무원의 통일적 지도하에 있는 국가행정기관으로 국무원에 복종한다.

3) 민족자치지방의 자치기관

중국은 한족漢族 외에 55개(비공식으로는 350개) 소수민족이 살고 있는 다민족 국가이다. 한족에 비해 인구가 소수이기 때문에 소수민족이라 부르고 있으며, 그들은 한족에 동화되지 않고 원족계의 혈통과 풍속·언어 등을 그대로 간직하고 있다. 소수민족은 비록 전체 인구의 6.7%인 6,720만 명에 불과하지만 자치기관은 지방 각급 인대 및 인민정부와 마찬가지의 유형으로 자치구·자치주·자치현의 인대와 인민정부가 있다. 현재 중국은 5개 자치구, 30개 자치주·7개 맹, 116개 자치현·49개 기·3개 자치기, 1,356개의 민족향 등이 있으며, 이들 자치지역의 총 인구수는 1억 2,000만 명으로 그중 소수민족은 약 5,000만 명이다.

이상 지방 각급 국가기관 및 민족자치기관 이외의 지방기층조직으로서는 거민위원회와 촌민위원회가 있다. 도시와 농촌은 주민의 거주 지역에 따라 거민위원회 또는 촌민위원회를 설치하는데 이것이 곧 지방의 말단 대중자치조직이다. 이들 위원회의 주임·부주임 및 위원은 주민이 직접 선거 또는 파면한다. 이들 위원회는 인민조정·치안보위·공공위생 등의 위원회를 설치하여 당해 주거지역의 공공사무와 공익사업을 처리하며, 민간분쟁을 조정하고 사회치안의 유지에 협조하며, 인민정부에 대하여 대중의 의견과 요구를 반영시키고 건의한다.

제3절

군대조직체계: 중국인민해방군

중국의 무장역량은 국가가 지휘하는 각종 무장력의 조직인데 일반적으로 군대를 주체로 하며, 군대와 기타 정규적·비정규적 무장조직으로 구성된다. 현재 중화인민공화국의 무장역량은 중국인민해방군, 중국인민무장경찰부대(약칭: 무경武警)[62]와 민병[63]으로 조직되어 있다.

인민해방군 마크

이는 혁명전쟁 시기에 형성된 중국식의 야전군과 지방무장력 그리고 민병의 '3결합' 체제를 계승하여 새로운 역사적 조건과 현대화 건설의 필요에 부응하여 개혁하고 발전시킨 것이다. 이중 중국인민해방군은 무장역량의 주체이다.

---

62 중국인민무장경찰부대는 인민해방군의 내위內衛부대와 공안부문의 보안군, 변방무장부대, 특종 무장경찰부대 및 소방무장경찰부대를 통합하여 조직한 무장부대이다. 총병력은 100만여 명이다. 총부는 국무원 공안부 산하에 있으며, 이는 공안부와 중앙군사위원회의 이중적 지도를 받는다. 무경은 유사시에는 정규군부대로 즉각 전환될 수 있도록 훈련되어 있다.

63 민병은 생산에 종사하는 대중무상 조식으로 인민해방군의 후비대後備隊이나, 항일선생 시기부터 '씰로군'을 뽑는 지방농민의 자위조직 및 무장조직으로 발전하였으며, 1985년 8월 이후에는 '인민공사'의 무장조직으로 편성되었다. 1983년 4월 이후 민병대는 직장이나 부락별로 자위대 형태로 유지되고 있다. 일반적으로 기간민병과 보통민병으로 구분된다.

중국의 정규군은 인민해방군이다. 해방군은 1927년 8월 1일, 장시성 난 창南昌에서 중국공산당을 지지하는 군대가 무장폭동을 일으키고 군사 쿠데 타로 정권을 탈취하고자 한 사건(난창기의南昌起義)을 중국공산군의 창건일로 규정하고 있다. 1927년부터 1937년까지의 제2차 국공내전 때는 '중국농공 홍군中國農工紅軍'이라 칭하였고, 1937년부터 1945년까지의 중일전쟁기에는 국공합작에 의해 중국국민당 군사위원회 휘하에 편입되어 '팔로군八路軍', '신4군新四軍'으로 불리었으며, 1945년부터 1949년까지 제3차 국공내전을 치르는 동안인 1947년 9월에 지금의 명칭인 '중국인민해방군'이 되었다.

원래 중국공산군은 중국공산당의 '당군黨軍'으로 발족되어 계속 그 성격 을 유지해왔고, 공산정권 수립 후에도 당 중앙군사위원회가 실질적인 군권 을 장악하고 있었다. 그러나 1982년 신헌법에서 국가중앙군사위원회가 신 설되어 군의 통수권이 당에서 국가로 옮겨감으로써 군은 '당군'으로부터 '국군'으로서의 성격을 띠게 되었다.

그러나 1982년 제12차 당 대회에서 통과된 현 〈중국공산당당헌〉은 당의 중앙조직에 여전히 중앙군사위원회를 두고 있다. 당시 헌법개정위원회 부 주임 위원인 펑전은 〈중화인민공화국 헌법개정초안에 관한 보고〉를 통하여 국가의 중앙군사위원회 성립 이후에도 당의 군대에 대한 지도는 결코 변할 수 없다고 전제하면서 〈서언〉에서 "당이 국가생활에 있어서 지도적 역할을 한다는 것은 당연히 당의 군대에 대한 지도를 포괄하는 것"이라고 그 입법 취지를 설명했다.[64] 또 군의 총정치부를 통하여 당은 실질적으로 군대 내의 정치공작을 지도하고 있다.

국가 무장역량의 관리체제는 군사(군령)와 행정(군정)으로 구분된다. 헌법 규정에 따르면 국가중앙군사위원회는 전국무장역량의 최고 정책결정과 지

---

64 「人民日報」, 1982年 12月 6日.

휘기관인 한편 국무원 소속 국방부 및 국방과학기술위원회 등은 군사와 관련된 국가행정기관이다.[65] 즉 군령과 군정을 엄격히 구분한다.

1. 당·국가중앙군사위원회: 실질적인 군사정책결정기구

현행 〈중화인민공화국헌법〉과 〈중국공산당당헌〉은 국가와 당이 동시에 중앙군사위원회를 설치하고 있다. 사실상 현재 중국의 무장역량 통수권은 국가중앙군사위원회와 당 중앙군사위원회가 공유하고 있다. 그러나 두 기관의 성원은 동일인이 겸직하고 있으며, 군에 대한 지도 기능 역시 완전히 일치하고 있기 때문에 당 중앙군사위원회의 또 다른 이름에 불과하며 양 기관의 운영에 불협화음도 있을 수 없다.

중앙군사위원회에는 주석, 부주석 약간 명, 위원 약간 명을 두고 있다. 당 중앙군사위원회는 중앙위원회에서 결정한다. 국가중앙군사위원회 주석은 전인대에서 선출하며, 중앙군사위원회의 기타 구성원은 중앙군사위원회 주석의 제청에 의해 전인대에서 선출한다.

그러면 왜 이중적인 기구를 두고 있는가? 돌발사건에 대비하여 필요시 당정이 합치하여 신속히 무장역량을 전시체제로 전환시킬 수 있는 장점이 있다는 것으로, 이것을 바로 소위 중국적 특색을 지닌 무장역량의 영도체계라고 한다.[66]

이 체계는, 이중의 군사정책결정기구를 둠으로써 어느 한 기관에 권력이 집중되는 것을 막고, 중앙정치와의 통로를 분산시켜 군의 정치 개입 소지를 약화시킬 수 있다. 국가중앙군사위원회는 정부의 한 기관으로서 당 중앙군사위원회가 결정하는 구매·훈련·연구개발 등의 전략적 목표를 달성하기

---

65 左言東 編著, 『中國政治制度史』(抗州: 浙江古籍出版社, 1989), pp. 553-555.
66 李壽初 編, 『中國政府制度』(北京: 中央民族大學出版社, 1997), p. 297; 浦興祖 主編, 『當代中國政治制度』(上海: 人民出版社, 1992), pp. 313-316.

8월 1일 건군일 기념 인민해방군 열병

위하여 여러 국방산업들과 국방관계 위원회에 관한 업무를 조정한다. 특히 국가경제계획과 군사장비 구매와의 관계를 조절함으로써 군사 현대화의 속도를 4개 현대화의 재정자원과 투자 우선순위에 맞게끔 하기 위한 것이다.[67]

국가중앙군사위원회는 각종 권력기구와 다음과 같은 법적 관계를 유지하고 있다. 첫째, 전인대와의 관계를 살펴보면, 전인대는 최고 국가권력기관으로 국가중앙군사위원회 주석을 선출하고 중앙군사위원회 주석의 지명에 의거하여 국가중앙군사위원회의 기타 구성원을 인선하는 권한이 있다. 전인대 폐회기간에는 그 상무위원회가 국가중앙군사위원회의 지명에 근거하여 국가중앙군사위원회의 기타 구성원을 인선한다. 중앙군사위원회 주석은 전인대 및 그 상무위원회에 대해 책임을 진다.

둘째, 국무원과의 관계를 살펴보면, 국무원은 중앙인민정부, 즉 최고 행정

---

67 Alastair I. Johnston, "Changing Party-Army Relations in China, 1979-1984", *Asian Survey* Vol. 24, No. 10(Oct. 1984), pp. 1021-1022.

기관으로서 국방건설사업을 지도·관리하는 권한이 있으며, 주로 국방부 및 국방과학위원회를 통하여 전국무장역량의 건설·편제·장비·교육훈련·국방과학 연구와 계급제도 등을 지도하고 관리한다. 따라서 국가중앙군사위원회는 군령을, 국방부는 군정을 관장한다. 역대 국방부장은 펑더화이, 린뱌오, 예젠잉, 쉬샹첸徐向前, 겅뱌오, 장아이핑張愛萍, 친지웨이, 츠하오톈遲浩田, 차오강촨曹剛川, 량광례 등이었으며, 모두 중앙군사위원을 겸직하였다.

셋째, 4총부와의 관계를 살펴보면, 중국인민해방군의 총참모부, 총정치부,

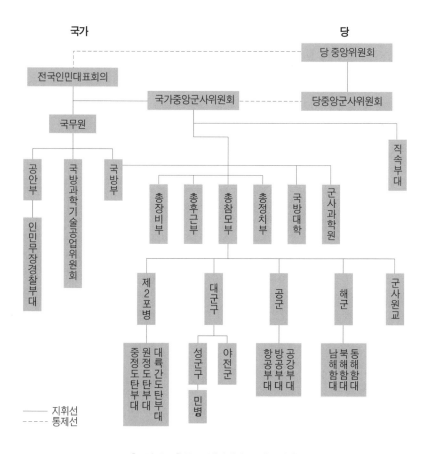

[그림 3-4] 중국 인민해방군 지도체계

총후근부, 총장비부는 중앙군사위원회의 집행기관인 동시에 각각 최고 군사
지휘기관, 정치공작기관, 후근공작기관, 장비 및 무기 관련 공작기관이다.

2. 총부기구

인민해방군 지휘체계의 중추는 국가중앙군사위원회이며, 중앙군사위원회
는 4대 막료기구(4총부)인 총참모부 · 총정치부 · 총후근부 · 총장비부를 통
하여 각 대군구, 해군, 공군, 제2포병[68]을 영도 · 지휘한다. 각 군구軍區에 주
둔하는 육군의 각 병종兵種 부대는 군구에 편제되며 군구의 지도와 지휘를
받는다. 요컨대, 중국의 군대편제는 3군 통합 합성체제로서 '중앙군사위원
회 주석책임제'를 실시하고 있다.

총참모부는 전군의 작전계획, 병력배치, 최고통수의 명령하달, 작전운영,
교육훈련, 장비의 편성, 소집동원, 각 군구 · 군종 · 병종의 조정 등 중요한
업무를 관장한다. 즉 중앙군사위원회의 지도하에 있는 전군의 최고 지휘기
관이다. 총참모부는 1931년 11월에 창설되어 오늘에 이르고 있다.

총정치부는 당 중앙과 중앙군사위원회의 지도하에 군대 내의 당의 공작
및 정치공작을 관장하는 최고 기관으로, 예하에 문화부와 선전부를 두어 군
대 내에서의 당의 조직 · 선전 · 교육 · 문화 · 보안공작을 담당하게 하고 군
에 대한 사상적 · 정치적 통제역할을 하게 한다. 마오쩌둥, 친방셴秦邦憲, 양
상쿤, 런비스任弼時, 류사오치 등 당대 유명 정치지도자들이 건국 전에 이미
총정치부 주임을 지낸 바 있다.

총후근부는 중앙군사위원회의 지도하에 전군의 후방병참공작을 관리하
는 최고 지도기관이다. 즉 군수물자보급, 시설보수, 수송, 병기의 생산과 관

---

68 제2포병은 1966년 7월 1일에 창설한 군종이다. 지대지전략유도탄과 전역전술 미사일 부대로 조직한 것이다.
제2포병은 단거리, 중거리, 장거리 및 대륙 간 미사일 부대와 공정, 정보, 정찰, 측지, 계산, 기상, 통신, 화생방,
위장 등 작전, 기술과 후근 부대로 조직되어 있다.

리 등의 업무를 담당한다.

총장비부는 첨단무기와 군사장비의 연구 개발을 담당하는 부서로, 국방과학공업위원회 · 총참모부의 장비부와 총후근부의 일부 기구를 합병하여 1998년 4월에 신설된 조직이다. 종전 3총부에서 4총부 체제로 확대 · 개편되었다. 이는 21세기를 대비한 중국군의 전력 강화와 건설을 위한 중대한 조치라고 할 수 있다. 4총부의 지도자는 바로 중국 무장역량의 실세 중의 실세 군사 엘리트다.

3. 군종과 군구

중국군은 크게 육군, 해군, 공군과 제2포병 등 4개 군종으로 나누어진다. 육군은 보병 · 포병 · 장갑병 · 공정병 · 방화학병 등 병종으로 구성되어 있으며, 편제상 군軍(군단) · 사師(사단)를 기본적 전역戰役 및 전술 단위로 하여 단團(연대) · 영營(대대) · 연連(중대) · 배排(소대) · 반班(분대)으로 조직되어 있다.

인민해방군은 지역편재상 크게 7개의 1급 대군구와 29개의 성급 군구로 나누어져 있다. 인민해방군 각 대군구는 몇몇 성군구의 지역적 군사조직을 연합하고 전군을 혼성한 지도 및 지휘기관이다. 따라서 각 군구의 해 · 공군 부대는 해 · 공군총부와 군구의 이중지도를 받는다. 그러나 해 · 공군의 임무를 위주로 한다.

건국 당시 작전상 필요에 의해 5개의 1급 군구(서북 1야, 중원[69] 2야, 화동 3야, 동북 4야 등 4개 야전군과 화북 1개 중앙 직속)로 편성되어 있던 것을 1950년 중앙정치국 확대회의에서 4개 야전군(제1, 2, 3, 4야전군)의 명칭을 취소하고 6개 대군구(동북, 화북, 서북, 화동, 중남, 서남)로 재편하였다. 이 6개 대군구는

---

69 중원군구는 1949년 5월 화중군구로 개칭되었다가 1949년 12월 다시 중남군구로 개칭되었다. 그리고 얼마 안 되어 다시 서남군구로 확정하였다.

대륙 점거 과정에서 형성된 것으로 건국 후 군정위원회를 설치하여 지방행정을 관제하는 역할까지 담당하였다. 그러나 1955년 2월 이를 12개(선양瀋陽, 베이징, 지난, 난징, 광저우, 우한武漢, 청두成都, 쿤밍昆明, 란저우蘭州, 신장,[70] 네이멍구, 시짱) 군구로 개편하였다. 이후 1956년 타이완 해협의 불안으로 인하여 푸저우 군구를 신설함으로써 13개 대군구가 되었다.

여기서 관심을 끄는 것은 6개 대군구를 왜 12개 대군구로 증편했는가의 문제다. 그 주요 원인은 군사상의 이유가 아닌 모두 정치상의 이유였다. 첫째, 마오쩌둥(중앙정부)이 볼 때 6개 대군구를 그대로 유지할 경우 군구 사령관의 힘이 너무 막강하여 중앙정부에 부담 내지 위협이 될 수 있었다. 과거 군벌세력의 발호 및 가오강과 라오수스 사건이 그것을 방증해 주었다. 둘째, 1927년 창군 이래 혁명전쟁, 중일전쟁, 한국전쟁을 거치는 동안 목숨을 건 투쟁을 한 군지도자들에 대한 논공행상을 하기 위해서는 군구를 배가시켜 더 많은 지위(사령관, 정치위원, 군단장, 사단장 등)를 만들지 않고는 점증하는 그들의 욕구를 위무할 수 없었다. 당시(1955년) 군지도자들에 대한 대대적인 계급 부여도 이러한 이유에서 이루어졌다.[71]

그 후 1967년 5월 문화대혁명 후 13개 대군구 중 네이멍구군구를 성급 군구로 격하시켜 베이징군구에 편입시키고, 1968년 12월 또 시짱군구를 성급으로 격하시켜 청두군구에 예속시킴으로써 11개 대군구로 통합·조정하였다. 1985년 이를 다시 7개 대군구로 통합 조정했는데([그림 3-4] 참조), 이는 당·정·군 기구 개혁에 발맞춰 덩샤오핑의 이른바 100만 감군 원칙에 따른 것이었다.[72]

---

70 훗날 우루무치군구로 개칭되었다가 란저우군구로 편입되었다.

71 김정계, "사회주의 개조시기 소련모형 중국의 정치행정체계",「社會科學硏究」제5輯(창원대학교 사회과학연구소, 1999), p.15.

72 李俊亨·楊金河 主編「中國武裝力量通覽」(北京: 人民出版社, 1990), pp. 15-20.

[그림 3-5] 중국 7개 대군구와 관할구역

대군구는 관구 내에 육군의 각 병종과 성군구(경비구, 위술구, 수비구, 요새구를 포함)를 체계적이고 통일적으로 지도한다. 그리고 군구 직속의 학교 및 전문부대와 보장단위를 지도·관리하며 관구 내에서의 총부공작을 대행하고, 군구 내의 육·해·공군의 합동작전을 통일적으로 지휘한다. 군구에는 사령부, 정치부, 후근부를 둔다.

성군구, 군분구는 군대 계통에 예속되는 동시에 지방 당위의 군사공작 부문에 속한다. 현·시의 인민무장부는 소재지 군(분)구의 직접적인 지도를 받는다. 성군구의 사령부는 그 군구가 소속된 1급 대군구의 지시를 받고 보고를 하며, 당해 지역에 있어서의 병참, 충원, 동원 및 경우에 따라서는 행정적 공작에 포괄되어 있다. 특히 성군구와 대도시 경비구의 사령관은 문화대혁명 당시에 볼 수 있었듯이 법과 질서에 대한 책임을 지는 등 막강한 정치적 영향력을 행사하기도 한다.

각 군구에는 사령관과 정치위원이 있다. 정치위원은 군대 내에서 당의 정치 및 사상공작을 책임진다. 덩샤오핑이 집권한 후 한때 '군대에 대한 당의 절대 영도'를 보증하기 위하여 당무체계의 간부를 군부대 정치위원을 겸직케 한 적이 있다. 1979년 성급 군구 이상의 군부대 정치위원을 당해 부대의 당 위원회 서기가 겸하도록 하고, 당 12대(1982)와 13대(1987)를 거치면서 지방 당위 서기가 군구 당위의 제1서기와 군구 정치위원을 겸직케 함으로써 이 제도를 강화시켜 갔다.[73]

한편 군 편제에 있어서 '합성전력'의 집단군이 있다. 1985년 이후 인민해방군은 감군·조정 등의 명목으로 100만 명을 삭감하였으나, 오히려 '합성군'이라는 지도방침 아래 장갑, 포병, 고사포, 방화, 탱크 등 부대를 한데 합친 합성부대를 조직하여 '전쟁' 차원에서 독립적으로 공수작전을 탄력적으로 수행하고 있다. 그 대표적인 것이 1989년 5월 말 베이징 사태를 진압한 계엄 야전군으로 27군, 38군, 39군, 63군 등이었다.

38군은 허베이성 바오딩保定에 주둔하며, 중일전쟁 시기는 물론 내전시기, 한국전쟁 시기에 혁혁한 공을 세운 부대이다. 베이징군구 역시 5개 집단군으로 조직되어 있으며, 1개 유도탄사단, 3개 장갑차사단, 17개 보병사단 및 1개의 비행장을 보유하고 있다. 인민해방군 야전군 가운데, 하나의 한 최정예 부대를 중앙군사위원회의 전략예비대로 선정하여 중앙군사위원회의 직접적인 지휘를 받게 하는데 27군이 바로 중앙군사위원회의 직속전략예비군이다.

중국군의 계급은 3등 10급의 계급제를 실시하고 있다. 원래 인민해방군

---

73 李健一, "中共에 있어서 黨과 軍의 關係", 「共産圈硏究論叢」(創刊號, 1988), p. 132.

계급제는 1955년 이후 '4등 14급제'[74]를 채택하였으나, 문화대혁명이 발발하기 직전인 1965년 5월 22일 제3기 전인대 상무위원회 제9차 회의에서 군계급 제도를 '봉건주의·자본주의·수정주의'의 해악이며 관병일치의 혁명전통을 파괴하는 것이라 하여 폐지했다. 그러나 1988년 4월 제7기 전인대 이후 군의 현대화, 과학화, 제도화를 위해 계급제의 부활이 불가피하게 되었다. 따라서 동년 7월 1일 전인대 상무위원회 제2차 회의에서 계급제를 부활시켰다. 부활된 계급제는 종전의 원수제를 폐지하고 '3등 10급제'를 채택하였다. 즉 장·교·위 3급을 두고, 장관급은 상장·중장·소장, 교관급은 대교·상교·중교·하교, 위관급은 상위·중위·소위로 계급을 구분했다.

4. 역대 군사지도자

역대 중국의 최고 군사영도자를 보면, 마오쩌둥은 1935년 '준이遵義회의' 이후 사실상의 군권을 장악한 후 사망할 때까지 중앙군사위원회 주석직을 맡으면서 중국 최고의 군사지도자로 군림했다. 비록 1957년 4월 제2기 전인대에서 류사오치가 국가주석에 당선됨으로써 헌법상의 군사 최고 통수권이 류사오치에게 넘어가게 되었으나, 실질상의 군 영도권은 당 중앙군사위원회 주석인 마오쩌둥이 계속 장악하고 있었다. 또 류사오치가 1968년 10월 숙청됨과 동시에 국가주석제와 국방위원회는 기능이 정지되었고 그 공백을 당 중앙군사위원회(주석: 마오쩌둥)가 장악하였다. 마오쩌둥이 사망하자 화궈펑(1976~1981)이 그 주석직을 승계했으나, 1981년 6월 11대5중전회에서 실각 당하고 덩샤오핑(1981~1989)이 당의 군권을 장악하게 되었다.

---

74 ① 원수급: 중화인민공화국 원수, 대원수, ② 장관급: 소장, 중장, 상장, 대장, ③ 교관급: 소교, 중교, 상교, 대교, ④ 위관급: 소위, 중위, 상위, 대위.

마오쩌둥　　화궈펑　　덩샤오핑　　장쩌민　　후진타오　　시진핑

1982년 신 헌법의 개정과 더불어 국가주석제와 국가중앙군사위원회 제도 (전 국방위원회)가 부활되었다. 따라서 이후 당 중앙군사위원회 주석직을 담당하는 자가 국가중앙군사위원회 주석직도 겸임하는 제도가 관례화 되어 덩샤오핑에 이어 장쩌민(1989~2004) 및 후진타오(2005~2013)가 국가중앙군사위원회 주석직도 승계하였다.

　현재 당 및 국가중앙군사위원회 주석은 시진핑이다. 당 18대1중전회 및 제12기 전국인대표대회에서 시진핑이 당과 국가의 중앙군사위원회 주석에 당선됨으로써 인민해방군의 최고통수권자가 되었다. 부주석은 판창룽과 쉬치량 상장이 선임되었다. 두 사람은 각각 지난군구 사령관과 공군사령관을 지냈다. 그리고 위원의 경우 국방부장 창완취안과 해군사령관 우성리가 유임되었고, 량광례, 천빙더陳炳德, 랴오시룽廖錫龍, 리지나이李繼耐, 징즈위안靖志遠 등은 물러났다. 주석과 부주석은 전원 교체되었고, 위원 역시 8명 중 6명이 교체되었다. 신임 중앙군사위원은 팡펑후이房峰輝 해방군 총참모장, 장양張陽 총정치부 주임, 자오커스趙克石 총후근부장, 장유샤 총장비부장, 마샤오텐 공군사령관, 웨이펑허魏風和 제2포병 사령관 등이다.

　중앙군사위원은 4총부의 부장 또는 주임 및 해군, 공군, 제2포병 사령관 직을 겸임하고 있다. 중앙군사위원회 주석 시진핑을 제외한 부주석 및 위원은 모두 현역 상장이다([표 3-11] 참조).

　중국군의 최고 계급인 현역 상장과 보직은 다음과 같다. 위 중앙군사위원회 구성원 이외 장친성章沁生 부총참모장, 류위안(류사오치의 아들) 총후근부

정치위원, 리안둥李安東 총장
비부 부부장 겸 총장비부과
기위원회 주임, 왕시빈王喜斌
국방대학교, 리스밍李世明 청
두 군 구 사 령 관 , 장 하 이
양张海陽 제2포병 정치위원,

2011년 7월 23일 장유샤 상장 진급 기념

허우수썬侯樹森 부총참모장,
자옌안贾廷安 총정치부 부주임, 리창차이李長才 란저우군구 정치위원, 두진차
이杜金才 총정치부 부주임 겸 중앙군사위원회 기율검사위원회 서기, 두헝옌
杜恒岩 지난군구 정치위원, 쑨젠궈孫建国 부총참모장, 류샤오장劉曉江 해군 정
치위원, 톈슈쓰田修思 공군 정치위원, 류청쥔劉成軍 군사과학원장, 류야저우劉
亞洲 국방대학 정치위원, 무경武警 상장, 왕젠핑王建平 무경부대 사령관, 쉬야
오위안許耀元 무경부대 정치위원 등이다.

[표 3-11] 시진핑 정권 군사지도체제(중앙군사위원회)

직위	성명	생년(본적)	전직	겸직 및 당직
주석	시진핑	1954(산시陝西)	국가 부주석 중앙군사위 부주석	총서기, 국가주석
부주석	판창룽 쉬치량	1947(랴오닝) 1950(산둥)	지난군구 사령관 공군사령관	중앙정치국 위원 중앙정치국 위원
위원	창완취안 팡펑후이 장양 자오커스 장유샤 우성리 마샤오톈 웨이펑허	1949(허난) 1951(산시陝西) 1951(허베이) 1947(허베이) 1950(산시陝西) 1949(허베이) 1949(허난) 1954(산둥)	총장비부장 베이징군구 사령관 광저우군구 정치위원 난징군구 사령관 선양군구 사령관 남해함대 사령관 국방대학 교장 부총참모장	국방부장, 국무위원 총참모장 총정치 부주임 총후근부장 총장비부장 해군사령관 공군사령관 제2포병 사령관

주: 시진핑을 제외한 모든 위원은 현역 상장임

제4절
통일전선조직체계: 중국인민정치협상회의

전국정협 마크

중국인민정치협상회의(약칭: 정협政協)는 신중국 건립의 전야(1949년 9월 21~30일 제1차 전체회의 개최)에 성립된 '인민민주 통일전선' 조직이다. 정협은 제1차 전체회의에서 중화인민공화국의 성립을 대내외적으로 선포하고 임시헌법의 성격을 띤 〈중국인민정치협상회의의 공공강령〉과 〈중국인민정치협상회의 조직법〉, 〈중화인민공화국 중앙인민 정부조직법〉을 통과시켜 중화인민공화국의 수도를 베이징으로, 오성홍기五星紅旗를 국기로 정하였으며, '의용군행진곡'을 국가國歌로 결정하였다. 〈공동강령〉과 〈정협 조직법〉은 모두 보통선거에 의해 성립되는 전인대가 개회되기 전까지 정협 전체회의가 전인대의 직권을 대행하는 국가 최고 권력기관의 성격을 가진다고 규정하였다.

1954년 9월 전인대가 구성되자 정협은 본래의 기능인 통일전선조직으로서의 기능과 임무만 갖게 되었다. 1965년 제4기 전국회의 개최 이후 문화대혁명 중 활동이 중단되었으나 1978년 2월 제5기 조직위원회를 개최하여 정협의 성격을 중국공산당이 지도하는 혁명적 통일조직으로 규정하는 신규약을 채택하였다.

현행 헌법에 의하면 그 선언에서 "정협은 광범위한 대표를 갖는 통일전선의 주요 조직으로써 지금까지 중요한 역사적 역할을 하였으며, 앞으로도 국가의 정치생활, 사회생활, 대외 우호활동과 사회주의 현대화 건설을 추진하고 국가의 통일 및 단결을 수호하는 투쟁에서 보다 중요한 역할을 발휘할 것이다."라고 규정하고 있다. 정협의 조직은 전국위원회와 지방위원회를 둔다.

전국위원회는 정협의 전국적인 조직으로 다음의 3개 부류들로 구성된다.

첫 번째는 중국공산당, 각 민주당파, 무당파 민주인사, 인민단체, 각 소수민족과 각계 대표이다. 두 번째는 타이완 동포, 홍콩 및 마카오 동포와 귀국화교의 대표이며, 세 번째는 특별초청 인사 등으로 구성된다. 매기 전국위원회의 참가단위, 위원수와 인선은 전기 상무위원회가 협의 결정하며, 매기 임기 내 증원 또는 참가단위의 변경과 정원 및 인선은 본기 상무위원회가 협의하여 결정한다. 전국위원회의 임기는 5년이며, 매년 1차 정기회의를 소집한다. 전국위원회는 상무위원회를 두며 회무를 주재한다.

중국 역대 인민정치협상회의 전국위원회 주석은 '의당영정'의 원칙에 따라 중국공산당 최고위 지도자들이 겸임해 왔다. 마오쩌둥(1949. 10~1954. 12), 저우언라이(1954. 12~1978. 3), 덩샤오핑(1978. 3~1983. 6), 덩잉차오(1983. 6~1988. 4), 리셴녠(1988. 4~1993. 3), 리루이환(1998. 3~2003. 3), 자칭린(2003. 3~2013. 3) 등이 거쳐갔다. 마오쩌둥은 1954년 12월부터 1978년 3월까지 정협 전국위원회 명예주석직을 유지했다.

현재 정협 전국회의 주석은 당 서열 4위로 당 중앙정치국 상무위원인 위정성이 선출되었고, 상무 부주석에는 당 중앙서기처 서기 두칭린이 선임되었다.

제4장

시진핑 정권
파워엘리트의 배경 분석

시진핑과 후진타오

2012년 11월 시진핑은 중국공산당 18대1중전회에서 중앙위원회 총서기 겸 중앙군사위원회 주석에 당선되었다. 이어 2013년 3월 제12기 전국인민대표대회에서 중화인민공화국 주석 겸 국가중앙군사위원회 주석에 당선되었다. 이렇게 해서 시진핑은 명실상부한 당 · 정 · 군의 최고 지도자가 되었다.

후진타오의 경우 2002년 11월에 장쩌민으로부터 당과 국가의 권력은 승계했지만 2005년 3월에 가서야 국가중앙군사위원회 주석직을 승계했었던 점과 비교할 때, 시진핑의 권력 승계는 명실상부한 것이며, 후진타오 중심의 제4정치세대로부터 시진핑 중심의 제5정치세대로 권력이동이 완벽하게 마무리 된 셈이다.

이 장에서는 2012년 11월 중국공산당 제18차 전국대표대회 이후 새로 출범한 제1기 시진핑 정권 파워엘리트의 배경이 그 이전의 것과 어떠한 성분상의 차이가 있는가를 분석해 보고자 한다.

분석의 대상인 중국의 파워엘리트들은 중국공산당 제18기 및 역대 중앙정치국 상무위원과 그 위원들이다. 그들은 중국정치체계의 핵심 엘리트 그룹으로, 그들에 대한 연구는 중국정치의 현재를 알고 미래를 예측하는 주요 지표가 될 것이다.[75]

분석하고자 하는 시진핑 정권 파워엘리트의 배경 변수는 다음 세 가지 범주에서 볼 수 있다. 생물학적 배경(연령, 민족 및 성별, 출신지역)과 교육배경

(학력, 출신학교 및 전공, 유학 등) 그리고 제도적 배경(당·정·군 및 기타 경력 등) 및 비제도적 배경(상하이방, 칭화방, 공청단파, 태자당 등)이다.

제1절
시진핑 정권 당 최고 지도층은 어떻게 구성되었는가?

2012년 11월에 열린 중국공산당 제18차 전국대표대회(대표 2,268명)에서는 중앙위원회 위원 376명(위원 205명, 후보위원 171명)을 선출하고, 이어 열린 제1차 중앙위원회 전체회의(18대1중전회)에서는 중앙위원회 총서기를 비롯한 중앙정치국 상무위원, 중앙정치국 위원, 중앙서기처 서기 및 중앙군사위원회 주석단 등 지도급 인사를 선출했다. 한편 중앙기율검사위원회는 그 서기단을 선출했다.

먼저, 중국공산당 중앙위원회 총서기에 시진핑이 당선되면서 시진핑 중심의 제5정치세대 정권이 출범하였다. 시진핑의 중앙위원회 총서기 선출은 이미 예견된 사실이었다. 그가 2007년 제17차 당 대회에서 정치국 상무위원에 진입하여 서기처 상무서기와 중앙당교 교장의 겸직에 이어, 2008년 제11기 전인대에서 국가 부주석에 당선되고, 2010년 중앙군사위원회 부주석에 선임된 것은 이미 포스트 후진타오 시대의 후계자로 자리매김했음을 의미한 것이었다.

다음, 당 중앙정치국의 경우 상무위원 7명과 정위원 18명이 선출되었다([표 4-1] 참조). 제18기에는 제17기에 이어 정치국 후보위원은 선출하지 않았다. 제17기에 비해 상무위원은 2명 줄고 위원은 2명 늘었다. 상무위원을

---

75 Tony Saich, *Governance and Politics of China*(New York: Palgrave Macmillan, 2004), p.99.

[표 4-1] 중국공산당 18대 중앙정치국위원 프로필

이름	생년월 (입당)	본적	학력	현(겸)직	주요 경력
★시진핑 習近平(유)	1953.6 (1974)	산시 陝西	칭화대화 공학과, 在칭화대 대학원 법학(정치학)박사	당 총서기, 국가주석, 군사위원회 주석	저장·상하이 서기, 서기처 상무서기, 중앙당교 교장, 국가 부주석, 군사위 부주석
★리커창 李克强(유)	1955.7 (1976)	안후이	베이징대 법학과, 在베이징대 대학원 경제학박사	국무원 총리	共 중앙서기처 1서기, 허난·랴오닝 서기, 상무 부총리
★장더장 張德江(승)	1946.11 (1971)	랴오닝	옌볜대 조선어과, 김일성대 경제학과	전인대 상무위원장	共 지린 지부서기, 지린·저장 서기, 국무원 부총리, 정치국 위원
★위정성 俞正聲(승)	1945.4 (1964)	저장	하얼빈군사공정대 유도탄공정학과, 공정사	전국정협 주석	건설부장, 후베이·상하이 서기,
★류윈산 劉雲山(승)	1947.7 (1971)	산시 山西	지닝사범학교, 在중앙당교(학사)	서기처 상무서기, 중앙당교 교장	共 네이멍구 부서기·당위 부서기, 중앙선전 부장
★왕치산 王岐山(승)	1948.7 (1983)	산시 山西	시베이西北대학 역사학과, 고급경제사	기율검사위원회 서기	건설은행장, 하이난·광둥 서기, 베이징 시장, 부총리
★장가오리 張高麗(승)	1946.11 (1973)	푸젠	샤먼대 경제 학과 통계학전공	국무원 상무부총리	중국석화총공사 마오밍茂名 석유공업공사 사장, 광둥 성장, 산둥·톈진 서기
마카이 馬凱	1946.6 (1965)	상하이	인민대 정치경제학 석사	국무원 부총리	국가발전과계획위 주임, 국무위원, 국무원 비서장
왕후닝 王滬寧	1955.10 (1984)	산둥	푸단대 정치경제학, 국제정치학석사	중앙정책연구실 주임	푸단대 법대학장, 서기처 서기
류옌둥 劉延東(유)	1945.11 (1964)	장쑤	칭화대 화공과, 在 인민대 사회학석사, 지린대 법학박사	국무원 부총리	共중앙서기, 중앙통전부장, 국무위원
류치바오 劉奇葆	1953.1 (1971)	안후이	안후이대 사학과, 在 지린대 경제학 석사	서기처 서기, 선전부장	공청단중앙 서기, 광시·쓰촨 서기

이름		출신	학력		
쉬치량 許其亮	1950.3 (1967)	산둥	공군제5항공학교	군사위원회 부 주석, 공군 상장	부총참모장, 공군사령관
쑨춘란(女) 孫春蘭	1950.5 (1973)	허베이	안산공업기술학교, 在중앙당교(학사), 랴오닝대 정책관리 학석사	톈진 서기	共랴오닝 지부서기, 랴오닝부녀연합 서 기, 중국총공회 서 기, 푸젠 서기
쑨정차이 孫政才	1963.9 (1988)	산둥	라이양농대, 在중 국농업대 농학박사	충칭 서기	농업부장, 지린 서기
리젠궈 李建國	1946.4 (1971)	산둥	산둥대 중문학과	전인대 상무부 위원장·비서장	산시·산둥 서기
리위안차오 李源朝(유)	1950.11 (1978)	장쑤	상하이사대 수학과, 在 중앙당교 법학 박사	국가 부주석	共 중앙제1서기, 장 쑤 서기, 조직부장, 서기처 서기
왕양 汪洋(유)	1955.3 (1975)	안후이	중앙당교, 在 중국 과기대 공학석사	국무원 부총리	共 안후이 부서기, 충칭·광둥 서기
장춘셴 張春賢	1953.5 (1973)	허난	동북기계대, 在 하 얼빈공대 관리학석 사, 고급공정사	신장 서기	교통부장, 후난 서기
판창룽 范長龍	1947.5 (1969)	랴오닝	在중앙당교(학사)	군사위원회 부주석, 상장	사병, 총참모장보, 지난군구 사령관
멍젠주 孟建柱	1947.7 (1971)	장쑤	在 상하이기계대 공학석사, 고급경제사	국무위원, 중앙정법위원회 서기	상하이 부서기, 장시 서기, 공안부장, 총경감
자오러지 趙樂際	1957.3 (1975)	산시 陝西	베이징대 철학과, 在 중국사회과학원 및 중앙당교 석사 과정, 경제사	서기처 서기, 중앙조직 부장	共 칭하이지부 서 기·당위 서기, 산시 서기
후춘화 胡春華	1963.4 (1983)	후베이	베이징대 중문학과	광둥 서기	共중앙제1서기, 네이멍구 서기
리잔수 栗戰書	1950.8 (1975)	허베이	허베이사대 정치교 육과, 在 하얼빈공 대 공상관리학석사	서기처 서기, 중앙판공청 주임	共허베이 서기, 헤이 룽장·구이저우 서기
궈진룽 郭金龍	1947.7 (1979)	장쑤	난징대 물리학과	베이징 서기	시짱·안후이 서기
한정 韓正	1954.4 (1979)	저장	在 화둥사대 야간부 국제관계학사, 경제 학석사, 고급경제사	상하이 서기	共 상하이 서기, 상하이 부서기·시장

참고: 중앙정치국 상무위원은 당 서열 순, 정치국 위원은 간체자 획순
　★-정치국 상무위원, (유)-유임, 在-재직 중 교육, 共-공청단 경력
　(승)-정치국 위원에서 승진, (女)-여성, 상장-현역 3성 장군

제18기 중국공산산당 중앙정치국 상무위원. 왼편부터 장가오리, 류원산, 장더장, 시진핑, 리커창, 위정성, 왕치산

7명으로 줄인 것은 정책결정의 효율성을 높이기 위해서다. 이는 그만큼 총서기 시진핑에게 권력이 집중되었음을 의미한다.

제18기 정치국 상무위원은 시진핑과 리커창이 유임되고 그 밖에 장더장, 위정성, 류원산, 왕치산, 장가오리 5명은 정치국 위원에서 승진되었다. 퇴임자들은 모두 정년(68세 이상)에 걸려 물러났다. 이들 7명의 상무위원은 각각 국가주석, 국무원 총리, 전인대 상무위원장, 전국정협 주석, 중앙서기처 상무서기, 중앙기율검사위원회 서기, 국무원 상무부총리 등 중국 정치의 최고위직을 분담하게 되었다. 특이한 점은 당 서열 1, 2위인 시진핑과 리커창이 각각 국가주석과 국무원 총리에 선임된 것이다. 과거 관례는 전인대 상무위원장이 당 서열 2위였다.

새 지도부의 가장 큰 특징은 장쩌민 전 주석이 지지하는 상하이방과 유력 정치인의 2세인 태자당 연합세력이 후진타오 중심의 공청단을 압도하였다는 점이다. 정치국 상무위원은 태자당(시진핑, 위정성, 왕치산)과 범상하이방(장더장, 류원산, 장가오리)의 연합세력이 6명을 차지했고, 공청단 출신은 리커창 1명뿐이다. 정치국 상무위원 후보군에서 낙마한 류옌둥, 리위안차오,

왕양 등 3명은 모두 후진타오와 가까운 공청단 간부 출신이다. 그리고 또다른 특징은 이들 상무위원들 가운데 시진핑과 리커창을 제외한 5명은 모두 차기(19기, 2017년)에는 연령 초과로 물러날 것이라는 점이다.

제18기 정치국 위원은 18명이 선출되었는데, 그 가운데 유임된 위원은 류옌둥, 리위안차오, 왕양 등 3명이며 그 밖에 15명은 신임이다. 부패혐의로 숙청된 보시라이를 제외한 퇴임자 모두는 연령 초과로 물러났다. 이는 지도층의 인사가 제도화되어가고 있음을 입증하는 것이다. 반면, 새로 입국한 신임은 거의 모두 50대 초반에서 60대 초반의 제5정치세대들이다. 전체 정치국 위원(상무위원+위원)의 80%가 교체(20% 유임)되었다([표 4-2] 참조). 제3정치세대(장쩌민 정권)에서 제4정치세대(후진타오 정권)로 권력이 이양된 제16기(62.5% 교체)보다도 더 큰 물갈이가 이루어진 것이다. 상무위원의 경우 71.4%가 교체되었고, 위원의 경우 83.3%가 교체되었다.

당 중앙서기처 서기의 경우, 정치국 상무위원으로 승진한 류윈산은 유임되어 상무서기와 중앙당교 교장을 겸임하게 되었고, 그 밖에 모든 서기는 퇴임하거나 정치국으로 자리를 옮겨 7명 중 6명이 교체되었다. 전임 상무서기 시진핑은 당 총서기 겸 국가주석으로, 서기 리위안차오는 정치국 위원(유임) 겸 국가 부주석으로 자리를 옮겼고, 왕후닝은 정치국 위원으로 승진했다. 신임 서기는 류치바오(중앙선전부장), 자오러지(중앙조직부장), 리잔수(중앙판공청주임), 두칭린(전국정협 부주석), 자오훙쭈(중앙기율검사위 부서기) 등 (이상 정치국 위원 겸직)과 양징 국무원 비서장이다.

당 중앙군사위원회의 경우, 주석에는 중앙정치국 상무위원이며 당 총서기 겸 국가주석인 시진핑이, 부주석에는 중앙정치국 위원인 판창룽과 쉬치량이 선임되었다. 그리고 위원의 경우 국방부장 창완취안과 해군 사령관 우성리가 유임되고, 량광례, 천빙더, 랴오시룽, 리지나이, 징즈위안 등은 물러났다. 주석과 부주석은 전원 교체되었고, 위원 역시 8명 중 6명이 교체되었다. 신임 중앙군사위원은 팡펑후이 해방군 총참모장, 장양 총정치 부주임, 자오커스 총후근 부장, 장유샤 총장비 부장, 마샤오톈 공군 사령관, 웨이펑허 제2포병 사령관 등이다.

중앙기율검사위원회의 경우, 허궈창이 서기직에서 퇴임하고, 중앙정치국 상무위원에 선출된 왕치산이 그 직을 이어받았다. 수석 부서기의 경우, 3연임을 한 허융何勇이 물러나고 중앙서기처 서기인 자오훙쭈가 선임되었다. 허궈창과 허융은 모두 연령 초과로 물러났다.

이상 시진핑 정권 중국공산당 지도부의 개편을 종합해 보면, 첫째 시진핑이 당 총서기는 물론 중앙군사위원회 주석직까지 이어받게 되어 확고한 권력승계가 이루어진 것으로 보인다. 둘째, 제4정치세대는 물러나고 제5정치세대로 충원되었다. 대대적인 세대교체가 이루어진 것이다. 셋째, 보시라이를 제외한 퇴임자 모두는 연령 초과로 자연스럽게 퇴진하였으며, 승진자는 초급超級 승진[76] 없이 차하직에서 차상직으로 승진한 점으로 보아 제18차 당대회는 대체적으로 제도화된 인사였다고 보겠다.

제2절
시진핑 정권 파워엘리트의 생물학적 배경

1. 제18기 정치엘리트의 민족별 · 성별 특성

먼저, 중국공산당 제18기 중앙정치국 위원의 민족별 특징을 보면 100% 한족이다. 그리고 성별로는 류옌둥과 쑨춘란을 제외한 23명이 남성이다. 인

---

[76] 중국에서 초급超級 승진이란 중간 계급을 거치지 않고 한 단계 뛰어넘어 승진되는 것을 의미한다. 즉 중앙위원이 중앙정치국 위원을 거치지 않고 바로 중앙정치국 상무위원에 승진하는 것이 그 한 예다.

구의 8.1%와 48.5%를 각각 55개 소수민족과 여성이 점하고 있음을 볼 때, 정치국 위원 인선에 있어 민족별·성별 인구비례에 의한 대표성은 크게 고려하지 않은 것으로 보인다([표 4-2] 참조). 류옌둥은 혁명열사의 자제(전 농업부 부부장 류루이룽의 딸)로, 칭화대학을 나와 공청단 중앙서기처 서기와 중앙통전부장, 제17기 정치국 위원과 국무위원 등을 역임하였기 때문에 인맥이나 경력으로 보아 상무위원 진입의 필요조건을 갖추었었다. 하지만 결국 여성이 상무위원이 된 전례가 없다는 것이 중요 이유 중 하나가 되어 상무위원 인선에서 탈락했다. 쑨춘란은 안산기술학교를 나와, 재직 중 랴오닝대학 통신교육과정, 랴오닝 당교, 중앙당교를 거쳐 랴오닝대학 대학원에서 정책관리학 석사학위를 받는 등 학구열이 누구보다 높은 인사다. 중급 간부 시절부터는 부녀연합 및 노동조합 등의 조직을 맡아 능력

[표 4-2] 중공 역대 중앙정치국위원(正)의 생물학적 배경 및 유임률 변화(1중전회 기준)

구 분	위원수 (명)	평균 연령	교체율	성별 및 민족 여성(명)	소수 민족
7기(1945)	13	48.2	46.2	–	–
8기(1956)	17	58.2	35.3	–	–
9기(1969)	21	62.9	52.4	2	–
10기(1973)	21	63.8	38.1	1	1
11기(1977)	23	65.3	43.5	–	2
12기(1982)	25	71.8	28.0	1	–
13기(1987)	17	63.2	41.2	–	–
14기(1992)	20	62.5	70.0	–	–
15기(1997)	22	63.3	31.8	–	–
16기(2002)	24	60.8	62.5	1	1
17기(2007)	25	61.8	48.0	1	1
18기(2012)	25	61.2	80.0	2	–

주: 후보위원 제외
출처: Li and Lyne(1998: 231-264); 蔡開松(1991); 廖盖隆(1991); 中共中央組織部(2004);
「人民日報」, 1997年 9月 19日; 2002年 11月 15日; 2007年 10月 15日; 2012年 11月 20日 등을 참조하여 필자가 작성.

을 발휘한 여성엘리트다. 하지만 그녀에게도 정치국 상무위원의 문턱은 높았다.

2. 제18기 정치엘리트의 연령 및 세대

먼저 제18기 중앙정치국위원의 연령을 보면, 평균 연령은 61.2세로 제17기에 비해 약간 낮아졌다([표 4-3], [그림 4-1] 참조).[77] 정치국 상무위원의 경우만 볼 때, 평균 63세로 거의 60대 초중반이다. 18기 정치국 상무위원 중 시진핑(59세)과 리커창(57세)을 제외한 장더장(66세), 위정성(67세), 류윈산(65세), 왕치산(64세), 장가오리(66세) 등은 연령초과로 연임될 가능성이 없다.

정치국 위원의 경우, 50대인 왕후닝(57세), 류치바오(59세), 왕양(57세), 장춘셴(59세), 자오러지(55세), 한정(58세) 등은 2022년까지 집권 가능한 연령이다. 그리고 1950년생인 쉬치량, 쑨춘란, 리위안차오, 리잔수 등도 2017년에

[표 4-3] 역대 중앙정치국위원(正)의 연령층 구성

연령/기	12기 (1982)	13기 (1987)	14기 (1992)	15기 (1997)	16기 (2002)	17기 (2007)	18기 (2013)
41~50	1	–	–	–	–		2
51~55	–	2	2	2	1	3	–
56~60	–	4	5	5	13	3	8
61~65	2	3	8	6	8	16	9
66~70	9	4	3	8	2	3	6
71~75	6	3	1	1	–	–	–
76~80	4	1	1	–	–	–	–
81~90	3	–	–	–	–	–	–
평균 연령	71.8	63.2	62.5	63.3	60.8	61.8	61.2

출처: [표 4-2] 자료와 같음.

---

[77] 중국공산당 제17기 중앙정치국 위원들의 배경분석은 김정계, 「후진타오 정권 중국의 권력구조와 파워엘리트」 (중문, 2008) 참조.

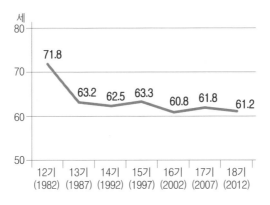

[그림 4-1] 역대 중국공산당 중앙정치국 위원의 연령 변화 추이

68세를 초과하지 않기 때문에 가능성이 있지만, 리위안차오의 경우 상무위원으로 승진하지 못하면 정치국 위원 3회 연임(규정 및 관례상 최고위층 간부의 경우 2회 연임再任만 가능)은 불가할 것으로 본다.

연령층의 분포를 보면 제5정치세대라 할 수 있는 50대 후반과 60대가 가장 많다([표 4-3], [표 4-4] 참조). 40대 기수인 후춘화와 쑨정차이는 포스트 시진핑 시대, 제6정치세대의 선두주자다. 후춘화는 공청단 출신으로 현재 중국에서 가장 소득이 높은 광둥성 당위 서기이며, 쑨정차이는 가장 인구가 많은 도시 충칭시 당위 서기를 맡고 있다. 그 두 사람은 모두 49세로 시진핑-리커창 이후 총서기와 국무원 총리 후보감 1순위이며, 차기 대권주자로까지 언급되고 있다.

역대 중앙정치국 위원 연령의 경우 제12기가 가장 높았던 이유는 4인방 세력의 제거와 더불어 문화대혁명 때 축출되었던 덩샤오핑, 녜룽전聶榮臻, 쉬샹첸, 장팅파張廷發, 팡이方毅, 위추리, 겅뱌오, 펑충彭冲 등 혁명 1, 2세대 반문화대혁명 간부들이 대거 복권되었기 때문이다. 13기부터 다시 연령이 낮아지기 시작한 것은 간부의 연소화 정책으로 대폭적인 세대교체가 이루어진 결과라 보겠다. 이후 연령 규정에 따라 간부 교체의 제도화가 정착되

[표 4-4] 중국 제18기 고위 지도자의 연령 분포(2011년 11월 기준)

연령분포	중앙정치국 상무위원	중앙정치국 위원	중앙서기처 서기	중앙군사위원회
65~70세	장더장(1946.11) 위정성(1945.4) 류윈산(1947.7) 장가오리(46.11) 왕치산(1948.7)	마카이(1946.6) 류옌둥(1945.11) 리젠궈(1946.4) 판창룽(1947.5) 멍젠주(1947.7) 궈진룽(1947.7)	류윈산(1947.7) 두칭린(46.11) 자오훙주(47.7)	판창룽(1947.5) 자오커스(47.11) 우성리(45.8) 마사오톈(49.8)
60~64세		쉬치량(1950.3) 쑨춘란(1950.5) 리위안차오(50.11) 리잔수(1950.8)	리잔수(1950.8)	쉬치량(1950.3) 창완취안(49.1) 팡펑후이(51.4) 장양(1951.8) 장유샤(1950.7)
55~59세	시진핑(1953.6) 리커창(1955.7)	왕후닝(1955.10) 류치바오(1953.1) 왕양(1955.3) 장춘셴(1953.5) 자오러지(1957.3) 한정(1954.4)	류치바오(53.1) 자오러지(57.3) 양징(1953.12)	시진핑(1953.6) 웨이펑허(54.2)
50~54세	–	–	–	–
45~49세		쑨정차이(1963.9) 후춘화(1963.4)		

어 가고 있다.

1987년 제13기 때부터 장쩌민 등 이른바 제3세대가 대폭 기용되었고, 2002년 제16기 이후 후진타오가 이끄는 제4정치세대가 대폭 정치국에 진입하였다. 그리고 2012년 제18기에 와서는 시진핑-리커창 체제의 제5정치세대가 집권하게 된 것이다. 덩샤오핑이 정권을 공고히 한 1982년 제12차 당 대회 때 그의 나이는 72세였고, 장쩌민이 1989년 총서기에 선임될 당시에는 63세였으며, 후진타오가 집권할 당시(2002년)의 연령은 60세였다. 시진핑은 59세에 최고 지도자가 되었다.

3. 출신지(원적)

중국을 지리적으로 7개 구역으로 나눌 때, 제18기 중앙정치국 위원의 출신지(원적)는 상하이를 포괄하고 있는 동부 지역 출신이 15명(60%)으로 가장 많다. 안후이성 3명(리커창, 류치바오, 왕양), 장쑤성 4명(류옌둥, 리위안차오, 멍젠주, 궈진룽), 저장성 2명(위정성, 한정), 푸젠성 1명(장가오리), 산둥성 4명(왕후닝, 쉬치량, 쑨정차이, 리젠궈), 상하이 1명(마카이)이 동부에 원적을 두고 있다.

북부 지역의 경우 허베이성 2명(쑨춘란, 리잔수), 산시성 2명(류윈산, 왕치산) 등 4명이다. 동북 지역 출신으로는 장더장과 판창룽(랴오닝성) 2명이며, 중부 지역 출신은 후춘화(후베이성)와 장춘셴(허난성)이다. 서북지역의 경우 시진핑과 자오러지가 산시陝西성 출신이다.

쓰촨과 충칭(쓰촨성과 충칭시에만 전 중국 인구의 9.11%가 거주)을 포함해 가장 많은 인구가 살고 있는 서남 지역(전 인구의 15.72%)에 본적을 둔 중앙정치국 위원은 한 명도 없으며, 전국 GDP의 12.72%를 차지하고 있는 광둥성을 포함하고 있는 남부 지역에 본적을 둔 정치국 위원 역시 단 한 명도 없다. 단 인구와 GDP를 고려하여 충칭시와 광둥성 현직 당위 서기를 정치국에 입국시키고 있다. 각 성省별로 볼 때는 장쑤성과 산둥성 출신이 가장 많다. 중앙위원의 분포도 비슷한 현상이 나타나고 있다([그림 4-2] 참조).

역대 중국 정치엘리트의 지역별 출신 분포를 보면, 흥미롭게도 마오쩌둥 시대에는 그 동향인 후난성 출신이 가장 크게 권력을 장악했고, 린뱌오가 득세하던 시기(9기)에는 그의 출신지인 후베이성 출신이 정치국에 가장 많이 입국했다. 장쩌민이 집권(14, 15기)한 이후는 화동(상하이 · 저장 · 장쑤) 인맥이 막강한 정권실세로 군림하고 있다.[78]

---

78 김정계(2000), 앞의 책, pp.355-356.

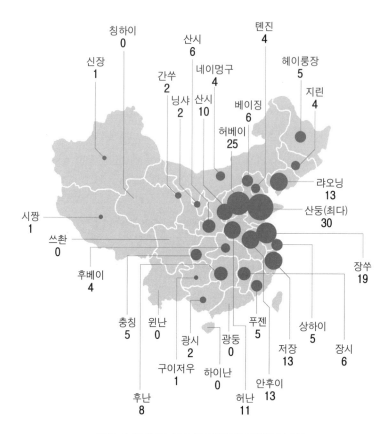

[그림 4-2] 중공 18기 중앙위원의 지역별 분포도

1969년 제9차 당 대회 때까지 후난 및 후베이 출신의 인물이 많았던 것은 마오쩌둥과 린뱌오와 관계된 지연의 영향도 있겠지만, 중요한 것은 중국혁명이 주로 중부 내륙을 중심으로 점화되었기 때문에. 신중국 건립 이후 중부 중심의 혁명 제1세대들이 다수를 차지하게 되었을 것이다. 그리고 개혁개방 이래 동부 인맥이 급증한 것은, 동부 연해 지역(특히 남송)은 옛부터 물산이 풍부하고 교육을 중시하여 인물이 많이 배출되는 지역이기도 한 동시에 개혁개방의 전초기지 역할을 한 전략적 요충지였기 때문이기도 하다.

요컨대 이상 중국 정치엘리트의 생태적 배경을 보면, 민족적으로 한족 중심의 남성 우위의 리더십이 지속되고 있으며, 연령적으로 제4정치세대에서 제5정치세대로 권력이 이양되었으며, 지역적으로 동부 출신 우위가 지속되고 있음을 알 수 있다. 이는 개혁개방 이후 비록 지도층의 연령층이 변화하고 있으나, 지배층의 인구학적 구성에는 큰 변화가 일어나지 않고 있음을 말해준다.

제3절
시진핑 정권 파워엘리트의 교육 배경

1. 학력

먼저 제18기 중앙정치국 위원의 학력 상황을 보면, 제17기에 이어 중화인민공화국 수립 이후 현재까지의 역대 중앙정치국 위원 중 가장 높은 평균 학력으로, 대학 출신자가 100%이다([그림 4-3] 참조). 하지만 4년제 정규대학 출신은 25명 중 21명이다. 류윈산과 쑨춘란, 판창룽은 각각 재직 중 중앙당교에서 대학 수준의 교육을 받았고, 쉬치량은 대학 수준의 군사학교를 수료했다. 마카이는 재직 중에 학사과정(베이징당교)을 마쳤지만, 대학원 석사과정은 런민대학의 정규과정을 이수했다.

제14기 이후 대학원 출신자도 계속 증가하고 있는 추세다. 14기에 5%에 불과했던 석사학위 이상의 정치국 위원은 18기에는 무려 56%(25명 중 14명)로 증가했으며([표 4-5] 참조), 특히 박사학위 소지자는 5명이다. 시진핑은 칭화대학 인문사회대학원에서 정치학을 전공하고 법학박사학위를 받았다. 리커창은 베이징대학 대학원에서 경제학박사학위를 받았고, 류옌둥과 리위안차오는 각각 지린대학과 중앙당교에서 법학박사학위를 받았다. 리커창(베이징대 법률계)을 제외한 이들 박사학위 소지자들은 모두 학부에서는 이공계열

[표 4-5] 역대 중앙정치국 위원 학력

학력 \ 정원 \ 기	12기 (1982)	13기 (1987)	14기 (1992)	15기 (1997)	16기 (2002)	17기 (2007)	18기 (2012)
	25	17	20	22	24	25	25
대졸률(%)	73.9	65	90	90.9	100	100	100
대학원 수료율(%)	–	–	5	9	16.7	36	56

주: 후보위원 제외, 당교와 군사교도 대학수준(3년제)으로 보고 대졸에 포함. 전공은 최종 학위 전공임.
출처: [표 4-2] 자료와 같음.

을 전공했다. 또 신임 정치국 위원인 쑨정차이는 중국농업대학에서 농학박
사를 받았다. 그 밖에 마카이(경제학석사), 왕후닝(정치학석사), 류치바오(경제
학석사), 쑨춘란(정책관리학석사), 왕양(공학석사), 장춘셴(관리학석사), 멍젠주
(공학석사), 리잔수(공상관리학석사), 한정(경제학석사) 등 9명은 석사학위 소지
자다.

　제18기 정치국 위원의 경우 이렇게 학사학위를 비롯한 석사 및 박사학위
수가 많지만, 이들 대부분은 재직 중에 각각 학위를 취득하였다는 점이 특징
이다.

　상무위원 가운데 시진핑과 리커창은 각각 푸젠성 당위 부서기와 공청단
중앙서기처 서기 재직 중에 모교인 칭화대학과 베이징대학에서 박사학위를
받았다. 류윈산은 네이멍구자치구 당위 부서기 시절 중앙당교에서 학사학위
에 해당하는 교육을 받았다. 위원의 경우 류옌둥은 중앙통전부 부부장 재직
중 지린대학에서, 리위안차오는 국무원 신문판공실 부주임 재직 중 중국사
회과학원에서, 쑨정차이는 베이징시 농림과학원 부원장 재직 중 중국농업대
학에서 박사학위를 받았다. 이 밖에 쑨춘란은 랴오닝성 당위 상무위원 재직
중 랴오닝대학에서, 왕양은 안후이 성장 재직 중 중국과학기술대학에서, 류
치바오는 공청단 중앙 서기처 서기 때 지린대학에서, 장춘셴은 교통부 부부
장 재직 중 하얼빈공대에서, 멍젠주는 상하이 시 산하 현 서기 재직 중 상하

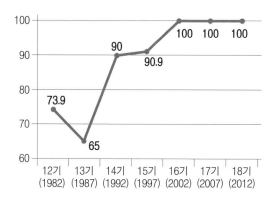

[그림 4-3] 역대 중앙정치국 위원의 대졸률 추이

이기계대에서, 리잔수는 헤이룽장성 부서기에 재직하는 동안 하얼빈공대에서, 한정은 상하이 시 산하 구청장 재직시 화둥사범대학에서 석사학위를 받았다. 그리고 판창룽은 제16집단군 참모장 재직 중 중앙당교에서 학부과정의 교육을 받았다. 이 밖에 학부 역시 재직 중에 재학한 경우도 많다.

제18기 정치국 위원의 또 다른 특징은 고등학교를 졸업하고 바로 대학에 진학한 사람은 극소수라는 점이다. 상무위원의 경우 나이가 가장 많은 위정성(1963~1968년 대학 재학)과 1965년에 입학한 장가오리를 제외한 모든 위원은 지식청년으로 하방되어 노동개조를 받은 이후에 대학에 들어갔다. 이유는 당시 문화대혁명으로 인하여 1966년 이후 대학이 모두 폐쇄되었기 때문이다. 이들은 대학이 다시 문을 연 후에 입학하였기 때문에 대부분 늦은 나이에 대학을 다녀야했다.

이 밖에 당 전국대표대회와 전국인민대표대회 이후 선임된 중앙 부·위원회와 성급 지방지도자(당위 서기) 87명의 학력을 보면 대학원 이상의 학력을 취득한 사람이 전체의 85%를 차지하며, 그중 박사학위 소지자가 22%에 달했다. 또 25명의 중앙 부 및 위원회의 수장 가운데 박사학위 소지자도

9명이나 되어,[81] 이 역시 중앙정치국 위원의 학력과 비슷한 특징을 가지고 있다.

2. 전공

전공의 경우 최종학력을 기준으로 하면, 이공계 전공자가 줄어들고 인문사회 전공자가 현저히 증가하고 있는 추세다. 간부의 4화 정책의 일환인 간부의 과기화 정책에 의해 성장한 제3, 4세대 엘리트들이 대거 입국한 16기까지는 이공계 출신 전공자 비율이 60%를 상회하였다. 하지만 17기부터는 이공계 전공자가 줄어들기 시작하여 18기에는 20%로 감소되었고, 반면 인문사회계 전공자 비율이 76%에 달하고 있다([표 4-6] 참조). 상무위원의 경우 16기에는 100% 이공계 출신 테크노크라트였지만, 18기에는 14.3%로 줄었다([표 4-7] 참조).

정치국 상무위원의 경우 하얼빈군사공정대학을 나온 위정성을 제외한 6

[표 4-6] 역대 중앙정치국 위원 전공 변화 추이

정원 학력	기	12기 (1982)	13기 (1987)	14기 (1992)	15기 (1997)	16기 (2002)	17기 (2007)	18기 (2012)
		25	17	20	22	24	25	25
이공계 전공	명	1	8	11	14	17	12	5
	비율(%)	4	47.1	55.0	70.8	62.5	48.0	20
인문사회 전공	명	9	3	5	4	5	12	19
	비율(%)	36.0	17.6	25.0	18.2	20.8	48.0	76.0
군사학교	명	7	2	2	2	2	1	1
	비율(%)	28.0	11.8	10.0	9.1	8.3	4	4

주: 후보위원 제외, 당교와 군사교도 대학수준(3년제)으로 보고 대졸에 포함.
　　비율(%)=전공인원/전체인원×100
　　전공은 최종학위 전공임(석·박사 소지자의 경우 석·박사학위). 고졸 미만은 포함시키지 않았음.
출처: [표 4-2]의 자료와 같음.

---

79 「人民日報」, 2013年 3月 22日.

| | ← 이공계전공 | ┈ 인문사회전공 | ← 군사학교 |

[그림 4-4] 역대 중앙정치국위원의 전공 비율 변화 추이(%)

명의 상무위원은 인문사회계 출신이다. 시진핑은 학부에서는 화공학을 전공했지만 석사와 박사과정은 정치학을 전공한 법학박사다. 박사학위 소지자 5명 중 쑨정차이(농학박사)를 제외하고는 모두 사회계열 박사학위 소지자다. 리커창(베이징대 법률계)을 제외한 4명의 박사학위 소지자들은 모두 학부에서는 이공계열을 전공했다. 9명의 석사학위 소지자 중 공학석사인 왕양과

[표 4-7] 역대 중앙정치국 위원의 전공(최종학력) 비율

	제16기(2002)			제17기(2007)			제18기(2012)		
	정원 (A)	이공계 전공자 (B)	비율 (B/A,%)	정원 (A)	이공계 전공자 (B)	비율 (B/A,%)	정원 (A)	이공계 전공자 (B)	비율 (B/A,%)
정치국 상무위원	9	9	100	9	7	77.8	7	1	14.3
정치국 위원	15	8	53.3[80]	16	5	31.2	18	4	22.2
합계	24	17	70.8	25	12	48.0	25	5	20

주: 최종학위 기준으로 전공을 분류. 후보위원 제외.
출처: [표 4-2] 자료와 같음.

---

80 보즈웨는 중공 16기 중앙정치국 위원의 이공계 전공 비율을 46.67%라고 함(Zhiyue Bo, "China's Political Elites in the 21st Century: Technocrats in Command?" *Asian Profile*, 32-6 December 2004, p.514).

멍젠주를 제외한 7명은 경제학, 관리학 및 법학 등 사회계열 석사이다. 이러한 경향은 능률성을 강조하던 고도 성장기로부터 이제 인민의 다양한 요구를 반영하는 정책을 실행함에 있어 인문사회 계열의 마인드가 더욱 요청됨을 반영한 것이라 보인다.

군사학교 출신자도 급격히 감소하고 있다. 1982년 12기 정치국 위원은 28%가 군사학교 출신이었지만, 17기 이후에는 4%로 급감했다. 이는 문민화가 더욱 진척되고 있음을 보여주는 징표다.

3. 출신대학

칭화대학교 이공계 출신이 우위를 점하던 과거(13~17기)와는 달리, 출신대학이 비교적 골고루 분포되는 추세로 변하고 있다.

18기 이전과는 달리 칭화대학 출신은 2명(시진핑, 류옌둥)뿐이고, 베이징대학 출신은 3명(리커창, 자오러지, 후춘화)으로 늘어났다. 그 외에는 한 사람도 동일대학 출신 없이 전국 각지의 여러 대학 출신으로 구성된 것이 과거와는 다른 점이다.

후진타오 총서기를 정점으로 한 제4정치세대 정치지도자들은 칭화대 중심의 이공계 출신 인사가 주류를 이루었으나, 제5정치세대 지도자들의 등장과 더불어 베이징대 중심의 인문사회계 출신 인사들이 두각을 나타내는 경향이다.

2005년 현재 국무원 부장 및 각 성의 성장급 이상 고위직(장관급 이상) 중 베이징대 출신은 57명이고 칭화대 출신은 37명이다. 베이징대 출신은 연령면에서도 57명 중 39명은 1950년대에 태어난 50대여서 차기 지도자로 도약할 가능성이 높다. 베이징대의 약진은 사회 각 분야가 다양화되면서 실무형 관료보다는 인문·사회과학적 소양을 바탕으로 한 거시적 안목을 가진, 복잡한 이해관계를 조정·통합할 수 있는 간부가 더 필요한 시대이기 때문으로 분석된다.

실제로 베이징대 출신 고위직 관리 중 인문·사회계 전공자가 90%에 달하며, 다른 대학 출신의 경우도 마찬가지다. 31개 성·자치구·직할시의 당서기와 성장들 중, 인문·사회계 전공자의 점유율이 75%로 높아졌다. 특히 미래의 지도자 그룹으로 부상될 성급 55세 이하의 부급副級 당·정지도자들과 현재 56세 이상의 지도자들을 비교해보면 이러한 경향은 더욱 뚜렷하다.[81] 이는 16기를 정점으로 이공계 출신 및 테크노크라트의 비율이 낮아지는 것과 일맥상통하는 것이라고 보겠다.

4. 해외 경험

18기 정치국 멤버 중 해외 유학 경험자는 연수 경험자까지 포함시켜 겨우 4명에 불과하다. 상무위원의 경우 북한의 김일성대학에서 유학한 장더장을 제외하고는 아무도 정규 해외 유학의 경험이 없다([표 4-8] 참조). 위원 역시 정규 해외 유학 출신은 없다. 다만 리위안차오는 미국 하버드대학 케네디스쿨 단기연수를 다녀왔고, 왕후닝은 1988~1989년 객원교수 자격으로 미국 아이오와대학과 캘리포니아대학 버클리에서 연구했으며, 쑨정차이는 6개월간 영국 로잔Lausanne시험연구소에서 객원교수로 연구했다.

이러한 추세는 16~17기 후진타오 정권도 비슷했다. 이유는 1950년대 후반 중소관계 악화 이후 1960년대 중반부터 덩샤오핑이 개혁을 시작할 때까지 학생들을 거의 외국에 보내지 않았기 때문이다. 그 결과 제4정치세대와 제5정치세대 지도자들은 청년기에 해외 유학의 기회가 없었다.

역대 중앙정치국 위원의 해외경험을 보면 정권 수립 초창기인 7~8기 정

---

81 김정계, "후진타오 시대 중국 정치엘리트의 교육배경: 어떻게 변하고 있는가?" 「한국동북아논총」, 제10권 제1호(2005), p.65.

[표 4-8] 역대 중앙정치국 위원의 해외경험

	8기 (1956)	9기 (1969)	12기 (1982)	13기 (1987)	14기 (1992)	15기 (1997)	16기 (2002)	17기 (2007)	18기 (2012)
정원	17	21	25	17	20	22	24	25	25
해외경험자	10	7	9	4	8	8	6	1	4
비율%	58.8	33.3	36.0	23.5	40.0	36.4	25	4	16

주: 후보위원 제외, 해외 경험에는 유학과 장기 연수 포함.
출처: [표 4-2] 자료와 같음.

치국에 해외 경험자가 가장 많았는데, 7기(1945년)와 8기(1956년)에는 해외 경험자가 각각 69.2%와 58.8%에 달했다. 이는 초기 공산당 지도자들 중 많은 사람들이 고학으로 프랑스 유학을 하였거나 소련 등지에서 공산주의 이론 학습을 위해 활동하였기 때문이다. 주더(독일, 소련), 류사오치(소련 동방대), 저우언라이(프랑스, 독일, 일본), 런비스(소련 동방대), 천윈(소련 레닌대), 캉성(소련 레닌대), 둥비우(일본, 소련 레닌대), 린보취林伯渠(일본, 소련 중산대), 장원텐張聞天(미국, 소련 중산대), 덩샤오핑(프랑스, 소련 동방대), 천이(프랑스), 리푸춘李富春(소련 동방대), 류보청劉伯承(소련 푸룽즈군사대학) 등이 이들 유학 1세대 혁명지도자들이다.

그러나 9기(1969년, 33.3%) 이후 해외파들은 급감했다. 그 이유는 이들 혁명1세대 유학파 지도자들이 문화대혁명 중 상당수 숙청당했기 때문이다. 하지만 12기에는 해외 경험자가 다시 증가했는데, 이것은 문화대혁명 중 숙청당했던 혁명1세대 유학파들이 복권되어 돌아왔기 때문이다. 그리고 13기에 다시 줄어든 이유는 이들 혁명1세대 정치엘리트들이 '간부 4화'(특히 연소화) 정책에 밀려 한꺼번에 퇴직했기 때문이다.

14~15기 이후 해외 경험자는 다시 증가하였다. 이는 신중국 성립 이후 중소관계가 악화되기 이전에 소련과 동구에서 유학한 자연과학도인 이른바 제3세대가 지도부에 충원되었기 때문이다. 1949년에서 1960년까지 약 11

만 명의 중국인이 해외 유학을 했는데, 그중 소련 유학이 압도적인 다수를 차지했다. 장쩌민, 리펑, 쩌우자화, 웨이젠싱, 리란칭, 첸치천錢其琛은 소련에서, 리톄잉과 뤄간 등은 각각 1950년대 초·중엽 체코와 동독에서 유학 또는 1년 이상의 연수과정을 마친 엘리트들이다. 그들의 전공은 주로 이공계에 치중되었다. 이유는 혁명 1, 2세대가 이미 공산주의 이론을 동구에서 배워왔기 때문에 더 이상 소련 및 동구에서 인문·사회과학을 배울 필요가 없다는 것이 당의 의지였고, 실제로 당시 중국이 필요로 했던 것은 자연과학도였기 때문이다.

위 분석 결과, 시진핑 정권 중국 최고 정치엘리트의 교육배경의 특징은 다음과 같다.

첫째, 18기 당 정치국 위원은 100% 대졸의 학력을 갖추었다. 이는 2002년 16기 이후 지속되는 현상이다. 석사 및 박사학위 소지자도 대폭으로 증가하였다. 하지만 대부분의 석·박사 과정은 재직 중 이수했다는 점이 특징이다. 어찌되었던 간부 4화 정책, 특히 간부의 지식화가 달성된 것으로 보인다.

둘째, 18기 정치엘리트의 출신학교는 한 학교에 집중되지 않고 골고루 분포되어 있고, 특히 이공계 명문인 칭화대학 출신이 점차 줄어들고 베이징대를 중심으로 한 인문사회계 출신이 점차 증가하고 있다. 전공 역시 이공계 중심에서 인문사회계열이 증가하는 추세다.

셋째, 18기 정치국 위원의 해외경험은 낮은 수준이다. 이유는 현재 중국의 지도엘리트층인 제5정치세대의 학령을 보면, 소련과의 관계 악화 이후에 대학을 나오고 서구와 친교관계가 본격화되기 이전에 대학을 나온 연령대이기 때문이다.

시진핑 정권 파워엘리트의 제도적 배경

1. 당력黨歷

먼저 제도권 진입이라 할 수 있는 중국공산당 입당 시기와 고위 간부로 승진하는 발판이라 할 수 있는 중앙위원 선임시기부터 살펴보고자 한다.

제18기 중앙정치국 위원들의 입당 시기는 모두 1964년(위정성, 류옌둥)부터 1988년(쑨정차이) 사이다. 25명 중 15명이 문화대혁명기에 입당했고, 7명은 개혁개방 시작 이후 입당했다. 다른 3명은 60년대 문화대혁명 전야에 입당했다.

18기 정치국위원의 입당 시기는 15~17기 정치국 위원들의 입당 시기와 비교해 보면 [표 4-9]와 같다. 이들은 15~17기와는 달리 사회주의 전이기(1950~1959)에 입당한 사람은 한 명도 없다. 문화대혁명 이전에 입당한 위원도 17기보다 훨씬 줄어들었다. 1960년대 중반에 입당한 위정성, 류옌둥, 마

[표 4-9] 역대 중앙정치국 위원의 중국공산당 입당 시기

입당 시기	15기(1997)		16기(2002)		17기(2007)		18기(2012)	
	N(22)	%	N(24)	%	N(25)	%	N(25)	%
1940~1949 중일전쟁기	10	45.5	–	–	–	–	–	–
1950~1959 사회주의 전이기	5	22.7	2	8.3	1	4	–	–
1960~1966 조정기	7	31.8	12	50	9	36	3	12
1966~1976 문화대혁명 기	–	–	8	33.3	12	48	15	60
1978~ 개혁기	–	–	2	8.3	3	12	7	28

출처: [표 4-2] 자료와 같음.

카이 세 사람뿐이다. 이들 세 사람은 비록 문화대혁명 이전에 입당했지만 연령적으로 5세대에 속하는 인물들이다. 시진핑과 리커창을 비롯한 대부분의 중앙정치국 위원들은 문화대혁명 후기 1970년대 초중반에 입당한 제5정치세대다.

나아가 18기 중앙정치국 위원의 중앙위원 발탁시기를 15~17기와 비교해보면 [표 4-10]과 같다. 15기 정치국의 경우 대부분 위원이 1982년(12기) 개혁 초기에 중앙위원에 진입했고, 16기 역시 개혁 초기에 중앙위원에 발탁된 비율이 가장 높다. 그러나 17기 중앙정치국 위원은 장쩌민이 권력을 장악하던 시기인 1997~2002년(15~16기) 사이에 중앙위원에 진입한 사람들이 다수(25명 중 16명)를 차지하였다. 18기 중앙정치국 위원 역시 비록 장쩌민이 총서기에서 물러났지만, 영향력을 과시하던 1997~2002년(16~17기)에 발탁된 인사가 다수(25명 중 18명)를 차지하고 있다. 18기 중앙정치국 위원 가운데 1982년 개혁 초기에 중앙위원에 진입한 인사는 네이멍구에서 성장한 류윈산 한 사람뿐이다.

[표 4-10] 역대 중앙정치국 위원의 중앙위원(정) 발탁 시기

중앙위원 발탁 시기	15기(1997)		16기(2002)		17기(2007)		18기(2012)	
	N(22)	%	N(24)	%	N(25)	%	N(25)	%
1982(12기)	15	68.2	9	37.50	2	8	1	4
1987(13기)	5	22.7	4	1.67	2	8	–	–
1992(14기)	1	4.5	7	29.17	2	8	4	16
1997(15기)	1	4.5	4	1.67	11	44	8	32
2002(16기)	–	–	–	–	5	20	10	40
2007(17기)	–	–	–	–	3	12	2	8
2012(18기)	–	–	–	–	–	–	–	–

출처: [표 4-2] 자료와 같음.

결국 18기 중앙정치국 위원들은 대부분 문화대혁명 후기와 개혁기에 입당하여 개혁 후기 장쩌민에 의해 중앙위원에 발탁되어 후진타오 시대에 그들의 정치적 입지를 굳힌 세대다. 따라서 15~16기 정치국 위원들이 덩샤오핑에 의해 계획적으로 육성된 세대라고 한다면, 17~18기 정치국 위원들은 장쩌민과 후진타오에 의해 고위 간부로 발탁된 세대라고 볼 수 있다.

2. 조직 경력: 지방 당·정 지도자의 부각

중국정치 체계에 있어서 대부분의 고위당직자는 당·정·군의 겸직 메커니즘에 의해 그 직위가 중복되어 있기 때문에 그가 어느 조직(당·정·군)의 출신인가에 대해 분석자에 따라 다소 통계상의 오차는 있을 수 있다. 하지만 제18기 중앙정치국 위원 선출 당시의 직위를 보면, 지방 조직 출신이 가장 많이 기용되었다. 이는 16기 이후부터 나타나는 두드러진 현상이다.

제18기 중앙정치국 위원의 경우 제17기보다도 현직 지방지도자 출신이 8%나 늘어났다([표 4-11], [그림 4-5] 참조). 따라서 상무위원 7명 중 2명(상하이의 위정성, 톈진의 장가오리), 위원 18명 중 10명이 현직 성급 당위 서기에서 발탁되었다(이들은 정치국 진입과 동시에 지방지도자 직에서는 물러났다). 또 현직 4개 직할시 당위 서기와 민족분쟁이 잦은 신장위구르자치구 당위 서기

[표 4-11] 역대 중앙정치국 위원 선임 당시(직전)의 소속 조직

	14기(1992)		15기(1997)		16기(2002)		17기(2007)		18기(2012)	
	N	%	N	%	N	%	N	%	N	%
중앙 당·정조직	15	68.2	17	70.8	13	52	13	52	11	44
지방 당·정조직	5	22.7	5	20.8	10	40	10	40	12	48
인민해방군	2	9.1	2	8.3	2	8	2	8	2	8
합 계	22	100.0	24	99.9	25	100	25	100	25	100

주: 정치국의 경우 후보위원 포함.
출처: [표 4-2] 자료를 참조하여 필자가 작성.

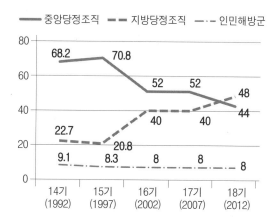

中앙당정조직 ━━ 지방당정조직 ━‧━ 인민해방군

[그림 4-5] 역대 중앙정치국위원 조직 경력(%)

및 경제 대성大省인 광둥성 당위 서기는 정치국 위원직을 겸직하고 있다.

나아가 제18기 중앙정치국 위원의 문민엘리트(현역 장성 2명 제외) 23명 가운데 19명이 성급 지방지도자 경력이 있는 사람이며, 네이멍구자치구 당위 부서기를 지낸 류윈산을 포함하면 20명이다([표 4-12] 참조). 그들의 지방지도자 경력은 하급 지방지도자 경력을 제외하고 성급 지도자(성장, 당위 서기)의 경우만 평균 7.4년이다. 시진핑, 리커창, 장더장, 위정성, 장가오리 등 정치국 상무위원은 8~11년의 성급 지방지도자 경력이 있으며, 이들은 2~4개 성급 지도자를 거쳤다. 이는 지방지도자의 경력 없이는 중앙정치국 진입이 어렵다는 것을 의미한다. 시진핑도 푸젠성과 저장성 그리고 상하이 당위 서기를 합쳐 지방지도자로 8년간 근무하였다. 지방지도자의 경력 없이 순수 중앙 당정관료로서 정치국에 진입한 위원은 국가발전계획위원 주임 및 국가행정학원장 출신인 마카이와 중앙정책연구실 주임 출신인 왕후닝 두 사람밖에 없다. 이처럼 성급 지방 대표의 급부상에 반비례하여 중앙 당·정 기구의 엘리트 발탁이 현저히 줄어들었으며, 18기 정치국 위원의 경우 그 비율이 역대 최하위다.

[표 4-12] 제18기 중앙정치국 위원의 지방 성장급 이상 근무 경력

이름	성급 지도자 경력	연해 지역 근무	내륙 지역 근무
시진핑	8년	푸젠(1999~2002), 저장(2002~2007), 상하이(2007)	
리커창	8년	랴오닝(2004~2007)	허난(1998~2004)
장더장	12년	저장(1998~2002), 광둥(2002~2007)	지린(1995~1998)
위정성	11년	상하이(2007~2012)	후베이(2001~2007)
왕치산	5년	하이난(2002~2003), 베이징(2003~2007)	
장가오리	11년	산둥(2001~2007), 톈진(2007~2012)	
류치바오	6년		광시(2006~2007), 쓰촨(2007~2012)
쑨춘란*(女)	3년	푸젠(2009~2012), 톈진(2012~)	
쑨정차이*	3년		지린(2009~2012), 충칭(2012~)
리젠궈	11년		산시陝西(1997~2008), 산둥(2007~2008)
리위안차오	5년	장쑤(2002~2007)	
왕양	7년	광둥(2007~2012)	충칭(2005~2007)
장춘셴*	7년		후난(2005~2010), 신장(2010~)
멍젠주	6년		장시(2001~2007)
자오러지	9년		칭하이(2003~2007), 산시陝西(2007~2012)
후춘화	4년	광둥(2012~)	허베이(2008~2009), 네이멍구(2009~2012)
리잔수	4년		헤이룽장(2008~2010), 구이저우(2010~2012)
궈진룽*	12년	베이징(2008~2012), 베이징(2012~)	시장(2000~2004), 안후이(2004~2008)
한정*	9년	상하이(2003~2012), 상하이(2012~)	

주: 성급 지도자-당위 서기 및 성장; *표는 현임 당위 서기; 류원산은 네이멍구 당위 부서기(1992~1993)를 지냄.

3. 군대 엘리트의 감소

제18기 중앙정치국 위원의 군대 경력을 보면 16기와 17기에 이어 역대 가장 낮은 비율(8%)이다([표 4-13], [그림 4-6] 참조). 14기에는 상무위원 1명(류화칭 장군), 위원 1명(양바이빙 장군)이 정치국 위원에 발탁되었다. 하지만 15기와 16기에는 상무위원 없이 위원만 각각 2명이 선임되었고, 중앙서기처 서기에 현역 군 장성 1명이 차지했다. 17기와 18기에는 중앙서기처 서기직도 군대에 할당되지 않았다. 18기에는 현역 장성인 판창룽 상장(중앙군사위원회 부주석)과 쉬치량 상장(중앙군사위원회 부주석) 두 사람만이 중앙정치국에 입국했다([표 4-14] 참조).

중국정치에 있어서 군이 현실 정치에 미치는 영향은 지대하다. 정권 초기에는 장정과 군대생활을 통해 맺어진 인맥이 거의 중국의 파벌정치를 형성하였으며, 정치국 위원 중 군 출신이 지배적이었다. 특히 혁명1세대가 지배하던 시기는 군 출신이 아닌 자가 없을 정도로 군이 중국정치를 압도하였다. 제8기 정치국 위원에 군 출신자의 비율이 높았던 것은 장정에 참가했던 혁명1세대들에 대한 배려로 볼 수 있으며, 제9기에는 린뱌오 중심의 인민해

[표 4-13] 중국공산당 지도층 중 현역 군 장성 비율

기(년도)	8기 (1956)	9기 (1969)	10기 (1973)	11기 (1977)	12기 (1982)	13기 (1987)	14기 (1992)	15기 (1997)	16기 (2002)	17기 (2007)	18기 (2012)
중앙위원 비율(%)	28.2	44.1	30.4	30.9	21.5	12.6	22.2	18.1	18.0	17.5	17.3
정치국 위원 비율(%)	35.3	45,0	25.0	19.2	19.0	7.7	9.1	8.3	8.0	8.0	8.0
정치국 상무위원(명)	1	1	1	1	–	–	1	–	–	–	–
중앙서기처 서기(명)	1	폐지	폐지	폐지	2			1	1		

주: 15기 이전 정치국 위원의 경우 후보위원 포함; 8기 현역 비율에는 1955년 군 계급 수여자 모두를 포함.
출처: [표 4-2]의 자료와 같음.

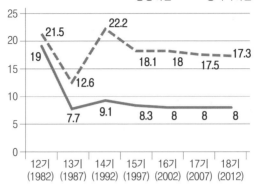

[그림 4-6] 역대 정치국위원 및 중앙위원 중 현역 군 비율 추이

방군이 득세하던 시기였기 때문이다. 개혁·개방이 본격화된 제12기를 고비로 현역군의 정치국 진출은 계속 줄어들고 있다. 이는 개혁·개방 이후 문민관료정치가 안착되고 있음을 증명하는 것이다.

이상 제18기 중앙정치국 위원의 제도적 배경을 요약하면, 그 대부분이 문화대혁명 후기에 공산당에 입당하였으며, 류윈산 한 사람을 제외하고는 모두 1992년 이후에야 중앙위원이 되어 2000년대 초엽에 성급 내지 중앙 당정의 지도자를 거치며 차세대 지도자로 성장해 온 인물들이다.

중앙과 지방 경력자 중 지방 경력자가 절대 우세하며, 이들 위원 중 군인

[표 4-14] 중국공산당 최고 지도부의 해방군 대표

	14기 (1992)	15기 (1997)	16기 (2002)	17기 (2007)	18기 (2012)
중앙정치국 상무위원	류화칭	–	–	–	–
중앙정치국 위원	양바이빙	츠하오톈 장완녠	차오강촨 궈보슝	궈보슝 쉬차이허우	판창룽 쉬치량
중앙서기처 서기	–	장완녠	쉬아허우	–	

을 제외한 문민지도자의 경우 거의 80%가 성급 지방지도자 경험을 갖춘 사람들이다. 현역 군 지도자의 정치국 진출은 날이 갈수록 정체상태에 있다.

시진핑 정권 파워엘리트의 비제도적 배경

일반적으로 오늘날 중국 정치체계에 많이 거론되는 비공식적 연고 집단은 정치적 성장 지역을 통해 형성된 '상하이방', 학연을 통한 인맥인 '칭화방', 경력을 통한 관시망인 '공청단', 그리고 공동운명을 통해 연계된 '태자당' 등이 있다.

1. 상하이방

상하이의 경력을 정치적 발판으로 하여 성장한 정치엘리트 집단을 일반적으로 '상하이방'이라 부르며, 반드시 상하이가 원적이 아니더라도 상하이에서 정치적으로 성장한 인물군을 지칭한다. 상하이방은 1989년 6·4 천안문 사태 이후 장쩌민이 당 총서기에 당선됨과 동시에 크게 부각되기 시작했다. 최근에 와서는 비록 정치적으로 상하이에서 성장하지 않았지만, 장쩌민 전 주석이 발탁했거나 지지하는 인맥을 주로 범상하이방으로 분류한다.[82]

제18기 정치국 상무위원의 경우 시진핑(당 총서기 겸 국가주석)과 위정성(전국정협 주석)이 상하이 당위 서기 출신으로 상하이방이다. 정치국 위원에는 왕후닝(서기처 서기 겸 정책연구실 주임), 멍젠주(중앙정법위 서기 겸 공안부장), 한

---

82 홍인표, 앞의 책, p.69.

정(상하이 서기) 등 3명이 상하이방에 속한다. 왕후닝은 상하이 소재 푸단대학 법대 학장을 역임한 정책통이며, 멍젠주는 상하이기계대학을 나와 초급 간부시절부터 상하이에만 근무하였고 상하이 당위 부서기를 지낸 명실상부한 상하이방이다. 현 상하이 당위 서기인 한정 역시 재직 중 상하이 소재 푸단대학과 화둥사범대학 대학원을 수료했으며 초급 간부부터 상하이에서 일한 순수 상하이방이다.

그러나 시진핑은 상하이방이라고는 하지만 칭화대학 출신이며, 전 국무원 부총리 시중쉰의 아들로 이른바 '태자당'에 속하는 인물이기도 하다. 한정 역시 상하이 시 공청단 부서기와 서기를 역임(1990~1992)한 공청단 계열이기도 하다.

비록 상하이의 당정을 거쳐 가진 않았더라도 장쩌민과 쩡칭훙의 그늘에서 성장한 엘리트들을 상하이 인맥으로 구분할 수 있으므로, 그들을 포함하면 상하이방의 위세는 아직도 상당하다. 제18기 정치국 상무위원 가운데 장더장, 류윈산, 장가오리 등 3명은 장쩌민에 의해 발탁된 인사들로 '범상하이방'에 속한다.

2. 칭화방

중국정치 체계에 있어서 칭화대 출신 정치인맥을 '칭화방'이라 한다. 1992년 덩샤오핑의 '남순강화' 이후 개혁이 다시 불붙기 시작하자 이념적 엔지니어로 육성된 칭화대 출신들은 본격적으로 최고 지도자의 반열에 오르며 정치국에 진입했다. 제15기의 경우 주룽지 총리, 후진타오 국가 부주석 등 2명의 정치국 상무위원과 우방궈, 우관정, 황쥐 등 3명의 정치국 위원이 최고 지도자의 반열에 올랐다. 제16기의 경우 후진타오 총서기, 우방궈 전인대 상무위원장, 황쥐 부총리, 우관정 중앙기율검사위원회 서기 등 4명의 정치국 상무위원과 쩡페이옌이 정치국 위원이 됨으로써 칭화대 출신이 중국 정계를 휩쓸었다.

제17기에는 후진타오(총서기), 우방궈(전인대 상무위원장), 시진핑(서기처 상무서기) 등이 정치국 상무위원에 올랐고, 류옌둥이 정치국 위원으로 최고 지도자의 반열에 올랐다.

제18기의 경우 중앙정치국 상무위원에는 시진핑 한 명만이 칭화대학 출신이며, 정치국 위원 역시 류옌둥 한 사람뿐이다. 숫자상으로 볼 때 칭화방의 세력은 크게 줄어 15~16기에 미치지 못하지만, 시진핑이 후진타오에 이어 중국의 최고 권력자에 오름으로써 명맥은 유지하게 되었다.

하지만 시진핑과 류옌둥은 비록 칭화방이기는 하지만 두 사람 모두 혁명 원로의 후예로 태자당에도 속한다. 또 시진핑은 상하이 시 당위 서기를 거친 인물로 오히려 장쩌민(상하이방의 대부이며 태자당)과 쩡칭훙(상하이방이며 태자당의 리더)의 비호 아래서 성장한 인물이다. 류옌둥 역시 후진타오의 직계로 후진타오 계열 공청단 간부 출신이기도 하다.

3. 공청단

공청단(중국공산주의청년단의 약칭)은 중국 지도부 내의 대표적인 '관시망'이다. 공청단은 오랫동안 중국 정치, 경제, 행정 분야 엘리트 등용의 주요 채널이었다. 특히 후진타오 정권출범 이후 새로운 고위 관료 인사에서 공청단 출신들이 두각을 나타냈다.

후야오방이 1952~1966년 공청단 중앙서기처 서기를 맡으면서 조직이 활성화되었지만, 이로 인해 문화대혁명 기간에는 조직이 해체되는 위기를 맞기도 했다. 후야오방은 공청단이 만들어 낸 첫 중국공산당 총서기(1980~1987)로, 그가 퇴진할 때까지 6년 이상 많은 공청단 간부를 차세대 엘리트로 배양하는 데 힘을 기울였다. 바로 그때 공청단 중앙서기처 서기 및 제1서기(1982~1985년)를 역임한 후진타오가 중국공산당 총서기가 됨으로써 공청단 조직은 다시 세간의 이목을 끌게 되었다.

제15기 중앙정치국 위원의 경우 공청단 출신은 2명(후진타오와 리루이환)에 불과했지만, 제16기 후진타오 정권에서는 6명으로 늘어났다. 제17기의 경우 2명의 상무위원(후진타오, 리커창)과 7명의 위원(왕자오궈, 류윈산, 왕러취안, 장더장, 류옌둥, 리위안차오, 왕양)이 공청단 경력자였다.

2012년 제18기의 경우 공청단 출신 정치국 상무위원은 국무원 총리 리커창과 전인대 상무위원장 장더장, 중앙서기처 상무서기 류윈산 세 사람이다. 정치국 위원에는 류옌둥, 류치바오, 리위안차오, 왕양, 자오러지, 후춘화, 한정 등 6명이 진출했다. 25명의 정치국 위원 가운데 9명이 공청단 출신이다. 이들 중 리커창, 류옌둥, 리위안차오, 류치바오, 후춘화 등은 공청단 중앙위원회 서기처 서기 출신으로 공청단의 주류로 성장해온 후진타오의 직계다. 장더장은 공청단(지린성 지부 서기)에 잠시 몸 담긴 했지만 류윈산(네이멍구자치구 부서기)과 마찬가지로 장쩌민에 의해 발탁된 범상하이방 인사다. 한정 역시 상하이 시 공청단 서기를 거쳤으나 상하이에서 성장한 순수 상하이방이다. 그리고 쑨춘란(안산시 경방輕紡공업국 서기)과 리잔수(후베이성 서기)도 공청단 지방 간부 출신이지만 계파색이 비교적 엷다. 리잔수는 혁명열사 가문의 자제로 오히려 시진핑과 마찬가지로 태자당과 가깝다. 그래서 당 총서기의 비서실장이나 같은 중앙판공청 주임을 맡게 된 것이다.

중앙서기처의 경우 공청단 출신이 거의 장악하고 있다. 7명의 서기처 서기 가운데 류윈산 상무서기를 비롯하여 류치바오, 자오러지, 두칭린(공청단 지린서기), 양징(공청단 네이멍구 서기) 등 5명이 공청단 출신이다.

이밖에 당과 정부의 중앙 부처 및 직속기구의 정·부급正·副級 직위 및 지방 당정의 정·부급 직위에 많은 공청단 출신 간부가 포진하고 있다. 이는 차세대 중국의 각계 지도부는 공청단 출신 간부가 장악할 것임을 시사한다.

특히 2011년 상반기 네티즌들의 의견을 보면 이는 더욱 명확해진다. 그들은 당시 장관급 간부 가운데 저우창(1960년생, 후난성 서기), 후춘화(1963년생, 네이멍구 서기), 쑨정차이(1963년생, 지린성 서기), 루하오(1967년생, 공청단 중앙 제1서기) 등 4명이 가장 유망한 중국공산당 제6세대 후계자 후보군이며, 리훙중(1956년생, 후베이성 서기), 자오러지(1957년생, 산시성 서기)는 그 다음이라고 평가하였다. 그리고 차관급 가운데는 자오융(1963년생, 허베이성 부서기), 쑤수린(1962년생, 푸젠성 성장), 쑨진룽(1962년생, 후난성 부서기)을 가장 주목해야 할 인물이라고 했다.[83]

그런데 이들 중 쑨정차이와 쑤수린을 제외하고는 모두 공청단 간부 출신이다. 특히 후춘화, 루하오, 저우창은 공청단 중앙서기처 제1서기 출신이고, 자오융과 쑨진룽은 공청단 중앙서기처 상무서기 출신이다. 그리고 자오러지는 공청단 중앙서기처 서기 출신이며, 리훙중 역시 짧기는 하지만 공청단 말단 간부 출신이다.

4. 태자당

중국에서 '태자당'이란 전직 고위 공산당 간부들의 자녀 및 그들과 혼인을 통해 맺어진 혈연 중 중국의 고급 엘리트군에 진입한 자들을 지칭한다.

개혁기에 태자당이 등장한 데는 세 가지 중요한 정치적 이유가 있었다. 첫째, 1982년 제12차 당 대회 이후 '간부 4화' 정책에 따라 문화대혁명 때 숙청되었다가 복권된 원로간부들의 퇴진을 종용하는 대가로 그들의 혈육에게 특혜를 주게 된 것이다. 둘째, 혁명동지의 2세는 정치적으로 믿을 수 있는 혈통이라는 신념 때문이었다.[84] 그리고 마지막 이유는 그들은 어릴 때부터 특수학교에 보내지거나 외국 유학을 보내어 엘리트 교육을 받음으로써

---

83 사토 마사루는 제6세대 지도자로 후춘화, 쑨정차이, 저우창, 그리고 중국상용비행기유한책임공사 사장인 장칭웨이張慶偉(우주항공분야의 전문가)와 누얼바이커리努爾白克力 신장위구르족자치구정부 주석을 꼽았다(사토 마사루 지음, 이혁재 옮김, 『시진핑시대의 중국』, 청림출판, 2012, pp.124-127).

능력을 갖추고 있기 때문이다. 리펑(혁명열사 리쉐쉰과 자오쥔타오의 아들이자 저우언라이의 양자), 장쩌민(혁명열사 장상칭江上淸의 아들), 리톄잉(혁명군의 원로 리웨이한의 아들), 쩌우자화(혁명열사 쩌타오펀의 아들이자 예젠잉 장군의 사위) 등은 제3세대 태자당의 대표적인 인물들이다. 그들은 국내에서 고등교육을 받고 바로 소련이나 동구에서 유학하여 중국의 차세대를 대비해 계획적으로 훈련된 엘리트들이다.[85]

제16기 중앙정치국의 경우 태자당 출신은 불과 3명(쩡칭훙,[86] 위정성, 장더장)뿐이었지만, 제17기에 와서는 상무위원인 시진핑(전 국무원 부총리 시중쉰의 아들)을 비롯해 장더장(전 지난군구 포병사령관 장즈이의 아들), 위정성(전 제1기계공업부장 황징의 아들), 왕치산(전 부총리 야오이린의 사위), 류옌둥(전 농업부 부부장 류루이룽의 딸), 리위안차오(전 상하이 부시장 리간청의 아들), 보시라이(전 부총리 보이보의 아들) 등 6명으로 늘어났다. 2013년 제18기의 경우 시진핑을 비롯하여 장더장, 위정성, 왕치산 상무위원과 류옌둥, 리위안차오, 리잔수(전 산둥부성장 리짜이원栗再溫의 종손) 등 3명의 위원이 태자당 출신이다.

특히 최근 들어 태자당이 크게 부각되고 있는 것은 다음 세 가지에 근거한다. 첫째, 그들은 당이 거센 도전을 받을 때 가장 믿을 수 있고 충성심이 있는 사람들이라고 당이 인정하기 때문이다. 둘째, 다수의 태자당 출신은 그들 자신이 그들의 현재 직위를 지킬 수 있는 능력이 있음을 증명하였기 때문이다. 셋째, 덩샤오핑 시대에 살았던 원로들의 자제를 등용함에는, 원로들이 이미 고인이 되었기에 더 이상 정치적으로 예민한 반응에 신경쓰지

---

84 한 예로 리펑을 정치국 위원으로 발탁할 때 그의 양모인 덩잉차오가 믿을 수 있는 피라고 당 중앙에 호소했고, 장쩌민이 6.4사태 이후 최고 지도자로 등장할 때 리셴녠 등이 홍색가문의 자제임을 강조한 바 있다(김정계, 『중국의 최고 치도층: Who's who』, 평민사, 1990, pp.93-99; pp.206-211); 리청 지음, 앞의 책, pp.149-150).

85 김정계(2000), 앞의 책, pp.279-280.

86 쩡칭훙은 국무원 상업부장과 내무부장을 역임한 쩡산의 아들이다. 쩡산은 중국공산당 제1세대 상하이 부시장 출신으로 장쩌민과는 특별한 관계에 있었다. 장쩌민 등장 이후 쩡칭훙은 태자당의 대부 역할을 했다.

않아도 되기때문이다.[87]

이상의 분석을 통해 제18기 중국정치 엘리트의 비제도적 배경을 보면, 중앙정치국 위원을 포함한 중국공산당 제18차 정치국 상무위원의 경우 15~17기에 비해 상하이방-태자당의 연대 세력은 증가한 반면, 공청단 계열은 리커창 한 사람이 자리를 유지했을 뿐이다. 단 정치국 위원의 경우는 공청단 출신이 상하이방-태자당 세력보다 우위를 점하고 있어 제19대에는 공청단 세력이 강화될 것으로 보인다. 하지만 과거의 정치파벌political faction 과는 달리 그 구성원이 상당히 중복되어 있어 그 응집력은 그다지 강하지 않을 것이다.

제6절
시진핑 정권 파워엘리트의 성분 요약

이 장에서 살펴보았던 제1기 시진핑 정권 권력엘리트의 주요 특징을 요약하면 아래와 같다. 첫째, 중국공산당 18기 파워엘리트의 일반적 성분의 특징은 세대 간의 이동이 크게 일어난 것이다. 즉 후진타오 중심의 제4세대에서 시진핑을 필두로 한 제5세대로 권력이 이동된 것이다. 연령층 구성도 제17와 마찬가지로 50대 중후반과 60대 초중반으로 구성된 것이 특징이다. 즉 1940년대 후반에서 1950년대 이후에 출생하여 개혁개방기에 청년시절을 보낸 자들이다. 이른바 전후 세대이며, 포스트 혁명 세대이다. 그래서 그들은 혁명에 대한 향수보다는 개혁개방에 대한 기억이 더욱 몸에 밴 연령대다.

둘째, 시진핑 정권 중국 권력엘리트의 교육 배경을 보면, 역대 최고 학력

---

87 Yongnian Zheng, op.cit., p.21; 丁望, 앞의 책(2003), pp.220-222.

자들로 구성되었고 전공의 경우도 테크노크라트가 줄어드는 반면 인문사회과학 계통, 특히 경제 및 관리학과 법학 부문의 전공자가 늘어났다. 특이한 것은 18기 권력엘리트들 대부분은 중고등학교를 졸업하고 바로 대학에 입학한 것이 아니고 지식청년으로 농촌이나 공장에 하방되어 수년간 노동 단련을 받다가 문화대혁명 후 대학이 다시 문을 열자 비로소 대학에 진학할 수 있었던 점이다. 그래서 전 세대와는 달리 적령기에 대학을 나오지 못했고, 재직 중에 대학이나 대학원을 나온 사람이 많다. 그리고 비록 학부에서 이공계열을 전공한 지도자들도 대학원에서는 사회과학을 전공한 경우가 많다. 대표적으로 시진핑은 지식청년으로 하방(7년간) 노동단련을 받은 후 칭화대학에 입학하여 화공학을 전공했지만, 재직 중 대학원에 적을 두고 정치학을 전공하였다. 이는 고속성장 연대에 능률적인 테크노크라트가 필요했다면, 이제 사회의 다양한 욕구 분출을 흡수하고 이에 대응하기 위해서는 인문사회계열의 엘리트가 요청되고 있음을 증명하는 것이다.

셋째, 시진핑 정권 권력 엘리트의 제도적 배경의 특징을 요약하면 다음과 같다. 먼저 제도권 진입이라 할 수 있는 중국공산당 입당 시기의 경우, 거의 대부분의 지도자들은 1970년대 이후 공산당에 입당하고 개혁개방 이후 비로소 공작을 시작했다. 다음, 제도적 경력의 경우, 중앙의 당·정 조직이나 군대 조직의 지도자들보다 지방 당·정 지도자들의 정치국 진입이 훨씬 많았다. 이는 지방 당·정의 지도경험이 없이는 중앙정계 진출이 불가능하며, 특히 연해 지역 지도자 경험이 중앙정계 진출의 지름길임을 보여주는 것이다. 그만큼 지방에 대한 정책을 중시하고 있음을 방증한다. 그리고 현역군의 중앙정치국 진입이 저조한 것은 문민화가 더욱 촉진되고 있음을 증명하는 것이다.

넷째, 제18기 시진핑 정권 권력 엘리트의 비제도적 배경의 특징을 보면, 권력의 축이 후진타오 총서기를 주축으로 하는 공청단 계열에서 시진핑 중심의 범상하이방—태자당 중심으로 이동된 것을 볼 수 있다. 범상하이방과 태자당은 장쩌민 전 주석과 쩡칭홍 전 부주석 계열이므로 제18차 공산당대회에서는 장쩌민 전 주석이 후진타오 주석을 압도하였다고 볼 수 있다. 정치국 상무위원회의 경우 위원 7명 중 순수 공청단 출신은 리커창 한 사람뿐이고 시진핑을 비롯한 그 외 6명은 범상하이방—태자당 계열이다. 범상하이방—태자당 출신은 대부분 개방 지구 지도자로 성장한 지도자들이기 때문에 그들은 분배보다는 성장지향정 정책 성향이 강하다. 따라서 향후 4, 5년간은 분배보다는 성장드라이브 정책을 더욱 강화할 것으로 보인다.

제5장

시진핑 정권
파워엘리트의 프로필

중국공산당 중앙정치국 상무위원(당 서열 순)

● 시진핑習近平

중국공산당 중앙위원회 총서기
중화인민공화국 주석
당 중앙군사위원회 주석
국가중앙군사위원회 주석

혁명원로의 자제로 상하이 당위 서기를 거침
칭화대 출신 법학(정치학 전공)박사

*본서 〈제2장〉 참조.

● 리커창李克强

국무원 총리 겸임
공청단계의 핵심
베이징대학 경제학 박사

리커창은 후진타오 계열 공청단의 대표주자다. 리커창의 본적은 안후이성
딩위안현定遠縣으로 후진타오 전 주석과는 동향이다. 그의 아버지 리펑산李鳳

三은 펑양현鳳陽縣 현장을 거쳐 안후이성 당위원회 통일전선부 처장을 지낸 중급 간부였다.

리커창은 1955년 아버지가 성 당위원회에 근무하던 시절 태어나 안후이성 수도인 허페이合肥에서 어린 시절을 보냈다. 고향에서는 신동 소리를 들을 만큼 총명했지만, 초등학교 4학년 때 문화대혁명이 일어나 제대로 교육을 받지 못했다.

1974년 19세에 고등학교(현 허페이 8중학)를 졸업하고, 지식청년으로 고향의 펑양현 인민공사 다먀오大廟공사에 배치되어 농업에 종사하였다. 당시에는 문화대혁명으로 인하여 대학 등 고등교육기관이 문을 닫았기 때문이다. 그곳에서 그는 아침 7시부터 밭일을 했는데 점심 휴식시간은 30분에 불과했다. 하지만 그는 낮에는 열심히 일하고, 밤에는 새벽까지 책을 읽으며 독학했다. 이러한 근면하고 성실한 태도로 그는 1년 만에 다먀오 공사 둥링東陵대대 우수지식청년에 뽑혀 1976년에 중국공산당 입당이 허락되었으며, 동시에 다먀오 당지부 부서기로 임명되었다. 이렇게 리커창은 5년간 하방생활을 했다.

1978년 문화대혁명이 종결되고 대학입시가 부활되자 23세의 나이로 베이징대학 법학과에 입학했다. 시진핑이 칭화대학에 입학할 때 추천으로 들어간 것과는 달리, 리커창은 필기시험을 거쳐 입학했다. 5년간 지식청년으로 하방생활을 했기 때문에 엄격한 사상기준 심사에도 무난히 통과했다. 거의 10년 동안 대학이 문을 닫았던 관계로 이 해 입시에는 무려 570만 명이 지원했다.

베이징대학에 입학한 리커창은 5년간 목말랐던 학업에 몰두하는 한편, 학생간부로 열심히 활동하였다. 대학에 입학하자마자 그는 법학과 공청단 지부 서기와 당 지부 위원에 임명되었다. 그리고 베이징대학 학생회 상무대표위원회 회장(주석)을 맡기도 했다. 1982년 졸업할 때 그는 27명의 우수 졸업생 중 한 명으로 뽑혔다.

졸업 후 그는 모교에 남아 동 공청단위원회 서기 겸 전국학생연합회 비서장으로 근무했다. 전국학생연합 비서장 근무 중, 공청단 중앙서기처 서기 후치리에 의해 공청단 중앙서기처 학교부 부장에 발탁되었다. 당시 후치리는 명문대학교 학생 지도간부 중에서 공청단 간부요원을 선발하고 있었는데, 이때 리커창이 기용된 것이다. 리커창의 나이 28세였으며, 이후 16년간 공청단 간부로 일했다. 당시 공청단 중앙서기처 제1서기는 후진타오였다. 이때부터 리커창은 후진타오와 연을 맺게 되었다. 그의 명석한 두뇌를 인정한 후진타오는 리커창을 1983년 공청단 중앙서기처 후보서기에 임명하고, 1988년 서기로 당선시키는 데 큰 힘이 되었다. 1992년 후진타오가 중앙정치국 상무위원에 진입한 후 리커창은 후진타오의 지원으로 1993년 공청단 중앙서기처 제1서기에 당선되었다. 이 기간 중 그는 베이징대학에서 경제학 석사 및 박사과정을 마쳤다. 이로써 리커창은 중국공산당 사상 첫 박사 출신 총리가 되었다.

1998년 허난성 당위 부서기에 발탁될 때까지 그는 16년간 공천단에서만 근무했다. 1999년 허난성 성장을 거쳐 2002년 허난성 당위 서기로 승진함으로써 지방지도자로서의 경험을 쌓아갔다. 허난성 성장에 임명될 당시 불과 45세로 전국 최연소 성장 및 최초의 박사학위 소지자 성장이었다. 이후 2004년 12월 랴오닝성 당위 서기로 자리를 옮긴 후 2007년 10월 중앙정치 무대에 진입하였고 2008년 3월 국무원 상무부총리에 선임되었다. 국무원 상무부총리는 수석 부총리로 재정부와 국가발전개혁위원회를 관장하면서 중국의 경제발전계획을 입안하고 식품안전 및 위생분야도 담당하는 자리다. 따라서 경제학박사인 리커창의 전공을 잘 살릴 수 있는 자리인 것이다 .

그의 허난성 성장 파견은 정치지도자로서의 중대한 전기가 되었다. 그는 허난성 성장 재임(1999~2003) 중 전국 21위였던 허난성의 GDP를 18위로 끌어올렸다. 허난성 서기로 승진한 이후에도 그는 부유한 동부 지역의 자본을 끌어들여 서부 지역으로 진출한다는 '동인서진東引西進' 정책을 강력히 추진하여 중부 지역인 허난성의 공업화와 도시화 및 농업현대화를 강조하면서 중원 지역의 여러 도시를 하나로 묶는 경제부흥벨트를 구축하는 데 총력을 기울였다. 또 인재 확보를 강조하면서 2004년 초반 허난성에서 380명의 박사 및 1,820명의 석사급 인재를 영입하여 공무원의 전문화를 추진하였다. 하지만 성장 시절에 에이즈 확산, 대형 탄광사고, 나이트클럽 화재 등으로 곤혹을 치르기도 했다.

리커창은 후진타오의 측면 지원으로 어려운 고비를 무난히 넘기고 랴오닝성 당위 서기로 자리를 옮겼다. 그의 랴오닝성 당위 서기 전임은 공업대성大省이지만 경제가 낙후된 랴오닝성을 발전시켜 후진타오와 원자바오가 추진하는 동북진흥 전략에 기여하라는 임무를 띤 것으로 해석되었다. 동북진흥 및 국유기업 개혁이라는 두 과제를 안고 랴오닝성으로 옮겨온 그는 뚜렷한 성과가 없다는 비판을 받기도 했으나, 2007년 들어 랴오닝성의 경제성장률을 13년 만에 최고치로 끌어올리며 그간의 비판을 무색케 했다. 특히 랴오닝성의 숙원 과제였던 주택난을 해결하기 위해 중앙정부의 지원을 받아 주택 120만 호를 공급함으로써 랴오닝성 주민들로부터 절대적인 지지를 받았다. 그의 업적이 관영 언론에 대대적으로 보도되면서 그것에 힘입어 그는 2007년 가을 제17차 당 대회 전까지만 해도 제5세대의 유력한 후계자로 급부상했다.

하지만 리커창은 장쩌민 전 국가주석이 개입하면서 시진핑 당시 상하이 당위 서기에게 밀리고 말았다. 리커창은 중앙정치국 위원을 거치지 않고 중앙위원에서 2단계나 뛰어 올라 중앙정치국 상무위원에 당선되고 국무원 상무부총리를 겸임하게는 됐지만 당 서열 7위가 되었다. 반면 시진핑은 국가부주석을 겸임하고 중앙서기처 상무서기, 중앙당교 교장, 중앙군사위원회 부주석을 맡으면서 당 서열 6위가 되었고 리커창보다 한 걸음 앞서 포스트 후진타오 시대의 후계자 수업을 받는 기회를 얻었다. 리커창은 시진핑보다 1순위 뒤로 밀려났다. 그것은 단순한 1순위의 후퇴가 아니라 2012년 제18차 당 대회에 누가 후진타오의 후계자가 되느냐를 결정지은 중대 고비였다. 결국 리커창은 제18차 당 대회에서 시진핑에 밀려 2인자인 국무원 총리에 머물고 말았다.

리커창 총리는 '리틀 후진타오'라는 별명에 걸맞게 후진타오 주석과의 각별한 인연이 그의 출셋길을 앞당겼음과 동시에 걸림돌이 되었다. 장쩌민과 쩡칭훙 중심의 상하이방-태자당 연대세력이 후진타오가 이끄는 공청단 계열에 대해 강하게 견제함으로써 결국 리커창을 2인자로 머물게 하였기 때문이다.

어찌 되었던 그는 공청단에서 잔뼈가 굵었고, 공청단을 기반으로 성장 가도를 걸은 인물이다. 그는 공청단 경력만 16년으로 공청단 내부의 튼튼한 기반과 넓은 인맥을 유지하고 있다. 물론 일류대학 출신 박사학위 소지자로서 〈중국경제의 3대 구조〉라는 논문을 발표하여 '쑨예팡孫冶方 경제과학상'을 수상하기도 하는 등 그의 능력 또한 두말할 나위 없이 출중하다. 리커창의 박사과정 지도교수는 저명한 경제학자인 리이닝勵以寧 교수였다.

리커창은 인간적으로 두 가지 특성을 갖추고 있다. 첫째, 절대 화를 내지 않고 몸가짐을 흐트러뜨리지 않는다. 이 부분은 후진타오와 비슷한 유형이다. 다른 하나는 남과 시비를 가리지 않고 뒤에서 남을 비난하지 않는다. 이처럼 리커창은 '적조차도 친구로 만드는(화적위우化敵爲友)' 친화력이 두드러진 장점을 갖추고 있어 지도자로서 손색이 없는 인물이다.

포스트 후진타오 시대의 가장 강력한 경쟁자였던 시진핑과 비교해보면, 첫째, 시진핑이 고위 간부의 자제인 태자당 출신인데 비해 리커창은 평민가정 출신이다. 시진핑은 대학 졸업과 동시에 고위간부 자녀로서의 배경을 업고 평민 자녀로서는 감히 엄두도 낼 수 없는 중앙군사위원회 판공청 비서로 첫발을 내디뎌 개방지역 간부로 성장하였지만, 리커창은 대학 재학 때부터 자력으로 베이징대학학생회 회장과 공청단 베이징대학 서기를 거쳐 공청단 중앙서기처 제1서기를 역임하였다.

둘째, 시진핑은 중국 양대 대학 중 하나인 칭화대학 법학박사 출신인 반면, 리커창은 베이징대학 경제학박사 출신이다. 시진핑은 베이징으로부터 멀리 떨어진 푸젠성의 당위 부서기 겸 성장 재직 시 베이징에 있는 칭화대학에 무시험으로 입학하여 출석도 하지 않고 논문만으로 박사학위를 받았다. 하지만 리커창은 베이징의 공청단 중앙서기처 제1서기 재직 중 베이징대학에서 경제학 박사학위를 받았다. 또 시진핑은 학부에서는 화공학을 전공하고 대학원에서 법학박사(정치학전공) 학위를 받은 반면, 리커창은 학부에서도 사회과학 계통인 법학을 전공하고 대학원에서는 경제학 박사학위를 받았다.

셋째, 시진핑이 중국의 간부라면 누구나 부임을 희망하는 경제개방 지역인 연해 지역 근무로 잔뼈가 굵었다면, 리커창은 비교적 낙후된 허난성과 랴오닝성에서 정치적으로 성장했다. 그리고 계파적으로 시진핑은 전 부총리 시중쉰의 아들(태자당)로 저장성 및 상하이 당위 서기를 역임하는 등 상하이방과 가까운 인맥을 유지했다면, 리커창은 공청단 출신이며 후진타오와는 동향으로 친 후진타오 계열의 공청단계 인물이다. 따라서 정책성향도 시진핑이 개방지구 출신답게 성장드라이브 정책에 관심이 크다면, 리커창은 빈곤 지역 당위 서기 출신답게 분배정책에 역점을 두는 경향을 보이고 있다.

넷째, 시진핑의 처 펑리위안은 현역 인민해방군 소장이며 국민가수로 13억 중국인의 인기를 한 몸에 받고 있는 연예인 출신이라면, 리커창의 처 청훙程虹은 대학교수로 중국 제1의 영문학자다. 두 사람의 가정은 같은 점도 있다. 시진핑과 리커창의 외동딸은 모두 중국에서 학부를 마치고 미국에 유학 중이다.

외모로 볼 때도 두 사람은 차이가 있다. 시진핑 국가주석은 최고 지도자답게 느리고 묵직한 느낌을 주는 반면, 리커창 총리는 밝고 민활한 움직임에 지혜가 넘치는 스타일이다.

후진타오가 국가주석이던 시절 중국사회과학원의 어느 교수에게 필자는 "2012년 시진핑과 리커창 두 사람 가운데 누가 중국의 최고 지도자가 되겠느냐"고 물었다. 이에 그 교수는 "앞으로 5년 동안 실수를 가장 덜 저지르는 사람이 되지 않겠느냐"는 아리송한 답변을 했다. 어쩌면 그 아리송한 답변이 중국의 현실정치에서는 가장 정답일지도 모른다. 덩샤오핑 이후 실수를 가장 덜 저지르고 어정쩡하게 처신했던 장쩌민은 장수하는 지도자가 되었지만, 개혁의지가 강하고 과단성이 넘치던 후야오방이나 자오쯔양은 중도에 하차하고 말았던 역사적 사실이 이를 입증한다.

리커창이 전인대의 총리 선출에서 얻은 득표율은 유효표 2,949표 가운데 2,940표로 99.7%를 기록했다. 반대는 3표, 기권은 6표가 나왔다. 전임자인 원자바오가 2003년 초임 총리로 등극할 때 기록한 99.3%보다도 높았다. 그만큼 리커창에 대한 국민적 기대가 큰 것으로 보인다.

리커창의 처 청훙程虹은 번역가 겸 교수로, 미국 자연주의문학 연구의 1인자다. 그녀는 1977년 대학입시제도가 부활되자 뤄양洛陽외국어대학에 입학하여 영문학을 전공했다. 뤄양외국어대학은 인민해방군이 외국어와 정보 인재를 배양하기 위해 설립한 학교다. 하지만 청훙은 군대나 정보 계통에 종사하지 않았다. 청훙은 이후 칭화대학에서 석사학위를 받고, 중국사회과학원에서 문학박사학위를 취득했다. 그리고 미국 브라운대학 객원교수를 거쳐, 현재 수도경무經貿대학 외국어학부 교수로 재직 중이다. 그녀의 아버지 청진루이程金瑞는 건국 초기 공청단의 주요 간부로 활약한 경력이 있다.

리커창은 베이징대학 공청단 서기 시절 청훙을 만나 결혼했다. 리커창은 본래 영어의 기초가 튼튼했지만 영문학도인 청훙과 결혼한 후 더욱 영어실력이 발전한 것으로 전한다. 리커창의 영어 실력은 통역 없이도 의사소통이 가능한 수준이다. 슬하에는 1녀가 있으며, 딸은 베이징대학을 졸업하고 현재 미국 유학 중이다.

약력

1974~1976 안후이성 펑양현 다먀오공사 둥링대대 지식청년으로 농업에 종사

1976~1978 위 대대 당지부 서기

1978~1982 베이징대학 법학과 졸업, 베이징대 학생회장

1982~1983 공청단 베이징대학위원회 서기

1983~1985 공청단 중앙학교부 부장, 전국학생연합 비서장, 공청단 중앙비서처 후보서기

1985~1993 공청단 중앙서기처 서기 겸 전국청년연합 주석(1991. 9~11 중앙당교 학습)

1993~1998 공청단 중앙서기처 제1서기 겸 중국청년정치학원 원장(1988~1994 베이징대학 경제학원 대학원에서 경제학박사 취득), 중앙위원(1997~)

1998~1999 허난성 당위 부서기, 성장대리

1999~2002 허난성 당위 부서기, 성장

2002~2003 허난성 당위 서기, 성장

2003~2004 허난성 당위 서기, 동 인민대표대회 상무위원회 주임

2004~2005 랴오닝성 당위 서기

2005~2007 랴오닝성 당위 서기, 동 인민대표대회 상무위원회 주임

2007~2012 중앙정치국 상무위원, 중앙서기처 상무서기

2012~ 　　중앙정치국 상무위원, 국무원 부총리(2013~)

● **장더장**張德江

전국인민대표대회 상무위원회 위원장 겸임
태자당-장쩌민 계열, 김일성대학 유학파

장더장(1946~)은 랴오닝성 타이안臺安 출신으로, 부친 장즈이는 지난군구 포병부사령관을 지낸 제1세대 군 고위 장성이었다. 문화대혁명 기간에는 홍위병으로 활동했으며, 1968년 지식청년으로 지린성 왕칭汪淸 뤄쯔거우羅子溝공사에 배치되어 노동에 종사했다. 1971년 공산당에 입당하고, 1972년까지 지린성 왕칭현 혁명위원회 선전조 간사 및 공청단 지부 서기를 거치면서 우수 간부로 선발되어 농공병 출신 추천 케이스로 옌볜延邊대학에 진학했다.

1972년에서 1975년 옌볜대학 조선어과에서 조선어를 전공한 후, 1978년에서 1980년까지 김일성대학 경제학부에 유학했다. 1980년 귀국 후 1983년까지 옌볜대학 당 상무위원 및 부총장직을 역임했다. 그후 1983년에서 1990년 지린성 옌볜주 옌지延吉시 부서기, 옌볜주 상무위원·동 부서기 및 민정부 부부장 등 주로 소수민족(조선족) 관련 업무에만 종사했다. 그러나 장쩌민이 집권한 이후 지린성 부서기에 발탁되고 동 서기를 거쳐 경제 대성大省인 저장성 서기, 광둥성 서기 등을 역임하는 등 출세가도를 걸었다. 그리고 2002년 제16기 중앙정치국 위원에 발탁되었다.

제16기 중앙정치국 위원 가운데 지식청년으로 농촌에 하방된 인사는 장더장 한 사람뿐이었다. 현 18기 지도부의 대다수는 중학 또는 고등학교 졸업 후 지식청년으로 노동에 종사한 인사가 많지만 16기에는 장더장 이외는 없었다.

2007년 제17기 중앙정치국 위원에 유임된 후 광둥성 당위 서기는 후진타오 계열 공청단 출신인 왕양에게 넘겨주고, 2008년 봄, 국무원의 에너지와 운수부 등을 관장하는 산업담당 부총리가 되었다.

2012년 봄 보시라이 전 충칭 시 당위 서기가 비리에 연루되어 퇴출되자, 당 중앙은 장더장을 충칭시 서기로 급파하여 보시라이 사건을 마무리하고 충칭시의 혼란된 정국을 바로잡도록 하였다. 2011년 여름, 이른바 '7·23 고속철도' 사건(저장성 원저우溫州에서 발생한 고속철도 추돌사건)으로 운수 관련 행정의 최고 책임자(에너지와 운수 담당 부총리)였던 장더장은 위기에 처했었다. 40명이 사망하고 172명이 부상당했으며, 32시간 35분간 열차운행이 중단된 데다가, 중국 고속철도에 대한 전 중국인민의 불신과 중국 철도기술에 대한 세계인의 회의를 불러일으켜 중국정부를 곤혹스럽게 한 사건이었다. 그래서 한때 다음 해(2012년) 가을에 열리는 제18차 당 대회에서 장더장은 실각할 것이라는 일부 외신의 예측기사도 있었다. 하지만 의외의 사건인 보시라이 스캔들이 터지면서 장더장은 위기를 모면하는 기회를 만난 것이다.

장더장은 2013년 6월 중순 충칭시 제4차 당 대표대회에서 직권남용과 부정부패 등 위법행위를 강력히 척결할 것을 천명하고, 충칭시의 민심을 안정시키는 데 최선을 다하면서 보시라이 일당의 위법행위를 적발하고 척결하는 성과를 올리기도 했다. 하지만 태자당(보시라이는 장쩌민-쩡칭훙 계열의 태자당)의 막후 압력도 적지 않았다. 결국 어정쩡하게 마무리하면서 후진타오 총서기와 원자바오 총리에게는 만족스러운 결과를 안겨주지 못했다.

그러나 그는 장쩌민 계열 범상하이방 및 태자당의 지원으로 2012년 11월 대망의 정치국 상무위원에 선출되고, 2013년 전국인민대표대회 상무위원장에 당선됨으로써 당 서열 3위로 중국 최고 지도층의 한 사람이 되었다. 전임 전인대 상무위원장 우방궈 역시 공업 담당 부총리에서 승진하였다.

장더장은 잠시 공청단에 몸담기는 했지만, 장쩌민 집권 후에 주요 성의 지도자 및 정치국 위원으로 승진을 거듭한 것으로 미루어 보아 장쩌민과 두터운 관계가 있었던 것으로 보인다. 실제로 장쩌민의 신임을 받고 있는 것으로 알려져 있다.

특히 광둥성은 중앙정부로부터의 독립 성향이 강해 장쩌민 집권 이래 측근을 파견해 직접 다스렸던 지역인 점을 감안한다면 더욱 그렇다. 그의 전임 광둥성 서기인 리창춘(전 정치국 상무위원) 역시 장쩌민이 광둥성 장악을 위해 파견했던 사람이다. 장쩌민의 광둥성 서기 임명은 광둥성 장악과 함께 황화화黃華華 성장 이후 성 중간 간부들이 후진타오 계열의 공청단 출신으로 구성된 것과 관련하여 상호 협조 및 견제의 의미가 있는 것으로 해석되기도 했다.

장더장과 장쩌민의 관계는 20여년 전으로 거슬러 올라간다. 장쩌민은 집권 후 북한을 방문하고 돌아 온 후인 1990년 10월에 민정부 부부장이던 장더장을 지린성 부서기 겸 옌볜조선족자치주 서기로 임명했다. 장더장이 베이징을 떠나 지린성에 부임하기 직전 장쩌민은 장더장을 불러 옌볜을 소수민족의 '모범 자치주'로 만들 것을 당부했고, 3개월 후 장쩌민은 직접 옌볜을 시찰했다. 그리고 1992년 제14기 중앙후보위원에 발탁하였다. 이때부터 장더장은 출세가도를 걷기 시작했다. 49세에 지린성 당위 서기가 되었고, 51세에 당 중앙위원에 선출되었으며, 56세에 중앙정치국에 진입했다. 그후 경제 대성인 저장과 지린성의 당위 서기를 역임하였다.

장더장은 현 중앙정치국 위원들 중 유일하게 정규과정 외국 유학(김일성대학 경제학부 2년 수학)을 하였으며, 한국어를 구사할 수 있는 사람이다.

장더장의 처는 현 중국건설은행 부은행장 겸 동 기율검사위원회 서기를 역임한 신수썬辛樹森이다. 그는 1949년 산둥성 하이양海陽 출신으로 동북재경대학에서 투자경제를 전공하고 경제학석사 학위를 받은 고급경제사이며 중국건설은행에서 간부로 성장한 금융경제통이다.

장더장은 2017년이면 71세가 되므로 연령 규정상 차기에는 퇴임이 확실시 된다.

약력

1968~1970 지린성 왕칭현 뤄쯔거우인민공사 타이핑太平대대 지식청년

1970~1972 지린성 왕칭현혁명위원회 선전조 간사, 공청단 동 기관지부 서기

1972~1975 옌볜대학 조선어과 조선어 전공

1975~1978 옌볜대학 조선어과 당 총지부 부서기, 동 당위원회 상무위원, 동 혁명
위원회 부주임

1978~1980 북한 김일성종합대학 경제학과 유학, 동 유학생 당지부 서기

1980~1983 옌볜대학 당위 상무위원, 부총장

1983~1985 지린성 옌지 시 당위 부서기, 옌볜주 당위 상무위원 겸 옌지시 당위
부서기

1985~1986 지린성 옌볜주 당위 부서기

1986~1990 국무원 민정부 부부장(차관), 동 당조 부서기

1990~1995 지린성 당위 부서기 겸 옌볜주 당위 서기, 중앙후보위원(1992~1997)

1995~1998 지린성 당위 서기, 동 인민대표대회 상무위원회 주임, 중앙위원
(1997~)

1998~2002 저장성 당위 서기

2002~2007 중앙정치국위원, 광둥성 당위 서기

2007~2012 중앙정치국위원, 국무원 부총리(2008~), 충칭시 당위 서기(2012.
4~11)

2012~ 중앙정치국 상무위원, 전국인민대표대회 상무위원회 위원장(2013~)

● 위정성俞正聲

중국인민정치협상회의 전국위원회 주석 겸임
진골 태자당-범상하이방 출신

위정성은 1945년 저장성 사오싱紹興 출신으로, 어린 시절 교육은 공산당 고급간부 자녀들이 다니는 베이징 소재 8·1 소학교와 제4중학(고등학교)에서 받았다. 대학도 당시 공산당 고급간부의 자녀들이 주로 입학하는 하얼빈군사공정대학 유도탄공정과를 졸업했다. 8·1 소학교는 인민해방군 건군절인 8월 1일을 기념하기 위해 설립한 학교로, 전 국가 부주석 쩡칭홍과 현 국가주석 시진핑 등과 같은 고급 간부의 자제들이 다녔던 학교다.

그는 여타 18기 중앙정치국 상무위원들과는 달리 지식청년으로 하방된 경험 없이 바로 대학에 들어갔다. 나이가 약간 많았던 관계로 그가 고등학교를 졸업했을 때에는 대학의 문이 열려있었기 때문이다. 그는 2012년 제18차 당 대회 당시 67세로 정치국 상무위원 중 최고령자다.

그의 집안은 저장성 사오싱의 명문가였다. 그의 증조부 위밍전俞明震은 청말 대표적인 교육자로 루쉰魯迅의 스승이었다. 『루쉰일기』에 엄격한 스승으로 등장하는 인물이 바로 위정성의 증조부다. 그리고 위정성의 종조부인 위다웨이俞大維는 난징의 국민당 정부에 합류하여 교통부장(장관)을 지내다가 장제스가 타이완으로 천도하자 타이완으로 가서 10여 년간 국방부장을 지낸 인물이다. 위정성의 어머니 판진 역시 사오싱의 명문가 출신이다.

그의 부친 황징(본명, 위치웨이)은 초대 톈진시장과 제1기계공업부장을 역임했고, 모친 판진은 「베이징일보」 창간 주역으로 문화대혁명 초기 베이징 부시장을 지냈다. 그리고 위정성의 장인은 중국군의 과학화와 현대화에 진력한 전 국방과학기술위원회 과학기술위원회 주임(대군구 사령관급)을 지낸 장전환이다. 따라서 위정성은 진골 태자당이다. 위정성은 대학재학 중인 1964년 공산당에 입당했다.

부친 황징은 마오쩌둥의 네 번째 부인 장칭의 전 남편이다. 황징은 1929년 칭다오대학에 입학했으나, 1930년 공산당 입당 후 베이징대학 수학과로 전학하여 혁명에 참가하면서 류사오치의 지도로 백구白區(중국 혁명전쟁 당시 국민당 통치하의 지구)에서 활약했다. 그는 베이징대학 재학시절에 칭화대학 운동권 지도자였던 야오이린(전 중앙정치국 상무위원, 현 중앙정치국 상무위원 겸 기율검사위원회 서기인 왕치산의 장인), 쑹핑(전 중앙정치국 상무위원 겸 조직부장으로 후진타오 주석의 실질적인 후원자) 등과 함께 베이징의 학생운동을 주도했다.

중화인민공화국 건국 후 황징은 톈진시 당위 서기 겸 시장을 거쳐 국무원 제1기계공업부장을 역임했다. 당시 제1기계공업부 부부장은 훗날 장쩌민을 상하이 시장으로 발탁한 왕다오한汪道涵(전 상하이 시장이며 상하이방의 대부)이었다. 당시 장쩌민은 제1기계공업부 산하 상하이 제2기계설계국 과장으로 일하고 있었다.

장인인 장전환은 국공내전 및 중일전쟁 시기 팔로군과 산둥야전군 간부 출신으로 중국의 원자탄 및 수소폭탄, 장거리 핵탄도탄 시험, 그리고 인공위성 '은하 1호' 발사 등 주요 군사프로젝트의 일선 지휘를 맡았던 사람이다. 1961년 소장에 진급하고, 문화대혁명 때는 자신의 상급자인 장아이핑 장군에게 린뱌오의 죄상을 폭로하여 간첩의 누명을 쓰고 투옥되기도 했다. 1975년 장아이핑 장군이 국방과학기술위원회 주임(장관급)이 되자 장전환은 과학기술위원회 주임으로 발탁되었다. 첸쉐썬錢學森(세계적으로 저명한 우주공학자), 장전환, 우사오쭈(전 국방과학기술위원회 정치위원) 이 세 사람을 중국에서는 중국의 국방과학을 이끈 가장 위대한 지도자로 평가하고 있다.

이러한 위정성의 가족 배경, 특히 부친과 장칭의 관계로 인해 그의 가족은 문화대혁명 시기에 가장 혹독한 박해를 받은 간부 가족 중 하나였다. 모친 판진은 반당 반사회주의 분자로 몰려 감옥에 들어갔고, 당시 19세였던 여동생은 정신착란으로 자살했다. 문화대혁명 시기 한해에만 위정성의 직계와 방계 가족 중에서 9명이 사망했다.

위정성은 대학 졸업 후 1968년 허베이성 장자커우張家口의 무선전기공장에 배치되어 기술원 및 책임자로 일했다. 1975년 제4기계공업부(1982년 전자공업부로 조정)로 옮겨 전자기술확산응용연구소 엔지니어·부소장, 전자공업부 처장·부국장 등으로 근무했다. 당시 전자공업부장은 장쩌민이었다.

또 위정정은 1984년부터 1년여 동안은 중국장애인 복리기금을 운영하는 캉화康華공사에서 국장 및 이사장으로 일했다. 캉화공사는 덩샤오핑의 장남 덩푸팡이 관여하는 조직이었으며, 덩푸팡은 위정성의 형 위민성俞敏聲의 초등학교 동창이었다. 하지만 1985년 그의 형이며 국가안전부 처장이던 위창성이 미국으로 망명하여 CIA에 중국의 특급기밀서류를 넘겨주는 사건이 발생하면서 그로 인하여 위정성은 1985년 산둥성 옌타이煙臺시 부서기로 좌천되었다. 하지만 그는 1997년까지 옌타이 시장, 그리고 칭다오시의 부서기·부시장·시장·서기 등을 거치면서 열심히 지방행정의 경험을 쌓았다. 칭다오 재직 시에는 한국기업의 유치를 위해 간부들에게 한국어를 배울 것을 독려했다고 한다.

이렇게 하여 위정정은 다른 태자당 출신과 마찬가지로 경력관리에 도움이 될 수 있는 연해 지역의 당·정 지도 경험을 본의 아니게 연마하게 되었다. 그리고 1992년 칭다오 시서기 재직 중 당 중앙위원회 후보위원에 선임되었다.

1997년 주룽지가 총리로 선임되자, 위정성은 능력을 인정받아 중앙정부의 건설부 부부장에 발탁되었다. 그리고 건설부장을 거쳐 2001년 후베이성 서기로 발탁되었다. 그럼으로써 지방 당위 서기 및 성장으로 근무하는 태자당 출신 지방지도자 중 중앙정치국에 진입한 선두주자가 되었다. 당시 그의 나이 56세였다. 이는, 그가 태자당 출신, 고학력자 테크노크라트로 기층근무 경험이 풍부한 이른바 간부 4화(연소화, 지식화, 과기화, 혁명화) 정책에 적합한 인물이었기 때문에 가능했다.

2007년 제17차 당 대회 목전에는 중앙정치국 상무위원 승진설이 나돌았지만 무산되고 중앙정치국 위원에는 유임되었다. 그리고 후베이성 당위 서기에서 중국 최대의 도시이며 중국경제의 심장인 상하이 시 당위 서기로 영전했다. 상하이 시 당위 서기 발탁은 상하이방(장쩌민과 쩡칭훙 계열)의 허락 없이는 불가능했을 것이다. 물론 당 총서기 후진타오의 묵계 없이도 불가능한 일이다.

위정정은 2012년 11월 제18차 당 대회에서 정치국 상무위원에 선출되고, 전국정협 주석직을 맡게 되었다. 본래 후진타오의 측근으로 공청단 계열이며 전 중앙조직부장인 리위안차오가 강력한 상무위원 후보였지만, 장쩌민이 미는 태자당-상하이방 연합세력에 의해 대망의 최고 지도층에 진입하게 된 것이다. 물론 덩샤오핑의 가족들도 적극적으로 지지하였다는 후문도 있다. 고급간부의 자제라는 점과 상하이 당위 서기 출신이라는 점에서 시진핑과는 통하는 사이라고 보겠다. 무엇보다도 그의 풍부한 경험과 탄탄한 배경, 그리고 그의 다양한 인간관계가 오늘을 있게 한 것이다. 전국정협 주석으로서 그의 주요 직무 가운데 하나인 대對 타이완관계 정책이 주목된다.

위정성의 부인은 장전환의 딸 장즈카이張志凱다. 그녀는 위정성보다 한 살 위인 1944년 생으로 위정성의 대학 동기다. 위정성이 옌타이 시 재직 때 그녀는 옌타이 시 경제위원회 주임을 맡다가, 이후 무역회사 이사를 맡는 등 비즈니스 업무를 맡은 것으로 전해진다.

위정성은 2017년이면 72세로, 연령 규정상 차기에는 퇴임이 확실시 된다.

1963~1968 하얼빈군사공정대 유도탄공정학과 탄도식 유도탄자동통제 전공

1968~1971 허베이성 장자커우 무선전기 제6공장 기술원

1971~1975 허베이성 장자커우 시 차오시橋西무선전기공장 기술원, 책임자

1975~1981 국무원 제4기계공업부 전자기술보급응용연구소 기술원, 엔지니어(공
정사)

1981~1982 국무원 제4기계공업부 전자기술보급응용연구소 엔지니어 부팀장(부
총공정사)

1982~1984 국무원 제4기계공업부 전자기술보급응용연구소 부소장, 전자공업부
계산기공업관리국 시스템2처장 겸 마이크로기계微型機관리부 주임, 전
자공업부 계획사 사장司長

1984~1985 중국장애인복리기금회 책임자, 부이사장(1985. 1~3 캉화실업공사 사
장대리)

1985~1987 산둥성 옌타이 시 당위 부서기

1987~1989 산둥성 옌타이 시 당위 부서기, 시장

1989~1992 산둥성 칭다오 시 당위 부서기, 부시장, 시장

1992~1994 산둥성 당위 상무위원, 칭다오 시 당위 서기 · 시장, 중앙후보위원
(1992~1997)

1994~1997 산둥성 당위 상무위원, 칭다오 시 당위 서기

1997~1998 국무원 건설부 당조 서기 · 부부장(차관), 중앙위원(1997~)

1998~2001 건설부장, 동 당조 서기

2001~2002 후베이성 당위 서기

2002~2003 중앙정치국위원, 후베이성 당위 서기, 동 인민대표대회 상무위원회
주임

2003~2007 중앙정치국위원, 후베이성 당위 서기

2007~2012 중앙정치국위원, 상하이 시 당위 서기

2012~ 중앙정치국 상무위원, 중국인민정치협상회 제12기 전국위원회 주석 (2013~)

● **류윈산**劉雲山

중앙서기처 상무서기 겸임
공청단 네이멍구자치구 부서기 출신
장쩌민계 선전 전문엘리트

류윈산은 1947년 산시山西성 신저우欣州 출신이다. 1968년 네이멍구 몽고족 자치구 지닝集寧사범학교를 졸업했다. 잠시 교편을 잡았지만, 1969년 네이멍구자치구 투머터요기土黙特右旗 당위 선전부 간사에 임명됨으로써 당의 선전업무에 발을 들여 놓게 되었다. 1971년 공산당에 입당하고 재직 중 중앙당교 학습을 통해 대학 정도의 학력을 인정받았다.

1975년에서 1982년 신화사통신 네이멍구 지사의 기자 생활을 거쳐, 1982년부터 1984년까지 공청단 네이멍구자치구위원회 부서기로 재직하면서 공청단과 인연을 맺었다. 류윈산은 당시 실질적으로 공청단 중앙과의 연락업무를 담당하였고, 당시 공청단 중앙서기처 제1서기 왕자오궈와 공청단 중앙서기처 서기 후진타오, 그리고 류옌둥 등 공청단 실세들과 연결되어 있었다. 동 기간 청년간부 케이스로 제12기 당 중앙후보위원에 발탁되었다.

중앙후보위원 발탁 당시 그의 나이는 38세로 최연소였다. 훗날 류원산의 전임 중앙선전부장을 지낸 딩관건도 그때 중앙후보위원에 진입했는데, 류원산보다 18세 위였다. 후진타오 전 주석 역시 류원산과 함께 중앙후보위원에 발탁되었으며, 그의 나이는 류원산보다 두 살 위였다.

1984년 이후 류원산은 중앙후보위원의 신분으로 네이멍구자치구 선전부 부부장, 동 부장, 동 자치구 당위 서기 비서장, 부서기 등으로 성장하였다. 그의 네이멍구에서의 성장은 전 신화사통신사 사장이며 현 중국 기자협회 및 신문인협회 회장인 톈충밍田聰明의 도움이 컸던 것으로 알려지고 있다. 톈충밍은 같은 산시성 출신으로 당시 신화사통신 네이멍구 지사에서 기자로 함께 일했으며, 그가 네이멍구 당위 서기의 비서 겸 정책연구실 부주임으로 승진하면서 류원산을 네이멍구 당위 서기인 저우후이周惠에게 추천했던 것이다. 그래서 류원산은 네이멍구자치구 선전부 부부장에 기용되었고, 그것이 그가 네이멍구에서 고속 승진을 하는 계기가 된 것이다.

1992년 당 중앙위원에 선출된 후 장쩌민이 본격적으로 권력을 장악하던 시기인 1993년에 류원산은 당 중앙선전부 부부장에 발탁되어 중앙에 진입했다. 당시 중앙선전부장은 장쩌민의 상하이교통대학 후배인 딩관건이었다. 그는 딩관건 밑에서 미디어를 장악하는 임무를 맡았다. 2002년 제16차 당 대회에서 그는 중앙정치국 위원에 발탁되었고, 딩관건에 이어 당 중앙선전부장 겸 중앙서기처 서기를 겸직하게 되었다. 이후 그는 6년간 중앙선전부장직을 맡았다.

중국공산당 중앙선전부는 중국의 미디어를 장악·통제하고 있는 부서로 여론의 파악과 조장이 주요업무인데, 역대 선전부장은 최고위층의 심복이 맡았다. 중앙선전부는 중앙조직부와 함께 당 중앙의 양대 핵심부서이기 때문이다.

당 총서기 장쩌민은 자신의 임기만료 직전인 2002년 10월, 중앙선전부 상무 부부장 류윈산과 충칭시 서기 허궈창을 각각 중앙선전부장과 조직부장에 발탁했다. 두 사람에 대한 인사를 후진타오 총서기가 정권을 승계하는 시점(2002년 11월 제16차 당 대회)의 바로 직전에 단행한 것은 극히 이례적인 일이었다. 이는 장쩌민이 자신의 심복을 권력의 핵심 부서에 심어두어 퇴진 이후에도 자신이 조직과 인사 및 미디어 업무를 장악하려는 의도로 해석될 수밖에 없었다. 일개 지방 주재 기자 출신이 전국의 언론매체를 장악하는 최고 사령탑이 된 것이다. 이후 그는 6년간 중앙선전부장직을 맡았다.

2012년 11월 제18차 당 대회에서 류윈산은 중앙정치국 상무위원에 당선되어 중앙서기처 상무서기와 중앙당교 교장을 겸직하게 되었다. 중앙서기처 상무주석은 사실 서기처의 제1서기로 당 중앙정치국의 운영을 실질적으로 책임지는 자리다. 중앙당교 역시 당·정·군의 고위간부를 교육하는 곳으로 고급 간부 관리의 핵심 기관이다. 제17기에는 이 두 직책 모두 현 국가주석 시진핑이 맡았었다.

류윈산은 우여곡절 끝에 중앙정치국 상무위원이 되었다. 제18차 당 대회 직전까지만 해도 그의 이름은 상무위원 후보에서 제외되었다. 가장 큰 이유는 그가 6년간 중앙선전부장직을 수행하는 과정에서 민심을 잃었기 때문이었다. 특히 2011년 7월 23일 저장성 원저우에서 대형 고속철도 추돌사건이 발생했을 때 「인민일보」, 「경제일보」, 「광명일보」, 「해방군보」 등 4대 관변매체에 대한 보도관제를 통해 인민의 알 권리를 막았던 것이 그에 대한 가장 큰 악재였다. 7월 24일 이 4대 매체는 1면 머리기사에 중앙군사위원회 상장 진급의식 기사를 싣고 철도사건을 게재하지 않았다. 중앙선전부는 24일 상오에 위 네 매체에 다음의 다섯 항을 지시했던 것으로 전한다. ① 사상자 수는 당국의 발표를 기준으로 할 것. ② 자주 보도하지 말 것. ③ 헌혈이나 택시기사가 택시비를 받지 않고 사상자를 돕는 것 등을 많이 보도할 것. ④ 사고원인을 깊게 파헤치지 말고 당국의 발표를 기준으로 삼을 것. ⑤ 사고에 대한 반성과 평가를 하지 말 것. 그래서 중국의 대다수 인민은 사고의 원인과 경위에 대해 정확히 알 수 없었고, 해외보도나 구전을 통해 어렴풋이 알 수 있었을 뿐이다.[88]

이밖에도 그는 지방의 1급 지도자(성급 당위 서기) 경력이 없었다. 제18기 중앙정치국 상무위원 선임에 있어서는 무엇보다도 중앙정치국 위원으로서 연령이 68세 미만이고, 성급 당위 서기 경력이 중요한 자격 요건이었다. 왜냐하면 류옌둥은 강력한 상무위원 후보였지만, 지방지도자 경력이 없어 탈락했기 때문이다. 류윈산 역시 네이멍구자치구 당위 부서기 경력만 있었을 뿐 서기 경력은 없었다.

이러한 불리한 조건에도 제18차 당 대회 전야에 강력한 라이벌이었던 리위안차오를 제치고 정치국 상무위원회에 진입하였다.

류윈산은 네이멍구에서 공청단 간부로 오랫동안 지냈기 때문에 일반적으로 후진타오(공청단 제1서기 출신) 계열로 알려져 있다. 하지만 그의 당 중앙(선전부 부부장) 진출은 장쩌민에 의해 이루어졌고, 그것을 발판으로 오늘에 이르렀기 때문에 오히려 장쩌민과 가깝다고 하겠다. 그래서 그는 장쩌민의 강력한 지지를 받은 것으로 회자된다. 그렇지 않았다면 후진타오계열 공청단 출신인 리위안차오를 물리치기가 어려웠을 것이기 때문이다. 공청단 출신인 후춘화 네이멍구자치구 서기(현 광둥성 서기 겸 중앙정치국 위원)를 상무위원으로 끌어올리려던 후진타오 주석의 시도가 좌절되면서 어부지리를 얻었다는 설도 있다.

그의 연령으로 보아 2017년 제19차 당 대회에서는 연령 초과로 연임이 불가능하며, 퇴진할 것이다.

---

88 夏飛·程恭羲, 앞의 책, pp.253-254.

1964~1968 네이멍구자치구 지닝사범학교 졸업

1968~1969 네이멍구자치구 투머터요기 바스把仆학교 교사, 쑤푸가이蘇卜盖인민공
　　　　　　　사 노동단련

1969~1975 네이멍구자치구 투머터요기 당위 선전부 간사

1975~1982 신화사통신 네이멍구분사 농목조 기자, 부조장(1981. 3~8, 중앙당교
　　　　　　　학습)

1982~1984 공청단 네이멍구자치구위원회 부서기, 중앙후보위원(1982~1992)

1984~1986 네이멍구자치구 당위 선전부 부부장

1986~1987 네이멍구자치구 당위 상무위원, 선전부장

1987~1991 네이멍구자치구 당위 상무위원, 비서장 겸 자치구직속기관노동위원회
　　　　　　　서기

1991~1992 네이멍구자치구 당위 상무위원, 츠펑赤峰시 당위 서기

1992~1993 네이멍구자치구 당위 부서기 겸 츠펑 시 당위 서기(1989~1992, 중앙
　　　　　　　당교 통신대학 당정관리반 학습), 중앙위원(1992~)

1993~1997 중앙선전부 부부장

1997~2002 중앙선전부 부부장(1997. 10 부장급으로 일함), 중앙정신문명건설지
　　　　　　　도위원회 판공실 주임

2002~2012 중앙정치국위원, 중앙서기처 서기, 중앙선전부장, 중앙정신문명건설지
　　　　　　　도위원회 판공청 주임

2012~ 　　 중앙정치국 상무위원, 중앙서기처 상무서기, 중앙당교 교장

● 왕치산 王岐山

중앙기율검사위원회 서기 겸임
태자당 출신, 금융전문가

왕치산의 본적은 산시山西성 톈전天鎭이지만 1948년 칭다오에서 태어나 베이징에서 성장했다. 당시 그의 부친이 베이징에 근무했기 때문이다. 왕치산의 부친은 칭화대학 토목공정건축학과를 졸업한 고급 인재로 졸업 후 건설부 설계원 고급엔지니어였다.

왕치산은 베이징의 35중학을 나온 후 문화대혁명 중 지식청년으로 대장정 종착지였던 산시성 옌안에 하방되어 펑좡馬莊인민공사에서 일했다. 이즈음 하방된 지식청년은 2만 6,000여 명에 달했다. 당시 왕치산은 21세였다. 현 국가주석 시진핑도 당시 산시陝西성 옌안 부근 옌촨에 하방되었는데, 왕치산이 하방된 곳과 불과 60여 리 떨어진 곳이었다. 그곳에서 왕치산은 역시 베이징에서 하방되어 온 여성 지식청년을 만난다. 그녀는 중앙정치국 상무위원과 국무원 부총리를 지낸 원로 정치인 야오이린의 딸 야오밍산姚明珊이었다.

1971년 하방에서 풀려난 왕치산은 산시성 성립省立박물관에 근무하면서 시안西安에 있는 시베이西北대학 역사과를 졸업했고, 그곳에서 야오밍산과 결혼했다. 이로써 왕치산은 태자당 출신으로 분류되기도 한다. 장인인 야오이린은 후진타오 전 주석을 이끌어 준 쑹핑(전 중앙정치국 상무위원 겸 중앙조직부장)과도 긴밀한 관계를 갖고 있어서 후진타오와도 연결고리를 형성하고 있다. 야오이린과 쑹핑은 칭화방의 대부이며, 원로 정치인으로 1980년대 후반 중국의 당정을 좌지우지한 실력자다.

하방된 지 채 2년도 지나지 않아 성립박물관에 근무하게 된 것은 왕치산에게는 큰 행운이었다. 그의 능력이 출중해서라는 견해도 있지만 야오이린의 후광을 입었다는 주장도 있다. 어찌 되었던 그 덕분에 시안에 있는 서북대학을 졸업할 수 있었던 것이다.

왕치산은 전공을 따라 1979년 중국사회과학원 근대사연구소로 자리를 옮겨 일하였다. 그러던 중 1982년 장인 야오이린이 국무원 부총리로 승진하자 국무원 농촌발전연구센터 및 당 중앙 농촌정책연구실 처장에 발탁되었다. 그리고 1986년에는 일약 중국정부의 싱크 탱크인 국무원 발전연구센터 주임이 되었다. 당시 당원이 아니었음에도 정부와 당의 최고 싱크 탱크에서 일할 수 있었던 것은 장인의 후광 때문이었다.

왕치산은 1988년 이후 국무원을 떠나 중국농업투자신탁공사 사장에 발탁되면서 금융계로 자리를 옮기게 되었다. 이로써 현재 중국 4대 국유은행 중 하나인 중국인민건설은행(건설은행의 전신) 부행장과 중국의 중앙은행인 중국인민은행 부행장을 거쳐 중국투자신탁은행 이사장, 국제금융공사 이사장, 중국건설은행장 등 금융계의 요직을 두루 섭렵하였다. 그가 금융계에 일하고 있을 당시 중국 경제, 특히 중국의 금융은 주룽지와 그의 측근들(저우샤오촨 현 중국인민은행장, 쩡페이옌 국무위원, 저우지 교육부장, 다이샹룽 전 인민은행장 등)이 장악하고 있었다. 따라서 왕치산도 주룽지의 측근이 되어 갔으며, 특히 주룽지가 원장으로 겸직하고 있던 칭화대학 경제관리학원 석사과정 겸직교수로 일함으로써 칭화방의 일원이 되어갔다. 국무원 싱크 탱크에서의 근무 및 은행 등 금융기관에서의 근무를 통하여 그는 정책기획통 내지 금융전문가로 성장해 갔다.

1997년 왕치산은 중국건설은행장을 그만 두고 지방행정의 경험을 쌓게 된다. 광둥성의 당위 상무위원과 부성장을 거쳐 다시 중앙정부(국무원)의 경제체제개혁판공실 주임으로 발령을 받아 주룽지 총리 밑에서 2년간 경제체제개혁의 사령탑 역할을 했다.

2002년에는 하이난성海南省 당위 서기에 승진했다. 비록 중국에서 가장 작은 성이기는 하지만 1급 지방 당위의 서기가 된 것이다. 그리고 1년 후 수도 베이징 시 당위 부서기 겸 시장에 당선되어 중앙 정치무대를 밟게 되었다.

2003년 4월 베이징에 만연했던 사스SARS 발생에 책임을 지고 물러난 멍쉐눙孟學農(현 중앙직속기관당교 교장)의 후임으로 하이난성 당위 서기에서 수도 베이징의 행정책임자로 발탁될 정도로 그에게는 막강한 배후가 있었음에 의심의 여지가 없다. 사스에 대한 책임을 지고 후진타오 계열(공청단 출신) 멍쉐눙 베이징 시장과 쩡칭훙 계열의 장원캉張文康 위생부장이 동시에 물러나게 되자 왕치산과 우이(16기 정치국위원 겸 국무원 부총리)가 각각 베이징 시장과 위생부장에 발탁되었다. 주룽지 총리의 강력한 추천이 있었던 것으로 전한다. 물론 우이는 정치국 위원으로서 장관급이 격에 맞지는 않았지만, 올림픽대회를 앞두고 중국의 위생문제가 세계의 관심사로 부각되었기 때문에 취해진 처방적 인사였다고 볼 수 있다. 왕치산은 베이징올림픽조직위원회 집행주석도 맡았다. 왕치산은 주룽지의 추천도 있었지만, 위와 같이 장쩌민-쩡칭훙을 비롯하여 후진타오와의 관계 역시 원만하였기 때문에 무리 없이 인사가 이루어졌다. 무엇보다 그의 능력을 당 중앙이 인정하고 있었기 때문이라고 보겠다.

왕치산은 위기에 강한 인물이라는 평을 받는다. 1988년 그가 광둥성 부성장에 발탁될 당시 광둥성은 금융위기에 직면해 있었다. 그는 당시 파산신청을 한 홍콩 자회사인 광신廣信공사 문제를 해결함으로써 중국 전체의 경제 위기를 차단할 수 있었고, 사스가 만연했을 때 베이징 시장이 된 그는 생명의 위협을 느끼며 다들 쉬쉬하고 있을 때 시민 수만 명을 격리시키고 사스 전용 병동을 대폭 늘리는 등 몸을 아끼지 않고 사스 사태에 대처하는 민첩성을 보였다. 이때 그는 '특급 소방수'라는 별명을 얻었다. 따라서 왕치산은 주변 사람들로부터도 좋은 평가를 받고 있다. 이들은 "만약 위기의 상황에서 최선을 다하고 물러서지 않는 왕치산과 같은 사람이 중국을 이끌어간다면 시민들의 삶의 질은 더욱 높아질 수 있을 것이다."라며 극찬을 아끼지 않았다.

왕치산은 2007년에 대망의 중앙정치국 위원에 발탁되었다. 사실 시장이 정치국 위원이 된 것은 극히 이례적인 인사다. 보통 성급 당위 서기가 정치국 위원으로 발탁되는 일은 있지만 시장이 정치국 위원에 발탁되는 일은 없다. 이어서 2008년 3월 제11차 전인대에서 국무원 부총리에 선임되었다. 전임 부총리 우이가 담당하던 금융업무와 대외무역 투자분야를 담당하면서 '미·중 전략적 경제대화' 등 각종 대외협상을 지휘하게 되면서 자신의 금융 근무 경험을 십분 발휘하였다. 후임 베이징 시장 자리는 궈진룽(현 베이징 당위 서기 겸 중앙정치국 위원)이 승계했다.

2012년 제18차 당 대회 직전까지만 해도 왕치산은 장쩌민 전 주석의 적극적인 추천으로 총리 후보 반열에까지 올랐다. 하지만 공청단 출신 리커창 상무부총리의 승진을 강력히 주장한 후진타오 주석에 밀려 중앙정치국 상무위원 겸 중앙기율검사위원회 서기를 맡게 되었다. 왕치산은 성격상 카리스마 넘치는 강력한 업무스타일을 가진 지도자이기 때문에 중국 정계에 만연한 부패 척결에 적합한 인물이다. 특히 그의 금융계 경력은 정경유착의 고리를 끊는 데 아주 적합하다. 하지만 그를 발탁한 더 큰 숨은 이유는 공청단 계열의 왕양이 만약 정치국 상무위원에 승진하여 기율검사위원회를 맡을 경우, 보시라이와 같은 태자당들이 저지른 부패의 척결에 대한 파장이 더욱 커질 것을 우려해 상하이방과 태자당 연대 세력이 같은 태자당 출신인 왕치산을 밀었기 때문이라는 후문도 있다.

왕치산은 하이난성 당위 서기가 되기 전에 광둥성 부성장을 거치는 등 지방행정의 경험을 쌓기는 했지만 원래 정책기획통 내지 금융전문가로 성장했으며, 야오이린의 사위(태자당)라는 점에서 장쩌민-쩡칭훙 계열과도 정서가 통한다. 그래서 그의 베이징 시장도 쩡칭훙(전국가 부주석이며, 장쩌민의 오른팔)의 추천에 의해 이루어졌다는 소문이 있다. 또 본인은 칭화대학 출신이 아니지만, 아버지가 칭화대학 교수였고 칭화대 출신 장인의 후광은 물론 금융통인 주룽지의 도움으로 급성장한 점 등을 들어 칭화방으로 분류되기도 한다.

평소 외국 드라마를 즐겨 보는 것으로도 유명한 그는, 최근 중국 최대의 정치행사인 양회兩會에서 한국드라마 '별에서 온 그대'를 언급하여 화제가 되기도 했다.

왕치산은 2017년이면 69세로, 연령 규정상 차기에는 퇴임이 확실시 된다.

약력

1969~1971 산시陝西성 옌안현 인민공사 지식청년으로 하방

1971~1973 산시성 박물관 근무

1973~1976 시베이대학 역사학과 졸업

1976~1979 산시성 박물관 근무

1979~1982 중국사회과학원 근대역사연구소 실습연구원

1982~1986 중앙서기처 농촌정책연구실 · 국무원 농촌발전연구중심 처장, 연구원 (부국장급), 연락실 부주임

1986~1988 중앙서기처 농촌정책연구실 국장급 연구원, 국무원 농촌발전연구중심 연락실 주임 겸 전국농촌개혁시험구판공실 주임, 국무원 농촌발전연구중심 발전연구소 소장대리 · 소장

1988~1989 중국농촌신탁공사 사장 · 당위 서기

1989~1993 중국인민건설은행 부행장(1992. 2~11, 중앙당교 성·부급 간부연수반 학습)

1993~1994 중국인민은행 부행장

1994~1996 중국인민건설 은행장, 동 당조 서기

1997~1998 광둥성 당위 상무위원, 중앙후보위원(1997~)

1998~2000 광둥성 당위 상무위원, 부성장

2000~2002 국무원 경제체제개혁판공실 주임, 동 당조 서기

2002~2003 하이난성 당위 서기, 동 인민대표대회 상무위원회 주임, 중앙위원 (2002~)

2003~2004 베이징 시 당위 부서기·대리시장, 베이징올림픽조직위원회 집행주석·당조 부서기 2004~2007 베이징 시 당위 부서기·시장, 베이징올림픽조직위원회 집행주석·당조 부서기

2007~2007 중앙정치국 위원, 베이징 당위 부서기·시장, 베이징올림픽조직위원회 집행주석

2007~2008 중앙정치국 위원

2008~2011 중앙정치국 위원, 국무원 부총리, 2010년 상하이세계박람회조직위원회 주임위원

2011~2012 중앙정치국 위원, 국무원 부총리(~2013. 3)

2012~ 중앙정치국 상무위원, 중앙기율검사위원회 서기

● 장가오리張高麗

국무원 상무부총리 겸임
석유방 출신, 범상하이방

장가오리는 1946년 푸젠성 진장晋江 출신이다. 1970년 샤먼대학 경제학과
(계획통계 전공)를 졸업했다. 샤먼대학 경제학과는 중국에서도 역사가 가장
오래된 학과 중 하나이며, 그는 재학 중 학생회 회장을 맡았다. 문화대혁명
이 발발하기 전인 1965년에 대학에 입학했기 때문에 시진핑, 리커창 등과
같은 하방의 경험은 없다.

1973년 공산당에 입당했으며, 졸업 후 1985년까지 마오밍茂名 석유공사
에서 근무했다. 공사의 생산지휘부 비서, 석유공사 공청단 부서기, 석유공
장 서기, 계획처장, 사장 등을 거치면서 기업경영의 경험을 쌓았다. 이로써
장가오리는 지금은 없어진 국무원 석유부나 석유공사에 근무한 경력이 있
는 사람들을 지칭하는 이른바 '석유방'에 속하는 인물이다.

석유방 제1대는 위추리와 캉스언康世恩인데, 그들은 부총리까지 올랐다.
제2대는 천진화陳錦華와 성화런盛華仁이 대표적 인물인데, 그 두 사람은 각각
전국정협 부주석과 전인대 부주석까지 올랐다. 제3대는 전 국가 부주석 쩡
칭훙과 국무원 부총리 우이가 대표적 인물이다. 쩡칭훙이 퇴직한 후에는 석
유방 출신으로 저우융캉과 허궈창 두 사람이 정치국 상무위원에 진출하여
각각 중앙정법위원회 서기와 중앙기율검사위원회 서기를 겸직하였다. 저우
융캉은 베이징석유대학을 나와 국무원 석유공업부 부부장과 중국석유천연

가스공사 부이사장을 거쳐 국토자원원 부장과 쓰촨성 당위 서기를 역임한 후 중앙정치국에 진입한 케이스다. 그리고 허궈창은 1980년부터 1986년까지 산둥성화학석유공업청의 관리실 주임에서 청장까지 오른 후 화학공업부 부부장과 푸젠 성장, 충칭시 당위 서기를 역임하고 중앙정치국에 진입했다.

위의 사람들과 비교할 때 장가오리는 비록 15년간 석유 관련 업무에 종사하긴 했지만, 지방의 공사에서 근무했기 때문에 석유방 지도자들과의 관계는 한계가 있었으리라 본다. 그러나 그 역시 결국은 석유방의 줄을 타고 오늘에 이르렀을 것이다.

1984년 장가오리는 중국석유총공사 마오밍석유공업공사 사장 신분으로 마오밍시 당위 부서기를 겸임했는데, 이것이 석유 관련 업무로부터 떠나는 시발점이 되었다. 다음 해 그는 42세 때 광둥성 경제위원회 주임 겸 동 당조 서기로 발탁되면서 관계에 입문했다. 이후 2001년까지 광둥성의 부성장·상무부성장·부서기, 중국 최대의 경제특구인 선전시의 당위 서기·동 경비구 제1서기·동 인민대표대회 주임 등으로 승진하는 등 31년간을 광둥성에서 보냈다. 1999년부터 칭화대학 초빙교수, 샤먼대학 관리학원 원장(학장) 및 교수직을 겸임하기도 했다.

장가오리의 정치적 성장의 새로운 전기는 선전 시 당위 서기가 되면서부터 시작되었다. 1997년부터 2001년까지 장가오리는 선전 시 당위 서기 겸 시 인대 상무위원회 주임(한국의 경우 시의회 의장)을 역임했다. 1997년의 선전은 이미 중국에서 가장 현대화된 도시였지만, 가까운 홍콩과 비교할 때 여러 측면에서 현저히 낙후되어 있었다. 장가오리는 부임과 동시에 도시 교통 인프라 구축 계획을 세웠다. 그리고 1년 안에 해변과 남부 하이웨이를 건설하고, 구 동문 인도를 현대식으로 개조하였다. 그리고 해변 하이웨이 부근에 20억 위안을 투자하여 국제컨벤션센터를 건립했다. 또 해마다 열리는 전통행사인 '선전 리치데이荔枝節'을 '선전 고급신기술교류회'로 바꾸어 하이테크 산업기술의 교류와 보급에 심혈을 기울였다. 특히 그는 도시 미관을 굉장히 중시했다.

2000년 2월 장쩌민 주석이 광둥을 시찰하면서 선전시의 급변한 면모를 보고 장가오리를 극찬하였고 그 내용이 「인민일보」에 보도되었다. 이는 결국 당 중앙의 인정을 받게 되었고 그로 인해 출세 가도를 걷게 되었다.

2001년 장가오리는 중국의 대성인 산둥성의 부성장으로 발탁되었고, 얼마 후 성장 대리를 거쳐 성장으로 승진했다. 산둥으로 자리를 옮긴 것은 그의 일생에 있어서 큰 전환점이 되었다. 이어 2002년 그는 제16기 당 중앙위원에도 당선됨으로써 고급 간부의 반열에 진입하였다. 장가오리가 산둥성 성장 재임 시 동 당위 서기는 우관정이었다. 우관정은 2002년 10월 정치국 상무위원 겸 중앙기율검사위원회 서기에 발탁되어 입경하였다. 그로 인해 장가오리는 순리적으로 산둥성 당위 서기로 승진하는 기회를 얻었다.

장가오리는 우관정과 성격이 달랐다. 하지만 우관정은 장가오리를 마음에 들어 했다. 우관정의 마음에 든 비결은 무엇이었을까? 그것은 그의 겸손하고 착실하게 일하는 태도 때문이었다. 장가오리는 산둥성 성장이 되었을 때 "백성들을 위해 전답을 일구는 한 마리의 황소가 되고, 비바람으로부터 백성들을 보호하는 하나의 우산이 되며, 백성들을 위한 도로와 교량 건설에 한 조각의 돌이 되겠다."고 약속했다.

장가오리가 산둥성 당위 서기가 된 후 산둥성의 경제는 급속히 발전하여 2006년 산둥의 GDP는 14.5%로 증가했고 GDP 총액은 2만억 위안을 넘었다. 광둥에 이어 장쑤성과 더불어 2만억 위안을 달성한 부성富省이 된 것이다.

2007년 봄, 상하이 시 당위 서기 천량위가 부패에 연루되어 숙청되었을 때 당 중앙은 상하이 서기로 적격자가 누구인가를 물색하고 있었다. 당시 후보로 거론된 사람은 현 국가주석 시진핑(당시 저장성 서기)과 현 국가 부주석 리위안차오(당시 장쑤성 서기) 그리고 장가오리였다. 결국은 시진핑이 낙점되었지만 2007년 3월 장가오리도 4개 직할시 중 하나인 톈진 시 당위 서기로 승진하는 기회를 잡았다. 그리고 2007년 10월 제17기 중앙정치국 위원에 당선되어 중국의 최고 지도층에 진입하였다.

장가오리가 톈진에 입성했을 때 그에게 주어진 임무는 두 가지였다. 즉 경제의 지속발전과 부패척결이었다. 이 두 가지 임무는 중국이 안고 있는 난제이기도 했다. 톈진 근무 5년 동안 장가오리는 적지 않은 부패척결을 통하여 경제의 건전한 성장을 유도하는 정책을 폈다. 장가오리의 부임 후 톈진에 바탕을 둔 리루이환(전 톈진 시장, 서기 및 중앙정치국 상무위원, 전 정협 주석)의 잔재와 토착세력은 상당한 타격을 받았다. 리루이환이 키운 톈진시 부서기 쑹핑순末平順 등 고위간부가 부패에 연루되어 자살하는 소동까지 벌어졌다.

2012년 11월과 2013년 3월, 장가오리는 각각 정치국 상무위원과 국무원 상무부총리에 선임되어 리커창 총리를 보좌하면서 재정·금융 분야를 총괄하는 역할을 맡았다. 이 업무는 왕치산 중앙기율검사위원회 서기가 직전에 맡았던 중책이다.

장가오리의 상무부총리 선임에 대해서는 많은 사람들이 적절한 인사라고 평한다. 그가 선전 시와 산둥성 그리고 톈진 시 당위 서기로 근무하면서 올린 실적은 이미 호평을 받고 있었다.

장가오리의 인맥 관계는 일반적으로 석유방의 일원으로서 상하이방 및 태자당의 좌장 역할을 하는 쩡칭훙과 가까운 인물로 분류된다. 그리고 선전 시 근무시절 장쩌민이 그의 업적을 높이 평가하며 옹호하였고, 이후 정치국에 입국할 때까지 보살폈던 점 등으로 보아 친장쩌민 계열의 범상하이방 인물이라 보겠다. 그러나 그는 계파적 배경보다는 그의 선전특구의 경험과 능력이 높이 평가되어 산둥성 및 톈진 시 당위 서기로 발탁된데 이어 중국의 최고지도층 진입이 가능했다고 보는 것이 일반적 시각이다.

그의 연령으로 보아 2017년 제19차 당 대회에서는 연령 초과로 연임이 불가능하며 퇴진할 것이다.

약력

1965~1970 샤먼대학 경제학과 계획통계 전공

1970~1977 국무원 석유부 광둥마오밍석유공사 노동자, 생산지휘부판공실 비서 · 정치부 공청단 총지부 서기, 공사 공청단위원회 부서기

1977~1980 석유부 광둥마오밍석유공사 정유공장 제1작업장 당 총지부 서기 · 교도원, 당위 부서기 · 서기

1980~1984 석유부 광둥마오밍석유공사 당위 상무위원, 공사 계획처장 · 부사장

1984~1985 석유부 중국석유총공사 마오밍석유공업공사 사장, 마오밍시 당위 부서기

1985~1988 광둥성 경제위원회 주임, 당조 서기

1988~1992 광둥성 부성장(1990. 4~7, 중앙당교 성 · 부급 간부연수반 학습)

1992~1993 광둥성 부성장 겸 동 계획위원회 주임 · 당조 서기

1994~1997 광둥성 당위 상무위원, 부성장

1997~1998 광둥성 당위 상무위원, 선전 시 당위 서기, 중앙후보위원(1987~)

1998~2000 광둥성 당위 부서기, 선전 시 당위 서기

2000~2001 광둥성 당위 부서기, 선전 시 당위 서기 · 동 인민대표대회 상무위원회 주임

2001~2002 산둥성 당위 부서기, 성장대리, 성장

2002~2003 산둥성 당위 서기, 중앙위원(2002~)

2003~2007 산둥성 당위 서기, 동 인민대표대회 상무위원회 주임

2007~2012 중앙정치국 위원, 텐진 시 당위 서기

2012~ 　　중앙정치국 상무위원, 국무원 상무부총리(2013. 3~)

중국공산당 중앙정치국위원 프로필(성씨의 한자 획순)

● **마카이**|馬凱

국무원 부총리 및 국가행정학원 원장 겸임
주룽지, 원자바오 전 총리의 측근에서 성장한 정통 행정관료 출신

마카이는 1946년 상하이 출신이다. 1965년 8월에 입당하고, 1965년 중학교 교사부터 시작하여 부총리까지 오른 인물이다. 문화대혁명 때에는 베이징 교외에 있는 57간부학교에서 노동개조를 받았다. 베이징 시 당교 이론반을 거쳐 중국인민대학 정치경제학과에서 정치경제학을 전공하여 경제학 석사학위를 받았다.

석사학위를 받은 후 국무원 물가국 연구원이 되었다. 그 이전까지는 중국의 고위 간부 자제들이 다닌 베이징 제4중학교 교사와 베이징 시 당교의 교관으로 근무했다.

마카이는 물가국 근무를 시작으로 국가경제체제개혁위원회, 국가계획위원회 등 주로 정부의 거시경제 조정 부서에서 일하면서 중국이 계획경제에서 사회주의 시장경제체제로 전환되던 시점에 경제체제개혁의 계획을 수립하는 등 중요한 역할을 했다.

1998년 주룽지가 국무원 총리에 임명되자 그 직속 국무원판공실 부비서장에 마카이가 발탁되면서 출세의 길이 열렸다. 국무원 판공실은 우리식으로 말하면 총리 비서실인데, 그 비서들은 총리의 핵심 측근들로 구성되는 국무원의 실세 요직이다.

또 2003년 신설된 국가발전과 개혁위원회 초대 주임(장관급)에 마카이가 임명되면서 중국의 국가 장·단기 발전계획과 경제개혁을 주도했다. 국가발전과 개혁위원회는 국가계획위원회, 경제무역위원회, 국무원 체제개혁판공실 등의 기능을 통합한 부서로 그 권한과 역할이 막중한 부서다. 그리고 중국의 장기적인 지역개발전략인 서부 대개발을 이끄는 TF의 책임자가 되어 서부 대개발의 사령탑 역할을 했다. 이어 2005년에는 국가에너지영도소조판공실 주임을 맡아 중국의 자원개발과 관리를 총괄하는 브레인 역할을 했다.

2008년 3월 마카이는 제2기 원자바오 내각 출범과 함께 국무위원 겸 국무원 비서장에 임명되어 원자바오 총리를 최측근에서 보좌하였다. 이후 현재까지 국가행정학원 원장직을 겸임하고 있다. 국가행정학원은 중·고위 공무원을 훈련시키고, 고위 관리자와 정책관리자들 배양하기 위해 1994년 설립된 국무원 직속 부급(장관급) 교육기관이다. 우리나라의 중앙공무원교육원과 유사한 기관이지만 석·박사 과정이 있다는 점에서 다르다.

2012년 중앙정치국 위원에 당선되었고, 국무원 부총리에 선임되어 리커창 총리를 보좌하는 최측근 인사가 되었다. 행정학원 원장직도 계속 겸임하게 되었다. 세 사람의 총리를 최측근에서 보좌하는 점으로 보아 그의 능력이나 인품을 짐작할 수 있다.

마카이는 리커창 총리 밑에서 농림업, 민족, 종교 담당 부총리를 맡게 되었다. 이는 그의 전공과는 약간 거리가 있는 분야지만, 중국에 있어서 소수민족문제는 상당히 예민한 정치적 문제이기 때문에 앞으로 그의 대처 방향이 주목된다.

마카이는 비록 상하이가 본적이지만 상하이방과는 거리가 멀고, 주룽지

총리 이래 원자바오 총리를 최측근에서 보좌한 경제전문가라는 점에서 비교적 계파색이 없는 인물이라 볼 수 있다.

2017년 제19차 당 대회에서는 연령이 초과되어 연임이 불가능할 것이다.

약력

1965~1970 베이징 시 제4중학 교사

1970~1973 베이징 시 시청西城구 57간부학교 노동단련

1973~1979 베이징 시 시청구 당교 교관, 베이징 시 당교 이론반 수학

1979~1982 중국인민대학 정치경제학과 정치경제학전공 석사과정 수료

1982~1983 국가물가국 물가연구소 연구원보

1983~1984 베이징 시 시청구 계획위원회 부주임 겸 재무판공실 부주임, 구 계획
　　　　　　　 위원(1984. 3)

1984~1985 베이징 시 시청구 부구청장 겸 구 계획위원회 주임

1985~1986 베이징 시 체제개혁위원회 판공실 부주임

1986~1988 베이징 시 물가국 국장, 당조 서기

1988~1993 국가물가국 부국장(1992. 9~11, 중앙당교 성 · 부급 간부연수반 연수)

1993~1995 국가경제체제개혁위원회 부주임

1995~1998 국가계획위원회 부주임(1997. 3~5, 중앙당교 성 · 부급 간부연수반
　　　　　　　 연수), 중앙기율검사위원회 위원(1997)

1998~2000 국무원 부비서장, 기관당조 성원

2000~2003 국무원 부비서장(국무원판공청 상무 공작, 부장급), 기관당조 부서기

2003~2008 국가발전과 개혁위원회 주임, 당조 서기, 국무원서부지구개발영도소
　　　　　　　 조 판공실 주임(2003. 5), 국가에너지영도소조 판공실 주임(2005. 4)

2008~2012 국무위원(~2013. 3), 국무원당조 성원 겸 국무원 비서장, 국무원서부
　　　　　　　 지구개발영도소조판공실 주임, 국가행정학원 원장, 기관당조 서기

(2013. 3~), 중앙국가기관공작위원회 서기

2012~　　중앙정치국 위원, 국무원 부총리(2013. 3~), 국가행정학원 원장

● **왕후닝**王沪寧

당 중앙정책연구실 주임 겸임
중앙전면심화개혁영도소조 판공실 주임
상하이방으로 시진핑의 싱크 탱크

왕후닝은 1955년 산둥성 라이시현来西縣 출신으로 푸단대학 대학원에서 국제정치학을 전공하여 석사학위를 받은 국제정치학자다. 1984년 공산당에 입당한 왕후닝은 푸단대학의 전임교원으로 출발하여 법과대학 학장을 지냈다. 1995년 당 중앙정책연구실 정치조장에 발탁되어 부주임을 거쳐 주임이 된 것으로 보아 그의 배경이나 능력이 비범한 것으로 보여 진다. 중앙정책연구실은 이름 그대로 당 중앙의 정책연구를 주도하는 당 최고의 싱크 탱크다.

왕후닝은 미국의 아이오와대학과 캘리포니아대학 버클리의 방문교수를 지냈기 때문에 미국을 비롯한 국제정치에 대한 식견이 비교적 풍부한 개방형 정책통이다. 상하이에서 대학을 나와 그곳에서 교수생활을 하다가 장쩌민 정권 전반기에 당 중앙으로 자리를 옮긴 점 등으로 미루어 상하이방의 일원으로 보기도 하지만, 당 중앙의 정책연구실을 맡아 연임되었을 정도라

면 당 총서기인 후진타오의 신임 없이는 불가능했으리라 본다.

현 총서기 시진핑을 움직이는 핵심 브레인 중 한 사람이다. 미국 중앙정보국CIA에서 중국 문제를 담당한 크리스토퍼 존슨 전략국제문제연구소CSIS 수석 고문은 「워싱턴포스트」에서 왕후닝을 미국 공화당의 선거전략 귀재인 칼 로브에 비유하며 "사고의 폭이 넓고 똑똑하고 융통성이 있다."고 평가했다.

왕후닝 이외에 시진핑의 최측근 그림자 역할을 하는 사람은 리잔수 중앙판공청 주임과 스즈훙施芝鴻 중앙정책연구실 부주임이 있다. 이들 세 사람은 시진핑 측근 3인방이라 불린다.

리잔수 중앙판공청 주임은 시진핑이 등장하는 공식 행사에 그림자처럼 모습을 드러내는 사람이다. 중앙판공청은 한국의 대통령 비서실과 경호실을 합친 기능을 한다. 리잔수는 당과 국가의 기밀관리와 비밀공작을 지휘·감독하는 기능을 담당하는 조직인 중앙보밀위원회 주임자리도 차지했다.

시진핑이 부주석 시절 해외순방에 동행하는 것으로도 유명했던 스즈훙 중앙정책연구실 부주임은 대문필가란 평가를 받는다. 주로 상하이에서 활동하다가 2007년 1월 중앙정책연구실 부주임에 올랐다. 상하이 시 당위 정책연구실 처장을 거쳐 쩡칭훙이 당 중앙판공청 주임 재직 시 쩡칭훙의 비서로 발탁되었다. 그리고 그 조사연구실 정치조장과 부주임을 거쳐 2007년 중앙정책연구실 부주임에 승진하여 시진핑을 보좌하며 오늘에 이르고 있다. 그의 책임하에 중앙정책연구실은 당 중앙과 시진핑의 중요한 연설문의 초안을 작성한다.

왕후닝은 연령적으로나 전문 영역으로 보나 국제화 시대에 부합되는 리더십을 갖고 있기 때문에 2017년을 기대해 볼 만한 인물이다

2014년 신설된 권력기구인 중앙전면심화개혁영도소조 판공실 주임을 맡아, 시진핑의 최측근으로서 입지를 더욱 공고히 했다.

1972~1977 상하이사범대학 간부학교 외국어 훈련반 학습

1977~1978 상하이 시 출판국 간부

1978~1981 푸단대학 대학원 국제정치학과 국제정치 전공

1981~1989 푸단대학 국제정치학과 교원, 부교수, 교수(1988~1989년 미국 아이
오와대학, 캘리포니아대학 버클리 방문교수)

1989~1994 푸단대학 국제정치학과 주임

1994~1995 푸단대학 법과대학장

1995~1998 당 중앙정책연구실 정치조장

1998~2002 당 중앙정책연구실 부주임

2002~2007 당 중앙정책연구실 주임, 중앙위원(2002~)

2007~2012 중앙서기처 서기, 중앙정책연구실 주임

2012~   중앙정치국위원, 중앙정책연구실 주임

● **류옌둥**劉延東

국무원 부총리 겸임
칭화대, 태자당 및 공청단 중앙서기처 서기 출신
법학박사, 여성 정치인

류옌둥(1945~)은 장쑤성 난퉁南通 출신이다. 1964년 중국공산당에 입당하였으며, 1970년에 칭화대학 화공학과를 졸업하고 대학에서 정치보도원을 거쳐 1970년 허베이성 탕산唐山시 카이핑開平 화학공장 엔지니어로 사회에 첫발을 들여놓았다. 이후 재직 중 중국인민대학에서 사회학석사 학위와 지린대학에서 법학박사(정치학이론 전공) 학위를 받았다.

문화대혁명 중인 1972년부터 1980년까지 베이징 시 화공실험공장 노동자를 거쳐 동 정치부 주임 및 공장 당위원회 부서기로 근무했다. 덩샤오핑 등장 이후인 1980년부터 베이징 시 당위 조직부 간부로 자리를 옮긴 이후 베이징 시 차오양朝陽구 당위 부서기를 역임하는 등 수도의 지방 당무에 종사했다. 1982년부터 1991년까지 공청단 중앙서기처 서기 겸 전국청년연합회 부주석 및 주석을 역임하면서 청년조직지도공작을 관장했다. 당시 전 국가주석 후진타오는 공청단 중앙서기처 제1서기로 류옌둥의 직속 상사였다. 현 정치국 위원이며 국무원 총리 리커창, 국가 부주석 리위안차오, 중앙선전부장 류치바오와는 공청단 중앙서기처에서 서기로 함께 일했다.

1991년 류옌둥은 공청단을 떠나 당 중앙통일전선부로 자리를 옮겨 동 부비서장 및 부부장 그리고 부장으로 승진하는 등 2003년까지 당 중앙의 지도업무를 경험하였다. 그가 통일전선부의 부비서장으로 자리를 옮길 당시 부장은 장쩌민의 상하이교통대학 후배이며 덩샤오핑의 오른팔이었던 딩관건이었으며, 부부장 때에는 왕자오궈가 부장이었다. 그리고 왕자오궈가 2002년 당 제16기 중앙정치국 위원에 발탁되자 류옌둥은 왕자오궈의 후임 중앙통일전선 부장이 되었다. 통일전선부 재임 중 그녀는 중국인민대학과 지린대학에서 각각 사회학박사와 법학박사(정치이론 전공) 학위를 받았다.

통일전선부는 중국공산당 중앙 직속기관으로 각 민주당파 및 무당파 대표, 소수민족 및 각종 종교단체 등 다양한 정치집단들과의 합작을 추구하면서 해외 통일전선공작을 통해 통일을 촉진하고, 중국의 상공인 연합 및 홍콩 · 마카오 · 타이완 등 해외 화교 기업인들과의 연계와 단결을 모색하는 것이 주요 임무다. 따라서 류옌둥은 통일전선부에서 일하면서 풍부한 경험과 광범위한 인맥을 형성하였고, 특히 홍콩과 마카오에 다양하고 폭넓은 인적 네트워크를 구축할 수 있었다.

류옌둥은 2002년 쑹칭링기금회 부주석을 겸임한데 이어 2003년에는 정협 부주석을 겸임했고, 2003년 9월부터는 중국광차이光彩사업촉진회 회장도 맡았다. 광차이사업은 중화전국상공인연합에서 추진하는 빈곤지역돕기 운동을 관리하는 단체다. 민간 기업인들에 영향력을 행사할 수 있는 위치가 된 것이다.

류옌둥은 명문 칭화대학 출신으로 공청단에서 지도자적 자질을 익혔으며, 그의 혈통 또한 중국공산당 원로로 농업부 부부장을 지낸 류루이룽의 딸이다. 류의 부친인 류루이룽은 상하이 출신이 주축을 이루던 제3야전군 출신으로 문화대혁명 이전 상하이 당위 서기의 비서장을 지냈고, 그후 농업부 부부장에 올랐으며, 상하이 인맥과 밀접한 관계가 있는 사람이다. 특히 류의 부친은 장쩌민의 양부인 장상칭의 권유로 혁명대열에 참가한 것으로 알려져 있다. 따라서 장쩌민과도 그 연이 두텁다고 보겠다. 하지만 계파별로는 후진타오-리커창이 이끄는 공청단계에 더 가깝다.

2007년 17기에서는 예상대로 류옌둥이 유일한 여성 정치국 위원이 되었다. 중앙통전부장은 같은 공청단 출신인 두칭린 쓰촨성 서기에게 넘어갔다. 그리고 2008년 봄 국무위원에 선임되어 교육, 관광, 체육 분야를 담당하였다.

류옌둥은 2012년 중앙정치국 상무위원 승진을 예상했지만, 뜻을 이루지 못하고 정치국 위원에 연임되어 국무원 부총리를 겸직하면서 과학기술과 교육 및 문화 분야의 사무를 담당하게 되었다. 류옌둥은 공청단 출신에 태자당의 백그라운드와 여성 지도자라는 프리미엄은 있었지만, 일선 지방행정경험이 전무하다는 것이 결정적인 흠으로 작용하여 상무위원 진입에 탈락한 것으로 알려지고 있다. 역대 정치국 상무위원에 여성은 한 명도 없다. 마오쩌둥의 처 장칭과 린뱌오의 처 예췬 그리고 저우언라이의 처 덩잉차오 등 여성 정치인이 중앙정치국 위원에 선임된 선례는 있지만 정치국 상무위원회에는 진입하지 못했다.

2013년 2월, 박근혜 대통령 취임식 때 류옌둥은 축하사절단을 이끌고 방한한 적이 있고 박 대통령 칭화대학 연설 때 맨 앞줄에 앉아 지켜보고 있던 인물이기도 하다.

연령상 차기에는 퇴임이 확실시 된다.

약력

1964~1970 칭화대학 공정화학과 졸업, 동 대학 정치보도원
1970~1972 허베이성 탕산 카이핑화공공장 노동자, 기술원, 작업장 책임자
1972~1978 베이징화공실험공장 노동자, 당위 선전과 간사, 작업장 당지부 서기, 공장 당위 상무위원·정치부 부주임·주임
1978~1980 베이징화공실험공장 당위 부서기
1980~1981 베이징 시 당위 조직부 간사

1981~1982 베이징 시 차오양구 당위 부서기

1982~1991 공청단 중앙서기처 서기 · 상무서기, 전국청년연합 부주석 · 주석

1991~1995 당 중앙통전부 부비서장, 전국청년연합 주석, 중앙통전부 부부장
(1990~1994, 중국인민대학 대학원 사회학과 사회학이론과 방법 전
공, 석사 학위 취득)

1995~1998 중앙통전부 부부장, 중앙사회주의학원 당조 서기, 15기 중앙후보위원
(1997~)

1998~2001 중앙통전부 부부장(장관급), 중앙사회주의학원 당조 서기
(1994~1998, 지린대학 행정학원 정치학이론 전공, 법학박사 학위
취득)

2001~2002 중앙통전부 부부장, 중앙사회주의학원 당조 서기, 쑹칭링기금회
부회장

2002~2003 중앙통전부장, 중앙사회주의학원 당조 서기, 쑹칭링기금회 회장, 중앙
위원(2002~)

2003~2005 전국정협 부주석, 중앙통전부장, 쑹칭링기금회 부회장

2005~2007 전국정협 부주석, 중앙통전부장

2007~2012 중앙정치국 위원, 국무위원(2008~)

2012~ 　　중앙정치국 위원, 국무원 부총리(2013~)

● 류치바오劉奇葆

중앙서기처 서기 및 중앙선전부장 겸임
공청단 중앙서기처 서기 출신

류치바오는 1953년 안후이성 쑤쑹宿松현 출신이다. 1971년 12월 중국공산당에 입당하였으며, 재직 중 지린대학 국민경제계획학과 관리학을 전공하여 경제학석사 학위를 받았다. 아버지는 일개 읍면(향진)급 학교의 교장이었으며, 그의 처는 중학교 동창이다.

그의 고향은 양쯔강 북쪽 강변에 위치한 쑤쑹현 진바金壩촌이다. 그는 네 자녀 중 두 번째 아들로 태어났다. 중학교 졸업 후 문화대혁명이 발발하자 지식청년으로 고향의 생산대대에 편입되어 노동에 종사하며 지도원 역할을 했다. 대대 공청단 지부의 초급간부로 일하는 동안 당의 추천을 받아 공농병 학생의 신분으로 안후이사범대학 역사학과에 입학했다.

1974년 졸업 후 안후이성 당위 기관에 배치되어 선전부 이론연구실, 판공청 등에서 비서로 근무했다. 당시 안후이 서기는 훗날 전인대 상무위원장을 지낸 완리였으며, 완리의 사무실에서 그의 비서로 근무했다.

1980년 완리가 전인대 상무위원장에 당선되어 중앙으로 자리를 옮긴 후 류치바오는 공청단 안후이성 위원회로 배치된 후 빠르게 승진했다. 공청단 안후이성 선전부 부부장·부장 그리고 공청단 안후이성 부서기 및 서기로 승진했다. 1984년 그가 쑤저우宿州시 시장이 되었을 때 그의 나이는 불과 31세였다.

1985년 11월 후진타오 공청단 제1서기가 구이저우성 당위 서기로 발탁
되자 그 자리에는 쑹더푸 공청단 중앙서기처 서기가 승진하고, 류치바오는
쑹더푸가 맡던 서기직에 발탁되어 기관 당위 서기를 겸직하였다. 이때 그는
공청단 중앙서기처에서 류옌둥 현 국무원 부총리, 리커창 국무원 총리, 리
위안차오 국가 부주석 등과 함께 서기로 일했다.

1993년 류치바오는 공청단 계의 인사로「인민일보」부총편집인에 임명되었
다. 안후이성 선전부에서 근무한 경험을 살려 중국공산당 기관지의 실세 그룹
이 되었으며, 이를 바탕으로 오늘날 당 중앙선전부장까지 오르게 된 것이다.

「인민일보」근무 1년 후, 그는 국무원 부비서장으로 발탁되어 1994년에
서 2000년까지 6년간 뤄간(전 정치국 상무위원)과 왕중위王忠禹 비서장을 보좌
했다. 당시 국무원 총리는 리펑(~1998)과 주룽지(1998~)였다.

2000년 9월 광시자치구 당위 부서기에 부임한 후 6년 만에 서기로 승진
하였고, 2007년 중국의 대성 중 하나인 쓰촨성 당위 서기로 발탁되었다. 그
리고 2012년 중앙정치국 위원에 당선됨과 동시에 중앙서기처 서기 겸 중앙
선전부장을 맡게 되었다.

당 중앙선전부는 전국의 언론매체를 장악하고, 여론을 조장하고 통제하
는 당의 핵심부서이다. 역대 중앙선전부장은 당 중앙의 신임을 받는 거물들
이 맡았다. 대표적으로 시중쉰(1952~1954, 시진핑의 부친, 전 부총리), 타오주
陶鑄(1966~1967, 전 부총리), 후야오방(1978~1980, 전 총서기), 덩리췬
(1982~1985, 보수파의 입), 딩관건(1992~2002, 덩샤오핑의 심복, 전 정치국 위원)
등이 선전부를 거쳐 간 인물들이다. 직전 선전부장 류윈산(2002~20012)은
정치국 상무위원으로 승진했다.

류치바오는 후진타오와 동향으로 후진타오 직계의 공청단 출신이며 제5세
대 정치엘리트다. 연령으로 보나 배경으로 보나 그는 2017년 19기에도 정치
국 위원의 연임이 확실시 되며, 상무위원 승진도 기대해 볼 만한 인물이다.

1968~1972 안후이성 쑤쑹현 저우퇀洲頭공사 진바대대 류위劉屋생산대 지도원, 진

바대대 당지부 위원, 공청단 지부 서기

1972~1974 안후이사범대학 역사학과 졸업

1974~1977 안후이성 당위 선전부 이론연구실 간부

1977~1980 안후이성 당위 판공청 비서처 비서

1980~1982 공청단 안후이성 당위 선전부 부부장, 공청단 안후이성 위원회 간부

1982~1983 공청단 안후이성 당위 부서기, 선전부장

1983~1985 공청단 안후이성 당위 서기(1984~1985, 쑤저우 시 당위 임시 부서

기, 시장)

1985~1993 공청단 중앙서기처 서기, 공청단 중앙직속기관 당위 서기(1992.

9~1992. 12, 중앙당교 성·부급 간부연수반 수료)

1993~1994 「인민일보」 총부편집인(1991~1993, 지린대학 국민경제계획학과 관리

학전공 경제학석사 학위취득)

1994~2000 국무원 부비서장, 기관당조 성원

2000~2006 광시좡족자치구 당위 부서기, 자치구 당교 교장, 제16기 중앙후보위

원(2002)

2006~2007 광시좡족자치구 당위 서기, 자치구 당교 교장

2007~2007 광시좡족자치구 당위 서기, 인민대표대회 상무위원회 주임

2007~2008 쓰촨성 당위 서기

2008~2012 쓰촨성 당위 서기, 인민대표대회 상무위원회 주임

2012~ 중앙정치국 위원, 중앙서기처 서기, 중앙선전부장

● 쉬치량許其亮

중앙군사위원회 부주석 겸임
공군 상장

쉬치량은 1950년 3월 산둥성 린취臨胸 출신이다. 1966년 7월 16세 때 입대하여 1967년 7월 중국공산당에 입당했다. 공군 제5항공학교를 졸업한 현역 공군 상장(한국군 중장)이다.

쉬치량은 1966년 7월 이후 공군 제1항공예비학교에 입학한 후, 1967년에서 1969년까지 공군 제8항공학교를 거쳐 공군 제5항공학교를 졸업했다. 1969년부터 공군 항공병 제26사단 조종사를 시작으로 독립대대 부대대장, 대대장, 부사단장을 거쳐 1983년 33세에 사단장이 되었다. 그후 쉬치량은 공군 제4군단 부군단장, 공군 상하이 주둔 부대 참모장을 거쳐 1988년부터 5년간 공군 제8군단 군단장 대리, 참모장, 군단장에 올랐다. 그리고 1991년 6월 공군 소장(한국군 준장)에 진급했다. 당시 그의 나이 41세였다. 이어 1994년 44세의 나이에 공군 참모장에 승진하여 당시 중국인민해방군 장령들 가운데 가장 젊은 부副급 대군구의 간부가 되었다.

이어 1996년 7월 공군 중장(한국군 소장)으로 진급하여 1999년 선양군구 부사령관 겸 공군사령으로 이동하였으며, 2004년 7월에는 중국인민해방군 부총참모장에 승진하여 당시 전군에서 가장 젊은 대군구 정급正級 간부가 되었다. 그리고 2007년 6월 20일 쉬치량은 중국군 최고 계급인 상장에 오르고, 9월에 제10대 공군사령관이 되었다.

그는 해방군 내 많지 않은 소장파다. 그의 진급이나 승진속도는 전쟁시기가 아닌 평화 시기에 보기 드물게 빠른 것이었다. 33세에 사단장, 34세에 부군단장이 되고, 41세에 소장에 진급하였으며, 46세에 중장에 진급하였다. 그리고 57세에 중국군 최고 계급인 상장에 진급함과 동시에 차오칭천喬淸晨으로부터 공군사령관직을 승계했다. 2007년 10월 제17차 당 대회에서 당 중앙군사위원에 선임됨으로써 중국인민해방군 최고 지도부의 일원이 되었다.

그의 빠른 승진을 두고 중화인민공화국 개국 원수 쉬스요許世友 장군의 아들이니, 공군 부정치위원 쉬러푸許樂夫 장군의 아들이니 하는 등 설이 구구하다. 하지만 그는 농민의 아들로 태어나 열심히 맡은 바 책임을 다한 순수 무골출신이다. 쉬치량은 신임 판창룽 중앙군사위원회 부주석과 함께 후진타오에 의해 등용된 후진타오계열 군부 인사로 분류된다.

2017년이면 그의 나이 67세다. 중국공산당 정치국 인사의 경우 '67세면 올라가고 68세이면 탈락(七上八下)'하는 것이 관례다. 따라서 5년 동안 큰 하자가 없는 한 연임이 가능할 것으로 보인다.

약력

1966~1966 공군 제1항공예비학교 수학

1966~1967 육군 제38군 112사단 335연대 병사

1967~1968 공군 제8항공학교 학생

1968~1969 공군 제5항공학교 학생

1969~1970 공군 항공병 제26사단 77연대 조종사

1970~1973 공군 항공병 제26사단 독립대대 조종사

1973~1976 공군 항공병 제26사단 독립대대 부대대장

1976~1980 공군 항공병 제26사단 독립대대 대대장

1980~1983 공군 항공병 제26사단 부사단장(1982. 3~10, 공군지휘학원 군사고급
반 수료)

1983~1984 공군 항공병 제26사단 사단장

1984~1985 공군 제4군단 부군단장

1985~1986 공군 상하이 지휘소 참모장

1986~1988 국방대학 기본과 연수

1988~1989 공군 제8군단 부군단장 대리

1989~1990 공군 제8군단 참모장

1990~1993 공군 제8군단 군단장, 14기 중앙후보위원

1993~1994 공군 부참모장

1994~1999 공군 참모장(1994. 11, 국방대학 전투연수반; 1998. 7~1998. 10, 국
방대학 국방연구과 연수)

1999~2004 선양군구 부사령관 겸 선양군구 공군사령관(2001. 3~7, 국방대학 군
단장직 이상 간부연수반 수료)

2004~2007 해방군 부총참모장

2007~2007 공군사령관

2007~2008 당 중앙군사위원회 위원, 공군사령관

2008~2012 당 중앙군사위원회 위원, 국가중앙군사위원회 위원, 공군사령관

2012~ 　　　중앙정치국 위원, 당 중앙군사위원회 부주석

2013~ 　　　중앙정치국 위원, 당 · 국가중앙군사위원회 부주석

● **쑨춘란**孫春蘭

텐진 시 당위 서기 겸임
여성 정치인

쑨춘란은 1950년 5월 허베이성 야오양饒陽출신이다. 안산鞍山공업기술학교
기계과를 졸업하고, 재직 중에 랴오닝대학 정책관리학 전공 석사과정을 수
료하였다. 1973년 5월에 중국공산당에 입당하였다.

쑨춘란은 15세 때 랴오닝성에 있는 안산공업기술학교에 입학하여 졸업할
무렵 문화대혁명을 맞아 안산시 시계공장 말단 노동자로 일했다. 학교 교육
을 포함해 랴오닝성에서만 40년을 보냈다. 랴오닝성 초급 간부 시절 안산시
경방직공업국 공청단 서기로 근무하며 잠시 공청단의 일에도 몸담은 적이
있다.

문화대혁명 종결 후 안산화학섬유방직공장 부공장장과 공장장, 랴오
닝성 부녀연합 회장, 랴오닝성 노동조합총연합회 위원장 등을 거쳐 랴
오닝성 당위 부서기까지 올랐다. 부서기 시절 현 국무원 총리 리커창 랴오
닝성 서기를 상사로 모신 적이 있고, 보시라이의 후임으로 다롄大連 시 서
기가 되었다.

2001년 랴오닝성 부서기 겸 다롄 시 당위 서기가 되었을 때 그는 언론 매
체를 향해 "나는 노동조합에 특별한 애정을 가지고 있다."고 하면서 노동자
출신임을 강조했다. 랴오닝성 부서기 겸 다롄 시 서기 재임 4년 동안, 쑨춘
란은 각종 회의에 다롄 상표의 의상을 입고 참석함으로써 다롄 의상의 브랜

드 가치를 높이는 데 일조했다. 간부들에게는 식탁에서 시간 낭비하는 습관을 고치도록 하고, 간부들의 식사 초대를 거절했다. 그는 청렴한 인물을 우선적으로 발탁하는 등 간부들의 부패척결을 강조했다.

2005년 11월 쑨춘란은 36년간의 랴오닝성 근무를 끝내고 중화전국노동조합총연합회 부위원장 겸 동 서기처 제1서기로 중앙무대에 진입했다. 시계공장 노동자에서 일약 전국 노동조합의 실질적인 총수 자리에 오른 것이다. 이는 장관급 승진이었다.

이어 쑨춘란은 2009년 루잔궁의 후임으로 푸젠성 당위 서기에 임명되었다. 그는 장시성 서기 완사오펀萬紹芬에 이어 역사상 두 번째 여성 당위 서기가 되었다. 이때 대부분의 홍콩이나 타이완 언론들은 여성 간부를 푸젠성 서기로 발탁한 것은 양안(대륙과 타이완) 관계를 더욱 발전시키기 위한 것이라는 의미로 받아들였다.

당시 타이완의 「중국시보」는 쑨춘란의 성장과정과 프로필을 상세히 소개했다. 즉 일개 시계공장 노동자에서부터 시작해서 대륙의 유일한 여성 성당위 서기에 오른 인물임을 부각하고, 전국노동조합총연합회 부위원장 재직기간에는 홍콩·마카오·타이완 노동조합과의 교류업무를 진두지휘하던 사람이라는 것을 소개했다.

쑨춘란은 부임 일성으로 "해협 서안 경제특구 발전전략에 전력투구할 것"이라 하고, 2009년 베이징에서 개최한 〈양안 노동자단체 포럼〉에서 치사를 통해 양안 노동자의 합법적인 권익보호와 양안 노동자 단체 교류협력 기제의 개선을 건의했다.

2009년 푸젠성 당위 서기로 승진한 후 3년 만에 중국 4개 직할시 가운데 하나인 텐진 시 당위 서기 겸 중앙정치국 위원에 발탁되었다.

쑨춘란은 재직 중 랴오닝대학 통신교육과정, 랴오닝 당교, 중앙당교에서 석사과정을 밟는 등 학구열이 누구보다 강렬한 인사다. 기술학교를 나왔지만, 여타 제5세대 엘리트들과 마찬가지로 대학원 과정에서는 사회과학을 전공했다.

2017년이면 그의 나이 67세다. 중국공산당 정치국 인사의 경우 '67세이면 올라가고 68세이면 탈락(七上八下)' 하는 것이 관례다. 따라서 5년 동안 큰 하자가 없는 한 연임이 가능할 것으로 보인다.

약력

1965~1969 랴오닝성 안산공업기술학교 기계과 졸업

1969~1974 랴오닝성 안산 시계공장 노동자, 공청단 책임자

1974~1975 랴오닝성 안산 시 1경공업국 당위 상무위원 겸 공청단 서기

1975~1977 랴오닝성 안산 시 경방직공업국 당위 상무위원 겸 공청단 서기

1977~1979 랴오닝성 안산화학섬유방직공장 당위 상무위원

1980~1985 랴오닝성 안산화학섬유방직공장 부공장장(1981~1984년, 랴오닝대학 경제관리학전공 통신교육과정 수료)

1979~1980 랴오닝성 안산화학섬유방직공장 당위 상무위원, 정치처 부주임

1985~1986 랴오닝성 안산화학섬유방직공장 당위 부서기, 부공장장

1986~1988 랴오닝성 안산화학섬유방직공장 당위 서기

1988~1991 랴오닝성 안산 시 부녀연합회 회장

1991~1995 랴오닝성 노동조합총연합회 부위원장(1989~1991, 랴오닝성 당교 경제관리전공 통신과정 본과 수료; 1992~1993년, 중앙당교 중청년간부 연수반 수료)

1993~1994 랴오닝성 부녀연합회 회장, 당조 서기

1994~1997 랴오닝성 노동조합총연합회 부위원장, 당조 서기

1995~1997 랴오닝성 당위 상무위원(1992~1995, 랴오닝대학 정책관리학전공 석사과정 수료)

1997~2001 랴오닝성 당위 부서기, 성 당교 교장, 15기 중앙후보위원

2001~2005 랴오닝성 부서기, 다롄 시 당위 서기(2000~2003, 중앙당교 통신대
　　　　　 학 성·부급 간부 재직대학원과정 정치학 전공)

2005~2009 중화전국노동조합총연합회 당조 서기, 동 부위원장, 동 서기처 제1서
　　　　　 기

2009~2010 푸젠성 당위 서기

2010~2012 푸젠성 당위 서기, 동 성 인민대표대회 상무위원회 주임

2012~　　 중앙정치국 위원, 톈진 시 당위 서기

● **쑨정차이**[孫政才]

충칭 시 당위 서기 겸임
장쩌민 계열 농학박사, 제6세대의 다크호스

쑨정차이는 1963년 9월 산둥성 룽청榮城 출신이다. 룽청은 신라의 거상 장보
고가 건립한 법화원이 있는 곳이다. 농학박사 학위를 받은 농업 전문가로,
1988년 공산당에 입당했다.

　쑨정차이는 21세 때 산둥 라이양萊陽농과대학을 졸업한 후 계속하여 베이
징농림과학원과 베이징농업대학에서 작물재배와 경작학을 전공하여 석사
학위를 받았다. 석사학위 취득 후 베이징농림과학원 작물연구소 부주임과

영국 로잔Lausanne시험연구소 객원교수를 거쳐 재직 중 중국농업대학에서 농학박사 학위를 받는 등 농학자의 길을 걸었다.

박사학위를 취득한 그해 쑨정차이는 학자에서 관리자로 변신하여 베이징 시 순이順義현 부서기, 현장대리, 현장을 지내고, 순이현이 구로 바뀌자 구청장을 역임했다.

2002년 순이구 당위 서기가 된지 얼마 후, 베이징 시 당위는 차액선거제도를 도입하였다. 이 선거에서 쑨정차이는 예상을 뒤엎고 39세의 나이로 베이징 당위 상무위원에 당선되어 부성급副省級 고급간부가 되었다.

쑨정차이의 출세가도는 이때부터 열리기 시작했다. 4년 후 베이징 시 당위 비서장이 된 쑨정차이는 두칭린의 뒤를 이어 국무원 농업부장(장관)에 발탁된다. 대학 졸업 후 불과 22년 만에 장관에 발탁된 것이다. 이는 1960년생 이후 간부들 가운데 최단기간의 기록이다. 당시 그의 나이 43세로 최연소 장관이었다.

2009년 11월 당 중앙의 인사에 따라 쑨정차이는 농업 대성인 지린성 당위 서기로 기용되면서 후춘화(네이멍구 당위 서기)와 함께 중국 1급 지방의 최연소 수장이 되었다. 그리고 2012년 11월 당 18대1중전회에서 후춘화와 함께 최연소(49세) 중앙정치국 위원이 되었고, 4대 직할시 중 하나인 충칭 시 당위 서기에 선임되었다. 최연소 부장(장관)에서 최연소 정치국 위원이 된 것이다.

쑨정차이는 보시라이 전 충칭 시서기의 스캔들로 상처받은 3,200만 충칭 시민들의 마음을 다독거려야 할 부담을 안고 충칭 시의 당위 서기로 부임했다. 충칭은 중국의 4개 직할시 가운데 가장 인구가 많은 곳이며, 파촉巴蜀 문화의 중심으로 보수적 색채가 강한 고장이다.

쑨정차이가 충칭에서 제대로 능력을 발휘한다면 2017년에는 중앙정치국 상무위원에 진입할 가능성이 있으며, 2022년에는 정치국 상무위원에 재임 되어 국무원 총리가 될 가능성이 높다. 후춘화가 후진타오─리커창 계열 공청단의 지지를 받고 있다면, 쑨정차이는 장쩌민 전 주석이 애써 챙기고 있는 인물로 알려지고 있다.

쑨정차이는 2011년 상반기 중국 네티즌들이 뽑은 가장 강력한 차세대 리더 중의 한 사람이었다. 당시 네티즌들은 정부급正部級(장관급) 간부 가운데 저우창(1960년생, 후난성 서기), 후춘화(1963년생, 네이멍구 서기), 쑨정차이(1963년생, 지린성 서기), 루하오(1967년생, 공청단 중앙 제1서기) 등 4명을 가장 유망한 중국공산당 제6세대 후계자 후보군으로 꼽았다. 리훙중(1956년생, 후베이성 서기), 자오러지(1957년생, 산시성 서기)는 그 다음이라고 평가하였다. 하지만 제6세대가 집권할 시기는 제20차 당 대회(2022)이고, 아직도 많이 남았으니 이 기간 동안 그들의 부침浮沈이 어떻게 진행될지는 두고 볼 일이다. 2012년 제18차 당 대회에서는 후춘화와 쑨정차이 그리고 자오러지가 중앙정치국에 입국하여 포스트 시진핑 시대의 선두 주자가 되었다. 쑨정차이는 차세대 다크호스로 떠오르는 후춘화 광둥성 서기와는 동갑으로 그들 중 누가 2022년 제1인자가 될 것인가는 많은 사람들의 특별한 관심을 끈다.

약력

1980~1984 산둥 라이양농대 농학과 졸업

1984~1987 베이징 시 농림과학원, 베이징농업대학 작물재배와 경작학 석사학위

1987~1993 베이징 시 농림과학원 작물연구소 옥수수연구실 부주임(1991. 1~1991. 7, 영국 로잔Lausanne시험연구소 객원교수)

1993~1994 베이징 시 농림과학원 비료연구소 소장, 당지부 서기

1994~1995 베이징 시 농림과학원 부원장

1995~1997 베이징 시 농림과학원 당위 부서기, 상무부원장(일상업무 주관) (1990~1997, 중국농업대학 농학전공 농학박사학위 취득)

1997~1998 베이징 시 순이현 부서기, 현장대리, 현장

1998~2002 베이징 시 순이구 부서기, 구청장(2000~2001, 중앙당교 1년제 중청
 년간부 연수반 수료)

2002~2002 베이징 시 순이구 서기, 베이징 시 당위 상무위원, 순이구 서기

2002~2006 베이징 시 당위 상무위원, 비서장 겸 시 직할기관 공작위원회 서기
 (2000~2003, 중앙당교 재직연구생반 법학이론전공 수료; 2006.
 5~2006. 7, 중앙당교 성·부급 간부연수반 수료)

2006~2009 국무원 농업부장, 17기 중앙위원(2007)

2009~2012 지린성 당위 서기, 성 인민대표대회 상무위원회 주임(2012)

2012~ 중앙정치국 위원, 충칭 시 당위 서기

● **리젠궈**李建國

전인대 상무부위원장 및 동 비서장 겸임
중화전국노동조합총연합회 위원장

리젠궈는 1946년 4월 산둥성 쥐안청鄄城 출신이다. 산둥대학 중문학과를 졸
업하고, 1971년 6월 입당하였다.

 1997년 산시성 당위 서기로 부임하기 전에는 줄곧 톈진 시에서 근무했
다. 문화대혁명 기간 톈진 시 닝허寧河현 생산대대에서 노동자로 일한 것이

인연이 되어 현의 말단 간사로부터 톈진 시 당위 부서기까지 올랐다.

톈진 시는 리루이환 전 정협 주석의 본거지다. 리젠궈 역시 리루이환이 톈진 시 당위 서기로 근무할 당시 그의 판공청 주임으로 일한 리루이환의 사람이다. 리루이환은 노동자 출신으로 공청단 중앙서기처 서기와 톈진 시장 및 당위 서기를 거쳐 중앙정치국 상무위원까지 오른 중국 현대정치사에서 보기 드문 입지적인 인물이다. 리젠궈는 리루이환 밑에서 10여 년간 근무했다. 이때 리젠궈는 아마 꼼꼼하고 성실하게 행동으로 실천하는 리루이환 스타일의 리더십을 배웠을 것이다. 현 국가주석 시진핑도 말보다 행동을 앞세우는 리루이환의 업무 스타일을 존경한다고 했다.

리루이환이 톈진 시 당위 서기에서 권력 서열 4위의 전국정협 주석으로 피선되면서 리젠궈는 톈진 시 당위 부서기로 승진했다. 또 리루이환이 정협 주석으로 연임되기 직전 리젠궈는 산시성 당위 서기로 승진했다.

1998년 고향 산둥성 당위 서기로 영전되어 성 인민대표대회 상무위원회 주임을 겸직하고 있던 중 2008년 제11기 전국인민대표대회 상무위원회 부위원장 겸 비서장에 선임되어 중앙무대에 진입하였다. 그리고 2012년 중앙정치국 위원이 되었다. 현재 제12기 전국인민대표대회 상무위원회 부위원장 겸 비서장 그리고 중화전국노동조합총연합회 위원장(중화전국총공회 주석)직을 겸직하고 있다. 그의 연령으로 보아 2017년 제19차 당 대회에서는 퇴진할 것으로 보인다.

약력

1964~1969 산둥대학 중문학과 졸업

1969~1970 모교에서 발령대기

1970~1972 톈진 시 닝허현 생산대대에서 노동단련

1972~1976 톈진 시 닝허현 문교국, 현 당위 선전부 간사

1976~1978 톈진 시 농업위원회 선전처 간사

1978~1981 톈진 시 당위 판공청 판공실 간사

1981~1982 톈진 시 당위 판공청 판공실 부주임

1982~1983 톈진 시 당위 판공청 부주임

1983~1988 톈진 시 당위 판공청 주임

1988~1989 톈진 시 당위 부비서장 겸 판공청 주임

1989~1991 톈진 시 당위 비서장

1991~1992 톈진 시 당위 상무위원, 비서장, 허핑和平구 서기

1992~1997 톈진 시 당위 부서기, 14기 중앙후보위원

1997~1998 산시성 당위 서기

1998~2007 산시성 당위 서기, 성 인민대표대회 상무위원회 주임

2007~2008 산둥성 당위 서기, 성 인민대표대회 상무위원회 주임(2008)

2008~2012 제11기 전국인민대표대회 상무위원회 부위원장 겸 비서장

2012~2013 중앙정치국 위원, 제12기 전국인대 상무부위원장 겸 비서장 중화전국

　　　　　 총공회 주석

● 리위안차오 李源朝

국가 부주석 겸임
공청단 중앙서기처 서기 출신, 법학박사

리위안차오(1950~)는 장쑤성 롄수이漣水 출신이다. 고급 간부의 자제로 태어나 공청단에서 경력을 쌓은 엘리트로 1978년 중국공산당에 입당했다.

그는 1968년에서 1972년 장쑤성 다펑현大豐현 상하이 농장 직공으로 일한 후, 1972년에서 1974년 2년제 상하이사범대학 수학과를 졸업하고, 6년간 상하이 난창南昌중학과 루완盧灣구 직업공업전문학교 등에서 교사생활을 했다. 1978년 다시 푸단대학 수학과에 입학하여 32세에 졸업했다.

재학 중 수학과 공청단 총지부 부서기 · 서기를 거치는 등 공청단과 인연을 맺게 되었다. 그의 대학 동기생들의 말에 의하면 그는 대학 졸업 당시 수학자가 되어 연구에 종사하기를 희망했던 것으로 전한다. 그러나 그의 부친의 상급자였던 천피셴(전 상하이 제1서기) 당시 당 중앙서기처 서기의 영향으로 그의 운명이 바뀌었다고 한다. 그는 졸업과 동시에 모교에 남아 공청단 대학 지부 일을 했다. 그의 부친 리간청은 천피셴 밑에서 상하이 부시장을 지냈다.

1983년 능력을 인정받아 공청단 상하이 시 부서기와 서기를 거쳐 공청단 중앙서기처 서열 4위 서기로 발탁되었다. 그리고 1990년까지 중국소년선봉대공작위원회 주임, 국무원판공실 1국장으로 근무했다. 동 기간 공청단 중앙서기처 제1서기였던 후진타오와 인연을 맺었다. 1984년 후진타오가 담당하던 선전업무 일부를 이어 받아 활동했으며, 2000년 장쑤성 당위 부서기로 자리를 옮길 때까지 전국청년연합 부주석, 당 중앙 대외선전협력실 부주임, 국무원 신문판공실 부주임, 문화부 부부장 등 주로 선전과 문화 부문에서 근무했다. 국무원 신문판공실은 대언론관계를 담당하는 부서로 한국의 국정홍보처와 유사한 기관이다.

리위안차오은 재직 중인 1988년 베이징대학에서 경제관리학 석사학위를 받았다. 그는 앞으로 고학력이 승진에 있어서 중요한 인소가 될 것이라 생각하고 대학원에 입학하여 저명한 경제학자 리이닝 교수의 지도를 받았다. 리이닝 교수는 현대서방경제에 정통한 경제학자로 리커창의 지도 교수이기도 하다. 당시 리이닝 교수의 또 다른 제자는 멍샤오쑤孟曉蘇(당 중앙판공청 비서)였다. 이 세 사람의 석·박사 학위논문과 리이닝 교수가 공동으로 펴낸 책인 『번영을 향한 전략적 선택走向繁榮的戰略選擇』은 현재 베이징대학 광화관리학원 2층 전시실에 전시되어 있다. 이 책은 1991년 8월 「경제일보사」에서 출판된 후 중국 경제학계의 주목을 받았다. 이후 리위안차오는 중앙당교에서 법학박사 학위를 취득했다.

리위안차오는 2000년 장쑤성 부서기로 지방 근무를 시작했다. 이후 난징시 당위 서기로 재직하던 중 2002년 후진타오가 당 총서기가 되면서 바로 장쑤성 당위 서기에 올랐다. 장쑤성은 중국에서 부유하기로 손꼽히는 성이며, 인재가 많이 배출되는 성이다. 따라서 그에 대한 후진타오의 신임을 읽을 수 있는 인사였다고 볼 수 있다.

이후 리위안차오는 제17차 당 대회에서 중앙정치국 위원에 선임된 후 당 중앙의 일상업무를 관장하는 중앙서기처의 상무서기로 발탁되어 베이징에 입경했다. 당 중앙후보위원에서 일약 중앙정치국 위원이 된 것이다. 그리고 당 중앙의 핵심부서인 중앙조직부장도 겸직하게 되었다. 중앙조직부는 당·정·군 및 지방 성급의 조직 및 고위급 간부의 인사를 관장하는 부서로 권력의 핵이다. 장쩌민 시대에는 그의 심복인 쩡칭훙이 맡아 고위간부의 인사를 좌지우지하면서 인적 네트워크를 형성했고, 심지어 제1기 후진타오 정권 기간(2002~2007)에도 장쩌민은 그의 심복인 허궈창을 조직부장에 임명(후진타오 집권 직전에 임명)하여 권력의 끈을 놓지 않으려 했었다. 이러한 점을 고려할 때 리위안차오는 총서기 후진타오의 오른팔 역할을 했음에 틀림없다. 과거 중국을 움직인 덩샤오핑, 후야오방은 물론 차오스, 웨이젠싱, 쑹핑 등은 모두 중앙조직부장을 지낸 실력자들이다.

리위안차오는 공청단 중앙서기처 서기 출신으로 후진타오의 직계인 동시에 문화대혁명 이전에 상하이 부시장을 지낸 리간청의 아들로 태자당 출신이기도 하다. 하지만 그는 직설적이고 곧은 성격 때문에 타인과의 마찰 또한 적지 않은 편이라는 평가도 있다. 그래서 그런지는 몰라도 2012년 제18차 당 대회에서는 예측과 다르게 중앙정치국 상무위원에서 탈락했다. 그의 탈락은 후진타오-리커창을 대표로 하는 공청단 계열을 견제하려는 장쩌민-쩡칭훙의 상하이방과 태자당 연대세력의 저지 때문인 것으로 알려지고 있다. 하지만 리위안차오는 2013년 제18기 전인대에서 국가 부주석으로 회생했다. 국가 부주석직은 과거의 경우 중앙정치국 상무위원이며, 후계자로 지목되었던 후진타오와 시진핑이 차례로 맡았던 자리다. 그의 나이나 배경으로 보아 차기(2017년 제19기)에는 정치국 상무위원에도 오를 가능성이 높다. 하지만 상무위원으로 승진하지 못하면 2연임 불초과 규정에 따라 자동 퇴임할 수밖에 없을 것이다.

리위안차오의 가족으로는 중앙음악대학 교수로 재직하는 아내 가오젠진高建進과 아들 하이진海進이 있다. 하이진의 진은 어머니의 이름을 따서 지은 것이다.

1968~1972 장쑤성 다펑현 상하이 농장 직공

1972~1974 상하이사범대학 수학과 졸업

1974~1975 상하이 시 난창중학 교사

1975~1978 상하이 루완구 직업공업전문학교(업여業餘공전) 교사

1978~1982 푸단대학 수학과 수학전공, 수학과 공청단 총지부 부서기 · 서기

1982~1983 푸단대학 관리계 교사, 대학 공청단 부서기

1983~1983 공청단 상하이 시 부서기, 서기

1983~1990 공청단 중앙서기처 서기(1988~1990, 베이징대학 경제관리학 석사
학위)

1990~1993 당 중앙대외선전소조 제1국장

1993~1996 당 중앙대외선전소조 부조장, 중앙대외선전판공실 부주임, 국무원 신
문판공실 부주임(1991~1995, 중앙당교 대학원 과학사회주의 전공,
법학박사 학위 취득)

1996~2000 국무원 문화부 부부장, 당조 부서기

2000~2001 장쑤성 당위 부서기

2001~2002 장쑤성 당위 부서기, 난징 시 당위 서기

2002~2003 장쑤성 당위 서기, 난징 시 당위 서기, 중앙후보위원(2002~2007)

2003~2007 장쑤성 당위 서기, 성 인민대표대회 상무위원회 주임

2007~2012 중앙정치국 위원, 중앙서기처 서기, 중앙조직부장

2012~ 　　중앙정치국 위원, 국가 부주석(2008~)

● 왕양汪洋

국무원 부총리 겸임
공청단 안후이성 서기 출신

왕양은 1955년 안후이성 쑤저우宿州 출신으로, 1975년 8월 중국공산당에 입당하였다. 1972년 6월 공작에 참가한 후 1999년 9월 국가발전계획위원회 부주임에 발탁될 때까지 안후이성에만 근무한 안후이성 토박이다. 중앙당교를 나와 안후이성 재직 중 중국과학기술대학(허페이 소재) 대학원에서 관리학을 전공하여 공학석사 학위를 받았다.

1972년부터 안후이성 쑤셴宿縣지구 식품공장 노동을 시작으로 1979년까지 안후이성 쑤셴지구 '57간부학교'에서 교원, 교학연구실 부주임, 당위 위원으로 근무했다.

왕양은 1979년 3월부터 1980년 9월까지 1년 6개월간 중앙당교 이론선전 간부반에서 정치경제학을 전공했다. 중앙당교 수료 후 안후이성으로 복귀하여 1981년 10월까지 안후이성 쑤셴지구 당위 당교의 교원으로 일했다. 그리고 1981년 10월 공청단 안후이성 쑤셴지구 부서기가 되면서 공청단계와 인연을 맺기 시작했다. 이후 공청단 안후이성 선전부장, 동 부서기 등을 거쳐 안후이성 체육위원회 부주임, 주임, 그리고 안후이성 퉁링銅陵시 당위 부서기, 시장대리, 시장 등으로 승진했다. 또 재직 중 중앙당교 통신대학 본과반 당정관리과정을 수료했다.

1992년 8월 중앙당교 교육을 수료한 후 왕양은 안후이성으로 복귀하여

1998년까지 안후이성 계획위원회 주임, 성장 보좌역, 부성장 등을 역임했고, 동 기간 중국과기대학 대학원에서 관리과학 전공으로 공학석사 학위를 취득했다. 이어 중앙당교 성·부급 간부 중앙정치국위 연수반을 수료하고, 1998년 안후이성 부서기 겸 부성장에 임명되었다. 이처럼 그는 1999년 9월 말 국가발전계획위원회 부주임(차관급)으로 자리를 옮길 때까지 안후이성 당정 간부로만 근무했다.

국가발전계획위원회 부주임에 발탁된 후 중앙정신문명건설지도위원회 위원, 중앙암호(밀마密碼)공작 영도소조 성원, 중앙보건위원회 위원 등을 겸직하면서 중앙의 행정을 경험하였으며, 이 기간(2001. 9~2001. 11) 중앙당교 성·부급 간부 연수반을 수료했다.

2003년 3월 후진타오가 국가주석이 된 후 그의 후광으로 왕양은 국무원 부비서장(장관급)에 발탁되어 국무원 판공청의 상무 업무를 담당(기관당조 부서기, 국무원 산샤三峽 공정건설위원회 위원 겸직)하였다. 또 2005년 12월 4대 직할시 중 하나인 충칭 시 당위 서기로 승진했으며, 이어 17대1중전회에서 대망의 중앙정치국 위원에 발탁되고 경제 대성인 광둥성 서기로 자리를 옮겼다. 충칭 시 당위 서기로 선임될 때 이미 왕양의 정치국 입국은 기정사실화 되었다. 이는 중국의 4개 직할시 당위 서기는 거의 중앙정치국 위원으로 발탁되는 것이 관례였기 때문이다. 이처럼 왕양의 경우는 제16기 당 중앙후보위원에서 중앙위원을 뛰어 넘어 일약 중앙정치국 위원에 오른 보기 드문 승진 케이스다. 2단계나 뛰어오른 파격 인사였다.

하지만 기대와는 달리 제18기 중앙정치국 상무위원에 오르지 못하고 중앙정치국 위원을 연임하면서 국무원 부총리에 발탁되는 데 그쳤다. 왕양이 정치국 상무위원에서 제외된 이유는, 첫째 전 주석 장쩌민이 자파 세력을 우선적으로 끌어올리려는 데서 비롯되었다. 상무위원 후보 중 나이가 가장 많은 위정성(67세)은 이번 기회를 놓치면 끝장이고, 상무위원 후보군 중 최연소인 왕양(57세)은 능력과 잠재력이 있지만 한 차례 더 기회가 있다고 보아 후진타오로 하여금 왕양을 양보케 한 것이다. 둘째, 왕양(보시라이 직전 충칭시 서기, 공청단)은 보시라이(태자당)와 지나치게 적대적인 관계였기 때문에 보시라이만 탈락시키고 왕양을 승진시킬 경우 반대파의 분노가 클 것을 우려하였기 때문이다.

왕양은 2013년 3월 제12기 전인대에서 부총리에 선임되어 국가발전개혁위원회와 국토자원과 주택건설 분야를 담당하게 되었다. 그는 과거에 이미 중앙정부에서 국가계획위원회 부주임과 국무원 부비서장을 역임한 바 있어 충분히 능력을 발휘할 것으로 보인다.

연령과 배경 및 경력 등으로 보아 차기(2007년 제19기)에는 정치국 상무위원에 진입할 가능성이 아주 높은 인물이다. 1955년생으로 후진타오를 대표로 하는 공청단 계열이며, 또 4대 직할시 가운데 인구가 가장 많은 충칭 시와 경제 대성인 광둥성 당위 서기를 거쳐 현재 부총리를 겸임하고 있는 나무랄 데 없는 경력의 소유자이기 때문이다.

약력

1972~1976 안후이성 쑤셴지구 식품공장 노동자, 작업장 책임자

1976~1979 안후이성 쑤셴지구 '57간부학교' 교원, 교학연구실 부주임, 학교당위 위원

1979~1980 중앙당교 이론선전간부반 정치경제학 전공

1980~1981 안후이성 쑤셴지구 당교 교장

1981~1982 공청단 안후이성 쑤셴지구위원회 부서기

1982~1983 공청단 안후이성 선전부장

1983~1984 공청단 안후이성위원회 부서기

1984~1987 안후이성체육위원회 부주임, 당조 부서기

1987~1988 안후이성체육위원회 주임, 당조 서기

1988~1992 안후이성 퉁링 시 당위 부서기, 시장대리, 시장(1989~1992, 중앙당
　　　　　교 통신대학 본과반 당정관리 전공)

1992~1993 안후이성 계획위원회 주임, 당조 서기, 성장 보좌역

1993~1993 안후이성 부성장

1993~1998 안후이성 당위 상무위원, 부성장(1993~1995, 중국과학기술대학 대학
　　　　　원 관리학 전공, 공학석사)

1998~1999 안후이성 당위 부서기, 부성장

1999~2003 국가계획위원회 부주임(2001. 9~11, 중앙당교 성·부급 간부연수반
　　　　　학습), 제16기 중앙후보위원(2002~)

2003~2005 국무원 부비서장(국무원판공청 상무업무 담당, 장관급), 기관당조 부
　　　　　서기

2005~2006 충칭 시 당위 서기

2006~2007 충칭 시 당위 서기, 동 인민대표대회 상무위원회 주임

2007~2012 중앙정치국 위원, 광둥성 당위 서기

2012~　　　중앙정치국 위원

2013~　　　중앙정치국 위원, 국무원 부총리

● 장춘셴張春賢

신장위구르자치구 당위 서기 및
신장생산건설병단 제1정치위원 겸임

장춘셴은 1953년 5월 허난성 위저우禹州 출신이다. 인민해방군 사병으로 근무하면서 1973년 공산당에 입당했다. 1980년 동북중형기계대학 기계제조학과를 졸업하고, 교통부 부부장 재직 중 하얼빈공대에서 관리과학과 공정학을 전공하여 관리학석사 학위를 받은 고급엔지니어다.

인민해방군 전사에서 출발하여 다시 학생, 엔지니어를 거쳐 기업과 지방 및 중앙 정부의 지도자에 이르기까지 한 단계 한 단계 성실히 자기관리를 해온 입지적 인물이다.

4년 3개월 간 우한武漢군구 통신단에서 사병으로 복무한 후 제대하여 고향으로 돌아와 문화대혁명의 막바지 기간인 2년 동안 인민공사 둥관東關대대 간부로 보리 파종과 재배 등을 관리하며 농민생활을 경험하였다.

1976년 동북중형기계대학에 진학하여 단압공예 및 설비를 전공하면서 학과 대표로 활동했다. 장춘셴은 학령기를 놓치고 군대생활과 인민공사에서 노동자 생활을 경험했기 때문에 학구열은 누구보다 강했다.

1980년 대학 졸업 후 제3기계부 116공장 15현장에 배치되어 1년간 엔지니어로 근무했다. 이후 기계부(1988년 기전부機電部로 변경) 제10설계연구원으로 옮겨 10년 동안 엔지니어에서 동 연구원 조직부 부부장, 당위 서기 겸 부원장에까지 승진한 테크노크라트다. 설계연구원 당위 서기 재직 중 그는 당의 정화운동을 펼쳐 '우수 정치 기술간부,' '우수 사상정치공작자,' '국가성·시급 3급 정치공작자'의 칭호를 받았다. 이 기간 그는 단순한 엔지니어에서 정치적 리더십을 갖춘 간부로 탈바꿈하였다.

1991년 10월 장춘셴은 위의 공로를 인정받아 기전부의 '우수 청년간부'로 선발되어 국무원 감찰부의 기전부 주재 감찰국 부국장에 발탁되었다. 이는 장춘셴의 오늘이 있게 된 전기였다. 1992년 지도급 간부로부터 기전부 산하 기업인 중국포장 및 식품기계총공사의 열악한 재무 상태를 바로잡아 줄 것을 요청받고, 곧 감찰국 부국장에서 동 공사 부사장으로 파견되었다. 파견기간 1년 동안 재무 상태를 바로 잡는 데 성공하여 경영자로서의 능력을 인정받아 그곳 사장 겸 당위 서기로 승진하였다.

1998년에는 윈난성 성장 보좌관으로 이동하여 군수공업 및 기계, 전자공업 부문을 담당하였다. 소속은 윈난성이었지만, 근무처는 베이징 주재 윈난성 사무실이었다. 그는 윈난성의 실정을 감안하여 대형 프로젝트보다는 중소형 사업의 육성책을 건의하였고, 성정부에서는 그의 건의를 받아들여 중소기업 육성에 주력하여 유명 프린터업체인 블루 컴퓨터, 쿤밍 변압기 공사 (중국 철로 변압기 시장의 80% 장악) 등 중소기업을 키웠다. 그 결과 윈난성 주민들은 장춘셴을 윈난 사람으로 착각할 정도로 그를 아끼고 사랑했다. 1998년 국무원 교통부 부부장으로 승진했을 때 윈난성 주민들은 마치 고향 사람이 부부장이 된 것처럼 자랑했다는 일화가 있다.

어쨌든 장춘셴은 20년 만에 처음으로 외부 인사가 교통부 부부장이 된 사례로 기록되면서 2002년에는 교통부장(장관)으로 승진했다. 당시 그는 최연소 장관이었다. 교통부 부부장 재임 시 교통 업무에 익숙하지 못한 그는 모르는 것이 있으면 앉아서 부하를 부르지 않고 직접 부하직원의 사무실을 찾아 자문했다고 한다. 부장 재임 중 장춘셴은 특히 샤오캉小康(중진 수준)사회 건설을 위해서는 교통개발이 선행되어야 함을 강조하면서 〈국가고속도로망

건설계획〉, 〈농촌도로발전계획〉, 〈서부지역 국도발전계획〉 등 야심찬 계획을 수립·발표하였다.

2005년 후난성 당위 서기로 승진한 후 5년 만에 신장위구르자치구 당위 서기로 이동했으며, 이때 이미 2012년 제18기 중앙정치국 위원 발탁이 점쳐졌다. 이유는 소수민족 문제로 전임 신장위구르자치구 서기 왕러취안 역시 중앙정치국 위원을 겸직하였기 때문이다. 장춘셴은 왕러취안과 마찬가지로 신장 생산병단 제1정치위원을 겸직하게 되었다.

장춘셴은 독서 이외에는 특별한 취미가 없는 일 벌레이며, 일을 배울 때는 철저하고 업무가 익숙해질 때까지 아래 위를 가리지 않고 묻는 것이 특징이다.

신장의 문제는 장춘셴이 말한 것처럼, 단순히 경제의 낙후에서 기인한 것이 아니라 뿌리 깊은 역사적 배경과 민족적 문제가 존재하기 때문이다. 따라서 이곳에서 장춘셴이 어떻게 사회적 안정을 기하고 경제를 끌어올리느냐가 그에게 주어진 최대의 과제라고 할 수 있다. 특별한 돌발사건이 발생하지 않는 한, 연령으로 볼 때 2017년 제19차 당 대회에서 정치국 상무위원에 진입하여 국무원 부총리 정도에 오를 가능성이 높다. 하지만 최근 신장위구르족이 일으킨 천안문 차량 폭탄테러 등은 그에게 닥친 큰 악재다.

약력

1970~1975 인민해방군 8192부대에서 사병으로 근무

1975~1976 허난성 위현 청관城關공사 둥관대대 간부

1976~1980 동북중형기계대학 기계제조학과 단압공예 및 설비전공 수료

1980~1982 제3기계부 116공장 15현장 기술원

1982~1985 기계부 제10설계연구원 계획과 공정사보, 당위 조직부 부부장

1985~1988 기계부, 기계위원회, 기전부 제10설계연구원 당위 서기

1988~1991 기전부 제10설계연구원 당위 서기 겸 부원장

1991~1992 감찰부 기전부 주재 감찰국 부국장

1992~1993 중국포장 및 식품기계총공사 부사장

1993~1995 중국포장 및 식품기계총공사 부사장 겸 당위 서기

1995~1997 윈난성 성장 보좌관(군수, 기계, 전자공업 담당)

1998~2002 교통부 부부장(1998~2002, 하얼빈공대 대학원 관리학석사 학위 취
　　　　　 득; 2000. 9~ 2000. 11, 중앙당교 성·부급 간부연수반 수료)

2002~2005 교통부장, 제16기 중앙위원

2005~2006 후난성 당위 서기, 성 인민대표대회 상무위원회 주임(2006~)

2010~2012 신장위구르자치구 당위 서기, 신장생산병단 제1정치위원

2012~　　　중앙정치국 위원, 신장위구르자치구 서기, 신장 생산병단 제1정치위원

● **판창룽**范長龍

중앙군사위원회 부주석 겸임
포병 출신 현역 상장

판창룽은 1947년 5월 랴오닝성 압록강 하구의 단둥丹東 출신이다. 1968년 10월 지식청년으로 일하던 중 1969년 2월에 군대에 들어가 그해 9월에 공산당에 입당했다. 재직 중 중앙당교에서 학부 과정의 교육을 받았다.

판창룽은 1969년 2월 인민해방군 사병으로 입대한 후 포병부대 분대장,

소대장, 중대 정치지도원, 대대장, 부연대장, 연대장, 사단장과 집단군 군단장, 해방군 총참모장보, 대군구 사령관을 거쳐 중국군 최고 지도부인 중앙군사위원회 부주석에 오른 포병 출신 군사지도자다. 판창룽은 사병으로 입대한지 10년 만에 부연대장으로 승진하였고, 1985년까지 육군 제16군 포병연대에서 근무하다가 포병연대가 육군 제16집단군으로 재편되자 16집단군에서 2000년까지 사단장, 집단군 참모장 등을 거치며 고급 장령의 길을 걸었다. 1995년 소장에 진급하고 군단장으로 복무하던 중 2000년 53세 때 선양군구 참모장이 되어 대군구 부급副級 장령이 되었다.

56세 때 전임 해방군 참모장보 량광례 상장이 총참모장으로 승진하자 판창룽은 총참모장보로 전입되었고, 다음 해 가을 전임 지난군구 사령관 천빙더 상장이 중앙군사위원 겸 해방군 총장비부장으로 발탁되자, 그는 다시 지난군구 사령관에 기용되어 대군구급 장령이 되었다. 판창룽은 지난군구 사령관 재직 시절 전후로 류둥둥劉冬冬과 두헝옌杜恒岩 두 정치위원(상장)과 한 짝이 되어 일했다.

2008년 후진타오 전 주석에 의해 중국군 최고 계급인 상장에 진급했고, 2012년에는 당 제18기 중앙정치국 위원 겸 중앙군사위원회 부주석에 발탁되었다. 전임 쉬차이허우徐才厚 중앙군사위원회 부주석(2004~2012)이 육군 제16집단군에서 정치부 주임 및 정치위원으로 근무할 당시(1985~1992) 판창룽은 쉬차이허우 밑에서 연대장, 참모장, 사단장을 맡으면서 그를 보좌한 경력이 있다. 따라서 전임자인 쉬차이허우의 지원 역시 컸던 것으로 보인다.

일반적으로 중앙군사위원회 위원을 거쳐 중앙군사위원회 부주석에 오르는 관례를 깨고 판창룽은 지난군구 사령관에서 바로 중앙군사위원회 부주석으로 승진했다. 이는 대군구 사령관이 바로 중앙군사위원회 부주석으로 승진할 수 있다는 선례를 남긴 것이다. 언론매체와 공개적 자료에 의하면 판창룽은 선양군구 참모장과 해방군 총참모장보를 거쳐 지난군구로 보임되어 8년간 지난군구 사령관으로 근무하여 고급 군 장성 중에는 가장 경력이 풍부한 군구 사령관이었기 때문에 바로 중앙군사위원회 부주석으로 승진할 수 있었다고 한다.

2017년이면 그의 나이 70세가 되므로 연령 초과로 연임은 불가능할 것이다.

약력

1968~1969 랴오닝성 둥거우東溝현 구산孤山공사 지식청년으로 일함

1969~1971 육군 제16군 포병연대 122포병대대 3중대 사병, 분대장, 공산당 입당

1971~1972 육군 제16군 포병연대 122포병대대 3중대 소대장

1972~1973 육군 제16군 포병연대 정치처 선전계 견습간사

1973~1973 육군 제16군 포병연대 정치처 조직계 간사

1973~1976 육군 제16군 포병연대 152포병대대 1중대 정치지도원(1975. 2~1975. 12, 쉬안화宣化포병학교 수료)

1976~1979 육군 제16군 포병연대 부연대장

1979~1982 육군 제16군 포병연대 부연대장 겸 참모장(1980~1982, 해방군군사대학 완성반 수료)

1982~1985 육군 제16군 포병연대 연대장

1985~1990 육군 제16집단군 48사단 참모장

1990~1993 육군 제16집단군 46사단장

1993~1995 육군 제16집단군 참모장(1992~1994, 중앙당교 지도간부통신교육반 경제관리전공 수료)

1995~2000 육군 제16집단군 군단장, 소장 진급(1995)

2000~2003 선양군구 참모장, 제16기 중앙후보위원(2002~), 중장 진급(2002)

2003~2004 해방군 총참모장보

2004~2012 지난군구 사령관, 상장 진급(2008)

2012~ 　　　중앙정치국 위원, 당 중앙군사위원회 부주석

2013~ 　　　중앙정치국 위원, 당 중앙군사위원회 부주석, 국가중앙군사위원회 부주석

● **멍젠주**孟建柱

중앙정법위원회 서기 겸임
상하이방

멍젠주는 1947년 7월생으로 장쑤성 하오_吳현 출신이다. 1971년 공산당에 입당하고, 재직 중 상하이기계대학 대학원에서 시스템공정을 전공하여 공학석사 학위를 받은 고급경제사다.

상하이 인근 전위前衛 농장에서 직원으로 18년 동안 근무한 멍젠주는 그 기간 상하이 시 당위 조직부장(인사와 조직 담당) 겸 비서장이던 쩡칭훙(전 국가 부주석)의 눈에 들어 지방정부 간부로 발탁되었다. 이 시기 쩡칭훙은 상하이 시 당위 부서기 겸 시장인 장쩌민의 수족 노릇을 하고 있었다. 멍젠주는 쩡칭훙의 힘으로 상하이 인근 촨사川沙현 서기가 되면서, 비로소 18년 동안의 농장 근무를 끝내고 지방행정 간부가 되었다. 1990년 주룽지 전 총리가 상하이 당위 서기일 때 인구가 많고 전통적이고 기풍이 있는 도시인 자딩嘉定현 서기로 영전했다.

1991년 우방궈 전 전인대 상무위원장과 전 국무원 부총리 황쥐가 각각 상하이 시 당위 서기와 시장으로 있을 때 멍젠주의 농장 경험과 농촌 현 서기 경력을 고려하여 상하이 시 농촌행정 당위 서기로 임명했다. 그리고 여기서 능력을 인정받아 1년 후에 상하이 시 정부 부비서장으로 발탁되었고, 이어 시정부 농업담당 부시장으로 승진했다.

멍젠주는 본래 대학을 나오지 못하고 일을 시작했지만, 재직 중에 피나는 노력으로 공학석사 학위를 받은 학구열이 강한 사람이다. 그리고 그의 성실한 근무태도와 농업에 대한 지식은 상사들의 신임을 얻는 데 모자람이 없었다. 황쥐 상하이 시 당위 서기의 두터운 신임을 얻은 그는 1996년 상하이 시당위 부서기에 승진했으며, 1997년 제15기 중앙후보위원에 당선되었다.

2001년 장쩌민에서 후진타오로 지도자 교체를 앞두고 상하이 시 당위 서기 및 시장을 교체할 무렵, 당 중앙은 천량위(당시 상하이 부서기 겸 시장)를 상하이 시 당위 서기로 임명하는 대신, 같은 부서기인 멍젠주를 농업경제의 중심지역인 장시성 당위 서기로 보내기로 결정했다. 결국 길고 길었던 농장근무가 그의 든든한 자산이 된 셈이다.

멍젠주는 2007년 중국 경찰의 총수인 공안부장에 발탁되어 중앙무대 진출의 문이 열렸다. 2012년까지 공안담당 국무위원, 중앙정법위원회 부서기를 역임하고 2012년 경찰의 최고 계급인 총경감總警監에 올랐다. 또 2012년 11월에 중앙정치국 위원에 당선되고 당 중앙정법위원회 서기에 선임되어 최고 지도층에 진입하게 되었다.

중앙정법위원회 서기는 전국의 법원, 검찰, 경찰을 총 지휘하는 당의 최고 지도자로, 전임 중앙정법위원회 서기(저우융캉)는 정치국 상무위원이 겸임했지만 제18기에 들어와서는 정법위원회 서기직을 정치국 위원이 겸직하도록 그 위상을 낮추었다. 이는 정법위원회의 권력이 지나치게 막강하여 최고 지도층조차 위협을 받거나 사법개혁에도 장애가 된다고 생각했기 때문이다.

멍젠주는 쩡칭훙 전 국가 부주석이 발탁하고 주룽지, 우방궈, 황쥐 등 전임 상하이 시장 겸 중앙정치국 상무위원들이 이끌어 준 상하이방이다. 그는 연령으로 보아 2017년 제19차 당 대회에서는 퇴임이 확실시 된다.

1968~1973 상하이 시 전위농장 판매수송선대隊 갑판원, 배차원, 부대장, 부기관

장, 공청단지부 서기, 부지도원

1973~1976 상하이 시 전위농장 수송연대 당 지부 서기

1976~1977 상하이 시 전위농장 정치처 선전조 조장

1977~1986 상하이 시 전위농장 당위 부서기, 정치처 주임, 농장장(1983~1986,

경제관리통신교육(㈜授)연합대학 상하이분교 공업기업관리전공 수료;

1984~1986, 상하이 시 당교 제2기 정치간부훈련반 당정관리 전공

수료)

1986~1990 상하이 시 촨사현 당위 서기

1990~1991 상하이 시 자딩현 당위 서기(1987~1991, 상하이기계대학 시스템공정

전공 공학석사 취득)

1991~1993 상하이 시 농촌공작 당위 서기

1992~1993 상하이 시 정부 부비서장

1993~1996 상하이 시 농업담당 부시장, 동 경제개혁위원회 주임

1996~1996 상하이 시 당위 상무위원, 부시장

1996~2001 상하이 시 당위 부서기, 제15기 중앙후보위원

2001~2007 장시성 당위 서기, 성 인민대표대회 상무위원회 주임, 제16기 중앙

위원

2007~2012 공안부장

2008~2012 국무위원, 중앙정법위원회 부서기, 총경감(2012)

2012~ 　　　중앙정치국 위원, 국무위원, 중앙정법위원회 서기

● 자오러지 趙樂際

중앙서기처 서기 겸 중앙조직부장 겸임
칭하이성 공청단 서기 출신

자오러지는 1957년 3월 칭하이성에서 태어났다. 본적은 산시陝西성 시안이다. 베이징대학 철학과를 졸업하고 재직 중 중국사회과학원과 중앙당교 대학원과정을 수료한 경제사다. 1975년 7월 입당했다.

자오러지의 부모는 칭하이성 말단 간부로 시안에서 칭하이로 이주했다. 자오러지는 칭하이성 시닝西寧 시에서 태어나 칭하이성에서 오랜 기간 근무했다.

문화대혁명 때 자오러지는 17세였으며 지식청년으로 생산대대에서 노동개조를 받았다. 그리고 18세 때 칭하이성 기층 통신원으로 근무하면서 공산당에 입당했다. 2년 후 그는 공농학병의 자격으로 베이징대학 철학과에 합격했는데, 그것이 그의 운명을 결정지은 가장 큰 전기가 되었다.

1980년 베이징대학 3년 수료(당시 대학은 3년제) 후 그는 칭하이로 돌아와 칭하이성 상업청에 들어가 베이징대학을 졸업한 수재로 그 능력을 인정받아 누구보다도 빠르게 한 단계 한 단계 승진의 가도를 걸었다. 1986년 29세 때 칭하이성 상업청 부청장으로 승진하여 최연소 기록을 세웠고, 5년 후 다시 청장으로 승진했다. 그리고 1993년 성장 보좌역을 맡은 후 6년간 칭하이성 부성장과 동 당위 부서기 겸 시닝시 서기로 승진했다.

1999년에는 칭하이성 성장 대리에 올랐고, 다음 해 1월 성장에 선임되었다. 당시 43세로 전국 최연소 성장이었다. 3년 후 자오러지는 마침내 칭하이성 최고 지도자인 성 당위 서기에 당선되는데, 그때 역시 전국 최연소 성급 당위 서기의 기록을 세웠다.

그의 포부는 당찼다. "칭하이성에 오염업종과 낙후업종은 필요없다.""10명을 줄 세울 때 칭하이성은 사실 맨 꼴찌다. 그렇다고 9번째를 따라잡으려 노력하지는 않을 것이다. 우리의 목표는 선두다." 그는 칭하이성 당위 서기로 재직하는 동안 적극적으로 중앙에 달라붙어 사업을 따내는 등 의욕적인 정책을 펴 칭하이의 GDP를 거의 배로 증가시켰다.

2007년 제17차 당 대회 직전 당 중앙은 산둥, 톈진, 간쑤, 산시의 성 당위 서기에 대한 인사를 단행했다. 이때 자오러지는 50여 년 동안 나서 자라고 일한 칭하이를 떠나 산시성 당위 서기로 영전했다. 동시에 제17기 중앙위원에도 당선되었다. 전임 산시성 서기 리젠궈는 산둥 서기로 이동되었다. 산시陝西는 당나라의 수도였으며 교육수준이 높고, 역사와 전통을 가진 성으로 서북 지방의 중심이기도 하다. 낙후를 면치 못하고 있는 칭하이성과 비교가 되지 않는 지역이다.

그는 최연소 성장, 서기 등으로 기록을 세우며 승승장구하여 오늘에 이르렀다. 2012년 11월 중앙정치국 위원에 당선되고, 중앙서기처 서기 겸 중앙조직부장이라는 막강한 위치에 올랐다. 중앙조직부장은 중국 당정군의 고위 간부 인사와 조직을 관장하는 부서로 당 중앙의 신임 없이는 맡을 수 없는 당 중앙의 핵심 부서다. 역대 중앙조직부장의 면면을 보면 그 위상과 권위을 알 수 있다. 신중국 성립 초기에는 펑전彭眞(전 베이징 시장 및 전인대 상무위위장), 랴오수스, 덩샤오핑, 쑹즈원宋子文 등이 맡았고, 문화대혁명 후 개혁개방기에는 후야오방, 쑹런충宋任窮(상장, 전 중앙고문위원회 부주임 및 전국정협 부주석), 차오스(전 기율검사위원회 서기 및 전인대 상무위원장), 웨이젠싱(전 중앙기율검사위원회 서기), 쑹핑(전 정치국 상무위원), 쩡칭훙(전 국가 부주석), 허궈창(전 중앙기율검사위원회 서기), 리위안차오(현 국가 부주석) 등 쟁쟁

한 인사들이 거쳐갔다. 이들은 대부분 조직부장 역임 후 중앙정치국 위원, 심지어는 정치국 상무위원에까지 올랐다.

자오러지는 베이징대학을 나온 수재에다가 칭하이성에서 공청단 간부로 활약한 경력 등으로 후진타오 전 주석의 적극적인 지지를 받은 것으로 알려지고 있다. 최근 중국 지도자 인사의 특징은 내륙의 빈곤 지역 지도자 경험을 통하여 정치적 단련을 필수 요건으로 하고 있다는 점을 고려할 때 그는 바로 그러한 코스를 큰 실수 없이 걸어온 인물이다. 특히 공청단 출신 간부들이 그러하다. 후진타오 전 주석(전 구이저우, 시짱 서기), 후춘화(전 네이멍구 서기), 류치바오(전 광시, 쓰촨 서기), 리잔수(전 구이저우 서기) 등도 그러한 길을 걸어왔다. 연령 및 배경과 경력 등으로 보아 차기 연임은 물론, 정치국 상무위원에 오를 가능성이 높은 인물이다.

약력

1974~1975 칭하이성 구이더貴德현 허동河東향 궁바貢巴대대 지식청년으로 노동

1975~1977 칭하이성 상업청 통신원

1977~1980 베이징대학 철학과 졸업

1980~1982 칭하이성 상업청 정치처 간사, 성 상업학교 교사, 공청단 서기

1982~1983 칭하이성 상업학교 교무과 부과장

1983~1984 칭하이성 상업청 정치처 부주임, 칭하이성 공청단 서기

1984~1986 칭하이성 우진자오五金交전기화학공사 당위 서기 겸 사장

1986~1991 칭하이성 상업청 부청장

1991~1993 칭하이성 상업청장

1993~1994 칭하이성 성장 보좌역, 재정청장, 칭하이성 부성장(1994~)

1994~1997 칭하이성 부성장

1997~1997 칭하이성 부성장, 시닝시 당위 서기

1997~1999 칭하이성 당위 부서기, 시닝시 서기(1996~1998, 중국사회과학원 대
        학원 화폐은행전공과정 수료)

1999~2000 칭하이성 당위 부서기, 성장대리

2000~2003 칭하이성 당위 부서기, 성장, 제16기 중앙위원(2002~)

2003~2004 칭하이성 당위 서기

2004~2007 칭하이성 당위 서기, 성 인민대표대회 상무위원회 주임(2002~2005,
        중앙당교 재직 대학원 과정 정치학전공 수료)

2007~2008 산시성 당위 서기

2008~2012 산시성 당위 서기, 성 인민대표대회 상무위원회 주임(~2013. 3)

2012~   중앙정치국 위원, 중앙서기처 서기, 중앙조직부장

● **후춘화**胡春華

광둥성 당위 서기 겸임
공청단 중앙 제1서기 출신
제6세대의 다크호스

후춘화는 1963년 4월 후베이성 우펑五峰 투자족土家族 자치현 출신이다. 베이
징대학 중문학과를 졸업하고, 1983년 4월에 입당했다.

2012년 11월 30일 5개 성·자치구 지도자의 인사가 있었을 때 가장 주목
을 받은 사람은 네이멍구 서기 후춘화와 지린성 서기 쑨정차이였다. 그들은

제6세대의 대표 주자로 각각 중국의 경제대성인 광둥성과 직할시 중 인구가 가장 많은 충칭 시 당위 서기로 영전되면서 제18기 중앙정치국 위원에 발탁되었다.

후춘화는 어머니의 성을 땄다. 그의 어머니 후씨는 부녀대장이었으며, 아버지는 생산대대의 보관원이었다. 그의 가정은 넉넉하지 못해서, 그는 초·중학교(우평 2중학) 시절 집으로부터 4km, 고등학교 시절은 6.5km 떨어진 학교를 모두 걸어서 다녀야 했다.

1979년 여름, 후춘화는 대학입학시험에서 전체 현의 수석(문과)으로 합격하여 베이징대학에 들어갔다. 우평자치현 역사상 처음으로 베이징대학에 입학한 학생이었다. 그는 입학통지서를 받은 후 여름방학 동안 막노동을 하여 돈을 벌고, 아버지는 이곳 저곳에서 돈을 빌려 교통비와 학비를 마련했다. 후춘화는 이렇게 1979년 9월 베이징대학 중문학과 최연소자(16세)로 입학하였으며 덩치 역시 제일 작았다. 하지만 베이징대학 4년 내내 그는 수석을 놓치지 않았다. 그래서 졸업 당시 당에서는 그를 베이징 시에 배치하기로 내정했다. 하지만 후춘화는 누구나 희망하는 수도 베이징 근무를 고사하고, 아무도 원치 않는 오지인 시짱(티베트)근무를 선택했다.

1983년 7월 18일 베이징 인민대회당에서 열린 수도권 대학졸업생 대회에서 후춘화 등 3명의 학생 대표는 당과 인민에게 "원대한 포부와 이상을 품고, 4화를 위해 헌신하겠다(志在四方, 獻身四化)."는 결심을 표명했다. 후춘화는 대회에서 다음과 같이 말했다. "중국은 하나의 다민족국가다. 소수민족 자치구역은 전 국토의 60%를 차지하고 있으며, 대부분 변경에 위치하고 있다. 소수민족 지역은 해야 할 일이 많은 신천지다. 나의 고향도 내륙의 소수민족 지역이다. 만약 개혁개방과 현대화 건설의 비약적인 발전이 없었다면, 나는 지금도 꽉 막힌 산골짜기에 살며, 화전농으로 연명하고 있을 것이다. 그래서 나는 한족漢族 만의 현대화는 전체 중화민족의 현대화가 아니며 중국의 현대화가 아니라고 생각한다." 후춘화는 자신의 모든 것을 변방 소수민족 지역인 티베트에 바치기로 결심하였다. 1983년 졸업 전야 그는 공산당에 입당했다.

후춘화 스스로가 베이징 배치를 뿌리치고 티베트 근무를 자원한 소식은 「광명일보」 1면 톱기사로 크게 보도되었다. "하나의 돌이 수천 겹의 물결을 불러 일으켰다."는 내용이었다. 이는 다른 사람들로서는 도저히 선택하기 어려운 길이었기 때문에 「인민일보」, 「신화사」, CCTV 등 여러 언론 매체의 연이은 보도로 전국에 센세이션을 일으켰다.

1983년 8월 23일 후춘화는 그를 품고 키워 준 우펑의 산수와 부모형제를 뒤로하고 티베트로 향했다. 그는 설산고원의 티베트에서 일반 간부로 출발하여 자치구 상무서기, 자치구 정부 부주석의 지위까지 한 단계 한 단계 올라갔다.

간부 복무 규정에 의하면 티베트에 근무하는 간부는 2년에 3개월간 휴가를 얻을 수 있도록 되어 있다. 그러나 후춘화는 1992년까지 10여 년간 한 번의 휴가도 얻지 않고 한 번도 고향을 찾지 않고 오직 티베트의 일에만 몰두했다. 그는 티베트 근무 기간 동안 75개 현과 시 가운데 50여 개의 현과 시, 그리고 200여 개의 향과 진을 낱낱이 찾아다녔다.

1997년 후춘화는 후진타오의 지원으로 공청단 중앙서기처 서기에 발탁되었다. 베이징대를 졸업한 지 14년 만에 다시 베이징으로 돌아온 것이다. 당시 그는 34세로 차관급 간부 중 최연소자였다. 2001년 다시 제2의 고향인 티베트로 돌아가 시짱자치구의 비서장, 당위 부서기·상무부서기, 자치구 정부 상무부주석 등을 역임하였다. 다시 2006년에는 공청단 중앙서기처 제1서기로 승진하여 베이징으로 돌아왔다. 당시 그의 나이 43세로 최연소 장관급 간부였다.

2008년 4월 후춘화는 수도권인 허베이성 성장대리로 이동되었다. 그리고 다음 해 성장에 당선되었다. 10개월 후에 다시 네이멍구자치구 당위 서기로 승진했다. 당시 그의 나이 46세로 전국 최연소 1급 지방정부 당위 서기였다.

2011년 상반기 네티즌들은 현임 정부급正部級(장관급) 간부 가운데 저우창(1960년생, 후난성 서기), 후춘화(1963년생, 네이멍구 서기), 쑨정차이(1963년생, 지린성 서기), 루하오(1967년생, 공청단 중앙 제1서기) 등 4명이 가장 유망한 중국공산당 제6세대 후계자 후보군이라 했으며, 리훙중(1956년생, 후베이성 서기), 자오러지(1957년생, 산시성 서기)는 그 다음이라고 평가하였다.

후춘화는 2012년 11월 중앙정치국 위원에 당선되어 중국의 최고 지도층에 진입했다. 그리고 중국에서 경제적으로 가장 잘 사는 성인 광둥성 당위 서기가 되었다. 광둥성 서기는 같은 공청단 계열 왕양이 국무원 부총리로 입각하면서 내놓은 자리다. 광둥성 서기 5년은 후춘화의 중요한 시험 무대이기도 하다.

후춘화는 '리틀 후진타오'로 불리는 진골 공천단 계열로, 후진타오의 막강한 지원을 받고 있다. 후진타오 전 주석과 7,500만 명의 단원을 보유하고 있는 공청단 중앙서기처 제1서기를 지낸 인연이 있는데다가, 후진타오 주석이 1988년부터 시짱자치구 서기로 근무할 당시 공청단 시짱자치구 당위 부서기로 그의 비서를 했기 때문에 후진타오와는 인연이 깊다. 후진타오 전 주석은 2012년 여름 베이다이허 회의에서 후춘화를 정치국 상무위원에 발탁하여 차세대의 지도자로 키울 것을 희망했다. 후진타오 자신이 1992년 제14차 당 대회에서 제4세대 지도자로 확실한 자리매김(정치국 상무위원 당선)했듯이 후춘화에게도 그러한 기회를 주고자 노력했다. 하지만 정치국 상무위원을 9명에서 7명으로 줄인데다가, 장쩌민 전 주석의 강력한 반발에 부딪쳐 결국 좌절되고 말았다.

그의 연령이나 경력, 특히 시짱 및 네이멍구 등 변경 소수민족 자치구의 지방지도자 경력과 제1 경제대성인 광둥에서의 경험은 2022년 최고 지도자가 되는 가장 큰 자산이 될 것이다. 2017년 정치국 상무위원에 올라 2022년을 향한 후계자 수업을 받을 것으로 예측된다.

약력

1979~1983 베이징대학 중문학과 수석 졸업

1983~1984 공청단 시짱자치구 당위 조직부 간부

1984~1985 「시짱청년보」 근무

1985~1987 시짱호텔 당위 위원, 인사부 부주임, 당위 부서기, 인사부 책임자

1987~1992 공청단 시짱자치구 당위 부서기

1992~1992 시짱자치구 린즈林芝지구 행서 행정관

1992~1995 공청단 시짱자치구 당위 서기

1995~1997 시짱자치구 산난山南지구 당위 부서기, 행서 행정관(1996~1997, 중앙당교 1년제 중청년간부반 연수)

1997~2001 공청단 중앙서기처 서기, 전국청년연맹 주석(1998. 11~)(1996~1999, 중앙당교 대학원 재직자대학원반 세계경제 전공 수료; 2000. 9~ 2000. 11, 중앙당교 성·부급 간부반 연수)

2001~2003 시짱자치구 당위 상무위원, 비서장

2003~2005 시짱자치구 당위 부서기·상무부서기, 자치구정부 상무부주석

2005~2006 시짱자치구 당위 상무부서기

2006~2008 공청단 중앙서기처 제1서기, 제17기 중앙위원

2008~2009 허베이성 당위 부서기, 성장대리, 성장

2009~2010 네이멍구자치구 당위 서기

2010~2012 네이멍구자치구 당위 서기, 자치구정부 인민대표대회 상무위원회 주임

2012~ 　　　중앙정치국 위원, 광둥성 당위 서기

● 리잔수栗戰書

중앙서기처 서기 겸 중앙판공청 주임 겸임
혁명열사의 후예로 공청단 허베이성 서기 출신

리잔수는 1950년 8월 허베이성 핑산 출신이다. 허베이사범대학 야간대학 정치교육학과를 졸업하고, 재직 중 하얼빈공대 대학원에서 고급공상관리학 석사학위를 받았다. 1975년 4월 입당했다.

리잔수의 제18기 중앙정치국 위원 발탁에 대해서는 여러 가지 설이 분분하다. 그중 가장 주목을 끄는 것은 그가 붉은 가문 출신이라는 것이다. 중국 내의 공개적인 자료에 의하면 그의 할아버지, 아버지, 숙부가 모두 중국공산당의 원로혁명가로 중화인민공화국 건국에 혁혁한 공헌을 했던 것으로 전한다.

리잔수의 종조부 리짜이원은 1927년 혁명공작에 참가하여 동년 중국공산당에 입당했다. 신중국 성립 후 중화전국노동조합총연합(총공회) 조직부장 및 동 서기처 서기 등을 역임했다. 1965년 산둥성 부성장을 지내던 중 문화대혁명으로 박해를 받고 1967년 2월 죽임을 당했다. 당시 59세였다. 문화대혁명 종결 후 1979년 산둥성 당위는 그의 누명을 벗겨주고 명예를 회복시켜 혁명열사로 추대했다.

리잔수의 아버지 리정슈栗正修는 1934년 입당하여 지하정보원과 촌 지부 위원을 맡아 숙부인 쑨짜이원 등이 전달하는 정보를 받아 전단을 만들어 살포하고 보초 근무를 서는 등의 역할을 했다. 리정슈가 1992년 병사할 당시 리잔수는 허베이성 청더承德지구 당위 부서기로 재임하고 있었다. 리잔수의 숙부 리정퉁粟政通은 1923년 생으로 1937년 입대하여 팔로군 120사단 359여단 71연대에 편입되어 왕전 장군의 지휘 아래서 항일전쟁에 참가했다. 국공내전 말기 1949년 그는 제1야전군의 대대장으로 서북전장에서 전투 중 장렬히 전사했다. 당시 그의 나이 불과 26세였다. 이밖에 리잔수 조부대의 20여 친족들도 혁명에 참가한 골수 붉은 가문이다.

가정배경은 리잔수에게 많은 영향을 미쳤다. 2005년 항전승리 60주년을 맞이하던 때 그는 헤이룽장성 부성장에 부임하였다. 그때 그는 고향의 「허베이일보」에 한 편의 글을 기고하여 숙부 리정퉁을 회고하면서 폐부에서 우러나오는 심정을 토로했다. "나는 숙부의 편지를 떠올리면 솟구치는 흥분을 참을 길이 없어 뜨거운 눈물이 눈에 그렁거린다."고 썼다.

리잔수는 공직의 첫걸음을 고향인 허베이성의 스자좡石家庄에서 시작했다. 1983년 허베이사범대학 야간학부 졸업 후 33세의 리잔수는 당시 추진 중이던 간부 연소화 바람을 타고 과급 간부에서 허베이성 우지無極현 당위 서기에 파격적으로 발탁됨으로써 출세의 가도를 걷게 되었다. 이후 10여 년 동안 리잔수는 행서 행정관, 공청단 허베이성 서기 등을 거쳐 허베이성 당위 상무위원 및 동 비서장으로 승진하였다. 대학 졸업 후 10년 만에 허베이성의 지도층에 진입하게 된 것이다.

리잔수는 1986년에 허베이성 공청단 서기를 맡아 1990년까지 공청단 간부로 근무했다. 리잔수가 공청단 간부로 일한 이 기간은 중국경제사회에 급속한 변화가 일어난 시기로 공청단이 해결해야 할 문제가 많았다. 1급 공청단 지도자를 맡은 리잔수는 이에 대한 분명한 생각을 갖고 있었다. 1987년 9월 허베이 공청단 대회에서 리잔수는 "어떤 당 조직은 청년들의 소리와 요구를 즉시에 반영하지 못하고 있다."고 지적했다. 당시 리잔수의 상급, 즉 공청단 중앙은 이미 사망한 쑹더푸 전 푸젠성 당위 서기, 현 총리 리커창,

국가 부주석 리위안차오, 국무원 부총리 류옌둥, 중앙서기처 서기 겸 중앙 선전부장 류치바오 등이 지도자로 있었다.

리잔수는 1993년 허베이성 당위 상무위원의 신분으로 동 당위의 비서, 농촌공작영도소조 조장, 판공실 주임 등을 7년간 겸임했다. 그후 2000년 산시성 조직부장, 시안 시 당위 서기 등을 거치며 풍부한 지방 중견 간부의 경력을 쌓았다.

2003년 말 리잔수는 서북 지방에서 동북 지방으로 이동되어 헤이룽장성 당위 부서기가 되었고, 이듬 해 부성장, 성장대리를 거쳐 2007년 헤이룽장성 성장으로 승진하였다. 화북에서 서북을 거쳐 동북으로 이동되는 동안 3개 성의 부급副級 간부로 14년간의 경력을 쌓은 후 드디어 정급正級 지도 간부가 된 것이다.

헤이룽장성 성장 재임 3년이 채 못 된 2010년 8월 21일, 리잔수는 다시 구이저우성 당위 서기로 승진하였다. 구이저우 당위 서기는 후진타오 전 주석의 첫 지방 당위 서기 발령지다. 리잔수는 부임 후, "비록 중앙이 나를 구이저우에 파견했지만, 나는 구이저우 사람이다."라고 말하며, 부임 즉시 구이저우가 필요로 하는 사업이나 간부들의 동태를 파악하여 구이저우의 환경에 빠르게 적응했다. 그는 첫째 좋은 학생이 되고, 둘째 좋은 공복이 되고, 좋은 반장이 되려 했다.

구이저우 서기 부임 후 그는 기자들에게 역설했다. "구이저우는 더 이상 앉아서 기다릴 수만은 없다. 구이저우는 언제나 꼴찌라 생각해서는 안 된다." 부임 후 얼마 안 되어 그는 성장인 자오커즈(현 당위 서기)와 함께 베이징에 가서 중앙에 국영기업 개혁에 대한 지지를 호소하였다. 2011년 5월 시진핑 국가 부주석이 구이저우를 시찰할 때 리잔수는 3일 동안 그를 수행하였다. 반년 후 국무원은 2012년 2호 문건인 〈구이저우 경제사회를 다시 한 단계 더 빠르고도 훌륭하게 발전시키는 것에 대한 약간의 의견〉을 공포하였다. 그럼으로써 구이저우는 역사상 가장 좋은 발전의 기회를 맞이하게 된 것이다.

구이저우는 풍부한 지하자원(석탄 매장량은 약 600억 톤으로, 남부 21개 성의 합계보다 많음)을 보유하고 있지만 2009년 구이저우성 총 생산액은 전국에서 뒤에서 5번째였으며, 빈곤 인구는 777만 명으로 전국에서 최다였다. 그러나 리잔수가 서기로 재임한지 2년이 지난 2011년 말 성의 총 생산액은 2009년에 비해 50% 증가하였다. 구이저우성 역사 이래 가장 빠른 성장이었다. 증가폭은 전국에서 3위를 마크했다. 심지어 공정자산투자액은 2009년에 비해 무려 109%나 증가했다. 그리고 농촌과 도시 주민의 평균수입은 2009년에 비해 각각 31%와 40%로 증가했다.

이러한 구이저우의 발전에 대해 4,000만 구이저우 주민들은 아주 자랑스러워하고 있고, 그 원인을 중앙이 개혁의지가 확실한 지도자인 리잔수 서기를 보내주어 이룩한 성취라고 말한다. 리잔수는 구이저우 근무 2년 동안 중앙의 적극적인 지원하에 공업 강성強省 건설에 대한 집중적 투자와 도시화 및 농업현대화의 전략으로 구이저우를 활력 넘치는 성으로 만들어놓았다.

이러한 실적을 인정받아 리잔수는 2012년 11월 당 중앙정치국 위원 겸 중앙서기처 서기에 발탁되었다. 그리고 2013년 4월 당 중앙판공청 주임에 임명되면서 건국 후 11번째 중앙판공청 주임이 되었다. 중앙판공청은 당 중앙 및 중앙직속기관 각 부처와 지방 각급 당 조직을 관장하는 당 행정기구이며, 주요 기능은 당과 국가의 주요 지도자의 안전과 경호, 의료보건을 책임지고, 당 중앙과 국무원을 포함한 중앙 지도자가 중요활동을 할 때 그곳의 경호 등을 담당하는 기관이다. 우리나라로 말하자면 대통령 비서실과 경호실을 합친 기능을 하는 곳이다. 공산정권 수립 후 당 중앙판공청 주임을 지낸 간부는 그 뒤 중앙정치국 위원, 나아가 그 상무위원 등 고위층으로 승진한 경우가 많다. 다만 전임 링지화는 아들의 비리로 정협 부주석으로 밀려나 빛을 보지 못한 선례를 남겼다.

역대 중앙판공청 주임은 양상쿤(1949. 10~1965. 11) 전 국가주석, 왕둥싱(1965. 11~1978. 12) 전 당 부주석, 야오이린(1978. 12~1982. 4) 전 중앙정치국 상무위원 겸 부총리, 후치리(1982. 4~1983. 6) 전 중앙정치국 위원, 차오스(1983. 6~1984. 4) 전 중앙정치국 상무위원 및 전인대 상무위원장, 왕자오궈(1984. 4~1986. 4) 전 중앙정치국 위원, 원자바오(1986. 4~1993. 3) 전 국무원 총리, 청칭훙(1993. 3~1999. 3) 전 국가 부주석, 왕강王剛(1999. 3~2007. 9) 전 중앙정치국 위원, 그리고 링지화(2007. 9~2012. 9) 등이다. 이들은 모두 당시 최고 지도자의 최측근 내지 심복들이었다.

리잔수는 붉은 가문 출신으로 당과 정부 및 공청단 등에서 경력을 쌓았고, 허베이·산시·헤이룽장과 구이저우성 등 화북과 동북 지역을 넘어 서남 지역까지 섭렵한 지방 실정에 밝은 지도자다. 그것이 바로 리잔수의 정치적 자산이다. 특히 혁명열사 가문의 후예이기 때문에 당 총서기인 시진핑과는 서로 가슴이 통할 것이다. 그래서 당 총서기의 직속인 중앙판공청 주임으로 임명될 수 있었다고 보는 사람이 많다. 1980년대 초급 간부 시절, 리잔수가 허베이성 우지현 서기로 일할 때 시진핑은 이웃 현인 정딩현 서기로 근무한 인연도 있다.

중국의 관영 매체에 시진핑이 등장하는 공식 행사에 함께 모습을 드러내는 사람이 리잔수 중앙판공청 주임이다. 리잔수는 또 당과 국가의 기밀관리와 비밀공작을 지휘·감독하는 기능을 담당하는 조직인 중앙보밀위원회 주임자리도 차지했다.

2017년이면 그의 나이는 67세다. 중국공산당 정치국 인사의 경우 '67세이면 올라가고 68세이면 탈락한다(七上八下).'는 것이 관례이므로, 5년 동안 큰 하자가 없는 한 정치국 위원에 연임되거나 정치국 상무위원으로 승진이 가능하다고 본다.

리잔수는 2014년 신설된 국가안전위원회 판공실 주임도 겸임하게 되었다. 국가안전위원회는 테러 위협과 영유권 분쟁 등 최근 가장 중시되는 문제들에 대처하기 위해 신설된 막강한 권력기관으로, 시진핑이 주석이다. 리잔수는 시진핑의 측근에서 계속 힘을 실어줄 것으로 보인다.

약력

1971~1972 허베이성 스자좡지구 재무학교 물가전공 수학

1972~1976 허베이성 스자좡지구 상업국판공실 간사, 부주임

1976~1983 허베이성 스자좡지구 당위 판공실 자료과 간사, 과장(1980~1983, 허베이사범대학 야간대학 정치교육학과 수료)

1983~1985 허베이성 우지현 당위 서기

1985~1986 허베이성 스자좡지구 당위 부서기, 행서 행정관

1986~1990 공청단 허베이성 당위 서기(1988. 2~1988. 8, 중앙당교 수료)

1990~1993 허베이성 청더지구 당위 부서기, 행서 행정관

1993~1997 허베이성 당위 상무위원, 비서장(1992~1994, 중앙당교 통신대학 경제학전공)

1997~1998 허베이성 당위 상무위원, 농촌공작영도소조 부조장

1998~2000 산시성 당위 상무위원, 농촌공작영도소조 부조장, 판공실 주임(1996~1998, 중국사회과학원 대학원 상업경제전공)

2000~2002 산시성 당위 상무위원, 조직부장, 제16기 중앙후보위원

2002~2002 산시성 당위 상무위원, 시안시 당위 서기 · 인민대표대회 상무위원회 주임

2002~2003 산시성 당위 부서기, 시안 시 당위 서기, 제17기 중앙후보위원

2003~2004 헤이룽장성 당위 부서기

2004~2007 헤이룽장성 당위 부서기, 부성장(2005~2007, 하얼빈공대 고급공상

관리학 석사학위 취득)

2007~2008 헤이룽장성 당위 부서기, 성장대리

2008~2010 헤이룽장성 당위 부서기, 성장

2010~2012 구이저우성 당위 서기, 인민대표대회 상무위원회 주임(~2013. 1)

2012~2012 중앙판공청 상무 부주임(장관급), 주임, 중앙직속기관공작위원회 서기

2012~ 　　　중앙정치국 위원, 중앙서기처 서기, 중앙판공청 주임, 중앙직속기관

　　　　　 공작위원회 서기, 중앙기구편제위원회 위원, 중앙보밀위원회 주임

2014~ 　　　중앙국가안전위원회 판공실 주임

● **궈진룽**郭金龍

베이징 시 당위 서기 겸임

궈진룽은 1947년 7월 장쑤성 난징 출신으로 17세(1964)에 난징대학 물리학 과에 입학했다. 그래서 다른 5세대와는 달리 문화대혁명 기간 중에 대학을 졸업하고, 1979년 입당했다.

　궈진룽은 대학 졸업 후 쓰촨성에 있는 수력발전소에 배치를 받아 1993년 까지 쓰촨에서 근무했다. 쓰촨성 중현忠縣 수력전력국 초급 간부부터 중현 문화국 국장, 현장 등을 거쳐 러산樂山 시 서기, 쓰촨성 부서기를 역임하였

다. 그리고 1993년 12월 시짱자치구 당위 부서기로 옮긴 후 곧바로 상무부
서기에 선임되었고, 1997년에 제15기 당 중앙후보위원에 당선되었다.

궈진룽은 2000년 시짱자치구 서기로 승진했다. 티베트는 신장위구르자
치구와 함께 중국 최대 소수민족 지역이며, 달라이 라마의 영향력이 큰 지
역이라 독립문제 등 복잡한 문제가 많은 지역이기 때문에 중앙이 예의주시
하는 지역이다. 1988년부터 1992년까지 후진타오 전 국가주석은 이곳의 당
위 서기로 근무하면서 티베트족의 독립운동을 과감하게 무력으로 진압함으
로써 중앙의 인정을 받아 중앙정치국 상무위원에 발탁되었다. 그래서 궈진
룽이 시짱자치구에서 어느 정도 실적을 보일 경우 중앙이나 동부 연안 지역
의 수장으로 승진하거나 영전하는 기회가 보장되었다. 궈진룽은 시짱 근
무 11년간 큰 실적은 없었지만, 대체적으로 무난히 보냈다는 평가를 받았
다. 2004년 12월 안후이성 당위 서기로 자리를 옮겼으며, 이는 영전의 성격
을 띤 인사였다.

이로써 궈진룽은 쓰촨성 상무위원 및 부서기, 시짱자치구 서기, 안후이성
서기 등 3개 성에 걸쳐 지방행정을 담당한 경험이 있는 행정전문가가 되었
다. 이러한 행정경륜을 인정받아 2007년 11월 수도 베이징 시로 옮겨와 당
위 상무위원, 부서기, 부시장, 시장대리에 선임되었고, 이어 2008년 1월 베
이징 시장에 당선되었다. 그리고 2012년 7월 수도 베이징의 1인자인 베이
징 시 당위 서기에 선임되고, 11월에는 중앙정치국 위원에 당선되었다.

2017년이면 그의 나이 70세가 되므로 연령 규정으로 정치국 위원 연임은
불가능하다고 본다.

1964~1969 난징대학 물리학과 음성학 전공

1969~1970 모교에 남아 배치 대기

1970~1973 쓰촨성 중현수력전력국 전력계 간부

1973~1979 쓰촨성 중현체육위원회 감독

1979~1980 쓰촨성 중현 당위 선전부 이론교관

1980~1981 쓰촨성 중현 문교국 부국장

1981~1983 쓰촨성 중현 문화국 국장

1983~1985 쓰촨성 중현 당위 부서기, 현장

1985~1987 쓰촨성 당위 농촌정책연구실 부주임, 성 농촌경제위원회 부주임

1987~1990 쓰촨성 러산 시 당위 부서기

1990~1992 쓰촨성 러산 시 당위 서기

1992~1993 쓰촨성 당위 상무위원

1993~1993 쓰촨성 당위 부서기

1993~1994 시짱자치구 당위 부서기

1994~2000 시짱자치구 당위 상무부서기, 제15기 중앙후보위원(1997)

2000~2004 시짱자치구 당위 서기, 제16기 중앙위원(2002)

2004~2007 안후이성 당위 서기, 성 인민대표대회 상무위원회 주임

2007~2008 베이징 시 당위 부서기, 시장대리, 베이징올림픽조직위원회 집행위
원장

2008~2012 베이징 시 당위 부서기, 시장, 베이징올림픽조직위원회 집행위원장

2012~　　　 베이징 시 당위 서기, 중앙정치국 위원

상하이 시 당위 서기 겸임
상하이방

● 한정韓正

한정은 1954년 4월생으로 저장성 츠시慈溪 출신이며, 1979년 5월 입당하였다. 재직 중 화둥사범대학 야간부를 나와 동 대학 국제문제연구소에서 국제관계와 세계경제를 전공하여 경제학석사 학위를 받은 고급경제사다.

한정은 1949년 중화인민공화국 정부 수립 이래 최연소 상하이 시장이 된 사람으로, 2003년 상하이 인민대표대회에서 849명의 대표 중 842표를 득표하여 중국 최대의 경제 중심지인 상하이 시의 시장에 당선되었다. 당시 그의 나이 49세였다. 상하이는 장쩌민 전 총서기를 비롯하여 주룽지 전 총리, 우방궈 전인대 상무위원장, 황쥐 전 부총리, 쩡칭훙 전 국가 부주석 등을 배출한 상하이방의 근거지다. 현 총서기 시진핑과 전국정협 주석 위정성도 동 상하이 시 당위 서기 출신이다.

한정은 상하이에서 창고관리원으로 일하기 시작하여 고무신 공장 간부를 거쳐 상하이 시 당위 서기에 오른 입지적인 인물이다. 1993년 39세의 나이에 루완구 구청장에 임명되었고, 구청장 재임 중에는 상하이의 중심 상업지구인 후이하이루淮海路의 재개발을 추진하여 상하이의 대표적인 상업지구로 변모시켰다. 한정이 루완구 구청장일 때 전 전인대 상무위원장 우방궈가 상하이 서기였으며, 전 국무원 총리 황쥐는 시장이었다. 고무신 공장 근무 시절에는 화둥사범대학 야간학부에서 학사 과정을 수료했고, 루완구 구청장 재임 중인 1991년부터 1994년에는 화둥사범대학 대학원을 수료하여 경제학석사 학위를 취득한 학구파다.

1998년 상하이 부시장으로 승진하였고, 2003년 천량위에 이어 상하이 시장에 당선되었다. 당위 부서기도 겸임하였다. 50여 년 이래 최연소 상하이 시장에, 상하이 시장을 세 번 연임하는 기록도 세웠다. 그는 상하이 부시장 때부터 시장 재임기간 동안 상하이 환경보호 3개년 계획을 직접 수립하여 추진하는 등 실무행정 스타일 시장이라는 평가를 받았다. 또 상하이 시장 재임 중 상하이세계박람회를 성공적으로 개최하여 중앙의 호평을 받기도 하였다.

2006년 9월 천량위 상하이 시 당위 서기 겸 중앙정치국 위원이 부패사건에 연루되어 모든 직무로부터 파면되자, 한정 시장이 상하이 시 당위 서기 후보로 거론되었지만 결국은 시진핑 저장성 당위 서기에 밀렸다. 시진핑은 그때 상하이방 및 태자당의 대부인 장쩌민과 쩡칭훙의 후원으로 상하이 당위 서기가 되었고, 오늘의 당 총서기가 되는 발판을 다졌던 것이다.

한정 시장은 결국 6년을 더 기다려 2012년 11월, 상하이 시 당위 서기 겸 중앙정치국 위원에 선임되어 중국정치의 최고 지도층에 진입했다. 상하이 근무 37년 만에 상하이의 1인자가 된 것이다.

그는 젊은 시절 공청단에서도 근무했다. 그래서 후진타오 중심의 공청단 계열과도 연결된다. 하지만 공직 생활의 대부분 기간을 상하이에서 보냈고 그곳에서 입지를 구축한 점에서 상하이방에 속하는 인물이다. 연령적으로나 배경으로 보나 그는 차기(2017)에 정치국 위원을 연임하거나 정치국 상무위원으로 승진될 가능성이 높은 인물이다.

1975~1980 상하이 쉬후이徐汇 기중기설치대隊 창고관리원, 판매계 사무원, 공청단
　　　　　　총지부 부서기

1980~1982 상하이 시 화공장비공업공사 간사, 공청단위원회 책임자

1982~1986 상하이 시 화공국 공청단 서기(1983~1985, 푸단대학 전문대과정 수학)

1986~1987 상하이 시 화공전문학교 당위 부서기

1987~1988 상하이고무신공장 당위 서기, 부공장장(1985~1987, 화둥사범대학 야
　　　　　　간대학 정치교육학과 정치교육전공 수학)

1988~1990 상하이 대중화고무공장 당위 서기, 부공장장

1990~1991 공청단 상하이 시 부서기(업무 주재)

1991~1992 공청단 상하이 시 서기

1992~1993 상하이 시 루완구 당위 부서기, 구청장 대리

1993~1995 상하이 시 루완구 당위 부서기, 구청장(1991~1994, 화둥사범대학 대
　　　　　　학원 수료, 경제학석사)

1995~1997 상하이 시정부 부비서장, 종합경제공작 당위 부서기, 계획위원회 주
　　　　　　임, 당조서기, 증권판공실 주임

1997~1998 상하이 시 상무위원, 시정부 부비서장

1998~2002 상하이 시 상무위원, 부시장

2002~2003 상하이 시 당위 부서기, 부시장, 제16기 당 중앙위원

2003~2004 상하이 시 당위 부서기, 시장

2004~2011 상하이 시 당위 부서기, 시장, 2010년 상하이세계박람회조직위원회
　　　　　　부주임위원, 동 집행위원회 집행주임, 제17기 당 중앙위원

2011~2012 상하이 시 당위 부서기, 시장(~2012. 12)

2012~　　　중앙정치국 위원, 상하이 시 당위 서기

중국공산당 중앙서기처 서기 프로필

● **류윈산**劉雲山

〈중앙정치국 상무위원편〉 참조

● **류치바오**劉奇葆

〈중앙정치국 위원편〉 참조

● **자오러지**趙樂際

〈중앙정치국 위원편〉 참조

● **리잔수**栗戰書

〈중앙정치국 위원편〉 참조

● **두칭린** 杜青林

전국정협 부주석 겸임
공청단 지린성 서기 출신

두칭린은 1946년 11월 지린성 반스盤石현 출신이며, 1966년 3월에 입당하였다. 그는 18세 때 지린시당교 청년간부반을 수료한 후, 재직 중 지린대학 법률학과를 거쳐 동 대학 대학원 과정에 들어가 경제학 석사 학위를 취득한 학구파다.

두칭린은 장쩌민이 소련 유학 후 첫 발령지였던 창춘제1자동차공장에서 현장 주임, 부공장장을 거쳐 공청단 지린 시서기에 발탁되었다. 후야오방 당시 총서기가 추진한 간부 4화 정책에 의해 미래의 지방 인재로 발탁된 인사다. 1979년부터 1984년까지 공청단 지린성 부서기 및 서기로 근무하면서 공청단 중앙위원으로도 활동하였다. 이때 공청단 중앙은 후진타오 전 주석이 중앙서기처 서기 및 제1서기로 근무하고 있었다.

두칭린이 1985년 지린성 상무위원 겸 조직부장 재임시절, 전 중앙정치국 위원 겸 농업담당 부총리인 후이량위는 지린성 상무위원 겸 농촌정책연구실 주임과 지린성 농공업부장을 역임했다. 후이량위가 1990년 중앙정책연구실 부주임으로 발탁되어 베이징으로 입성하고, 두칭린이 1992년 하이난성 부서기로 전출됨으로써 두 사람 모두 고향인 지린을 떠났다. 그후 2001년 두칭린이 국무원 농업부장으로 승진했을 때 후이량위는 농업담당 부총리로 다시 만났다. 그래서 두칭린의 농업부장 발탁에는 농업 담당 부총리인

후이량위의 힘이 작용한 것으로 보인다.

이후 2006년 중국의 대성인 쓰촨성 당위 서기에 발탁되었으나, 1년 후 바로 중앙으로 돌아와 당 중앙통전부장 겸 전국정협 부주석에 발탁된다. 당 중앙통전부는 중국공산당 중앙위원회 통일전선공작부의 약칭으로 성립 당시(1948)에는 국민당 통치구역, 소수민족, 화교에 대한 통일전선공작 및 아시아 공산당과의 연계 등을 맡은 당 중앙의 핵심 부서였다. 현재도 비공산 당원인 지식분자, 민주당파, 소수민족, 타이완과 홍콩 및 마카오 등의 해외 동포에 대한 공작을 맡고 있다. 중국의 간부 직급으로 볼 때 당 중앙의 부장은 국무원의 부장급(장관급)보다는 상위에 있으며, 1990년대 이후 중앙통전부장은 딩관건, 왕자오궈, 류옌둥 등 정치국 위원들이 겸임한 바 있다.

두칭린의 업무스타일은 민주적이면서 개방적이고 창의적이라는 평을 받는다. 두칭린은 지린성 조직부장 시절 때 '1추3고—推三考'의 인사방식을 도입해 인기를 얻었다. 이는 일단 민주적 추천推薦 방식으로 다수를 추천받은 후 시험을 보아 통과한 자가 당해 조직의 인품 평정에서 좋은 평점을 받을 경우 그 실적을 고려考慮하여 인재로 등용하는 개방적 인사 방식이다.

그는 서민적이며 검소한 간부로도 널리 알려져 있다. 하이난 근무 9년 동안 지방 시찰 시 농가에서 농민들과 숙식을 함께하며 경비를 아끼는 모범을 보였다. 농림부장 시절에는 부장 사무실이 건물 제일 꼭대기 층인 11층에 있었는데, 출퇴근 때 11층을 걸어서 오르내렸다고 한다.

두칭린은 2012년 제18차 당 대회 때 중앙정치국 위원으로 입국할 것이라는 설도 있었지만 좌절되고 중앙서기처 서기에 발탁되었다. 이미 65세에 달하여 유관 임직규정에 따라 중앙통전부장직을 더 이상 맡을 수 없게 되어서 그 자리는 직전 중앙서기처 서기 겸 중앙판공청 주임 링지화에게 돌아갔다.

1964~1966 지린성 지린 시 당교 청년간부반 수료, 류허柳河현·융지永吉현·수란舒
蘭현 사회주의교육공작대 대원, 부조장

1966~1968 지린성 지린 시 조직부 간부

1968~1974 창춘 제1자동차공장 표준규격품 분공장 당위 비서, 현장 주임, 당지부
서기

1974~1978 제1자동차공장 표준규격품분공장 혁명위원회 부주임, 부공장장, 당위
부서기

1978~1979 공청단 지린 시서기

1979~1984 공청단 지린성 부서기, 서기(1981~1984, 둥베이사범대학 정치교육과
수료)

1984~1985 지린성 창춘 시 당위 부서기

1985~1988 지린성 상무위원, 조직부장

1988~1992 지린성 부서기, 정법위 서기, 조직부장(~1988)

1988~1992 지린성 부서기, 정법위 서기(1990. 3~1990. 5, 중앙당교 성·부급
간부연수반 연수)

1992~1993 하이난성 부서기(1989~1992, 지린대학 법학과 학습)

1993~1998 하이난성 부서기, 성 인민대표대회 상무위원회 주임(1994~1996, 지
린대학 경제관리학원 국민경제계획학과 관리전공 경제학 석사)

1998~2001 하이난성 당위 서기, 성 인민대표대회 상무위원회 주임

2001~2006 농업부장

2006~2007 쓰촨성 당위 서기, 성 인민대표대회 상무위원회 주임

2007~2012 당 중앙통전부장

2008~2012 전국정협 부주석

2012~ 중앙서기처 서기, 전국정협 부주석

● 자오훙주 趙洪祝

중앙기율검사위원 수석부서기 겸임

자오훙주는 1947년 7월 네이멍구 닝청寧城출신이며, 조상의 원적은 산둥성 펑라이蓬萊다. 1969년 8월 입당하고, 재직 중에 중앙당교 대학본과를 수료했다.

18세에 군에 들어가 11년 후 총후근부 네이멍구 자란툰扎蘭屯 군마장 정치처 주임과 당위 상무위원이 되었고, 29세 때 후룬베이얼맹呼倫貝尔盟 목장관리국 정치부 주임으로 승진하였다. 3년 후 자란툰목장 당위 부서기 겸 기율검사위원회 서기직을 맡음으로써 처음으로 기율검사 분야와 연을 맺게 되었다.

1980년 이후 12년간 싱안맹興安盟과 조직부 간부과장, 자레이터기扎賚特旗 부서기 등을 거치면서 네이멍구의 지방 간부로 성장하였다. 45세 이전까지는 계속 네이멍구에서 근무했다.

1992년 웨이젠싱 중앙기율검사위원회 서기 재임기간 중 자오훙주는 중앙기율검사위원회 간부로 발탁되어 45년 동안 생활한 네이멍구를 떠났다. 중앙기율검사위원회 연구실 부주임, 판공청 부주임, 주임, 간부실 주임 등을 거쳐 1996년 이후 중앙기율검사위원회 부비서장 겸 그 상무위원(차관급)으로 승진하였고, 1998년 국무원 감찰부 부부장으로 승진하여 허융 부장을 보좌하였다. 2년 후인 2000년 중앙조직부 부부장으로 자리를 옮겨 장쩌민의 오른팔인 쩡칭훙 조직부장 밑에서 일했다. 2003년 부장급인 상무부부장에 올라 당시 조직부장이던 허궈창을 보좌했다.

2007년 상하이 서기 천량위가 부패에 연루되어 숙청당하고 그 자리에 저장성 서기 시진핑이 옮겨가자, 자오훙주는 시진핑의 후임으로 저장성 당위 서기에 발탁되는 행운을 얻었다. 그리고 제17기 중앙위원에도 당선되었다.

자오훙주가 저장성 서기로 재직하는 동안 저장성은 직무와 관련된 범죄 예방에 박차를 가했다. 특히 중요 부서 및 직위와 중점 사업 등에 대한 감독과 감찰을 강화하였다.

자오훙주는 조직부 부부장 시절인 2005년 11월 20일 후야오방 탄신 90주년을 맞이하여 「인민일보」에 〈우리의 옛 부장 후야오방 동지를 가슴깊이 회고하며〉라는 한편의 글을 발표했다. 글에서는 후야오방의 억울한 누명, 간부정책과 지식인에 대한 정책, 각급 지도간부의 조정, 우수 중청년간부의 배양과 선발 등 그의 공로를 모두 포괄한 내용이었다. 글은 후야오방을 과감하고 진솔하게 찬양하여 국내외의 주목을 끌었다.

당 18대1중전회에서 저장성 당위 서기에 오른 자오훙주는 중앙서기처 서기, 중앙기율검사위원회 수석 부서기에 당선되었다. 2002년 이후 2012년까지 중앙서기처 서기 겸 중앙기율검사위원회 부서기는 허융이 계속하여 맡았다. 72세의 허융은 자신의 뒤를 15년간 중앙기율검사위원회와 중앙조직부의 간부로 근무한 자오훙주에게 넘겨주었다.

2012년 15일 새로 구성된 정치국 상무위원들과 함께 내외신 기자들과의 회견장에서 총서기 시진핑은 당원 간부의 부정부패 척결을 강조했다. 이는 십수 년 이래 당 총서기가 상무위원회의 회견장에서 처음으로 언급한 일이었으며, 이는 바로 현재 중국 고위층의 부패문제가 얼마나 심각한가를 짐작케 하는 일이다.

왕치산 기율검사위원회 서기와 함께 어떻게 중국의 뿌리 깊은 부패문제를 척결할 수 있을 것인가가 자오훙주에게 맡겨진 중요한 책무다.

약력

1965~1975 해방군 총후근부 네이멍구 자란툰 군마장 3중대 목장노동자 · 위생원
직공 · 정치처 간사, 해방군 총후근부 201부대 군마국 정치부 간부

1975~1976 해방군 총후근부 네이멍구 자란툰 군마장 정치처 주임

1976~1979 네이멍구자치구 후룬베이얼맹 목장관리국 정치부 주임

1979~1980 네이멍구자치구 자란툰목장 당위 부서기, 기율검사위 서기

1980~1983 네이멍구자치구 싱안맹 당위 조직부 간부과 과장, 자레이터기 부서기
(1982~1983, 중앙당교 1년제 중청년간부 연수반 연수)

1983~1985 네이멍구자치구 싱안맹 당위 위원(1983~1985, 중앙당교 대학본과
문화연수반 수료)

1985~1988 네이멍구자치구 싱안맹 조직부장

1988~1992 네이멍구자치구 싱안맹 부서기(1989. 3~7, 중앙당교 지청地廳급 간부
연수반 연수)

1992~1994 중앙기율검사위원회 연구실 부주임, 동 판공청 부주임

1994~1994 중앙기율검사위원회 판공청 주임

1994~1996 중앙기율검사위원회 간부실 주임

1996~1998 중앙기율검사위원회 부비서장 겸 판공청 주임(부부장급)

1998~2000 중앙기율검사위원회 상무위원, 감찰부 부부장

2000~2003 중앙기율검사위원회 상무위원, 중앙조직부 부부장, 제17기 중앙위원
(2002~)

2003~2007 중앙기율검사위원회 상무위원, 중앙조직부 상무부부장(부장급)

2007~2012 저장성 당위 서기, 동 인민대표대회 상무위원회 주임(2008~)

2012~　중앙서기처 서기, 중앙기율검사위원회 수석부서기

● 양징楊晶

국무위원 및 국무원 비서장 겸임
공청단 네이멍구자치구 서기 출신

양징은 몽고족으로 1953년 12월 네이멍구자치구 준거얼기准格尔旗 출신이며, 1976년 8월에 입당하였다. 네이멍구공업대 동력과와 네이멍구대학 한어과를 수료하고, 재직 중 중국사회과학원 대학원 경제관리학 전공 석사과정과 중앙당교 정치학 전공 석사과정을 마쳤다.

경력의 대부분을 네이멍구자치구 지방 정부 및 공청단 관련 업무에 종사했다. 17세 때 네이멍구의 준거얼기 농기계공장에서 일을 시작한 후 1991년까지 거의 21년간 주로 지방 현(한국의 군)에 해당되는 행정단위인 기旗 정부에서 일했다.

재직 중 당이 배양하는 소수민족 간부로 선발되어 네이멍구공업대학 동력과에서 1년간 공부한 후 지방행정 근무를 시작했다. 이후 다양한 연수와 학습을 통하여 꾸준히 학력을 높여 갔다. 네이멍구대학 중어과, 네이멍구자치구당교 경제관리 단기반, 중앙당교 1년제 중청년간부 연수반, 중국사회과학원 대학원 경제관리학 전공과 중앙당교 재직 석사과정 정치학 전공 석사과정을 수료했다.

1991년부터 네이멍구자치구 정부의 중급간부로 들어가 2년간 자치구 통계국장과 관광국장을 지냈으며, 1993년 6월 공청단 네이멍구자치구 서기를 맡아 공청단의 성급 간부로 성장하였다. 공청단 중앙 제1서기 출신 후진타오 전 주석의 등장과 함께 2003년 네이멍구자치구 당위 부서기 겸 정부 주석으로 발탁되었다. 그리고 2008년 3월 국무원 국가민족사무위원회 주임 (장관)으로 선임됨과 동시에 당 중앙통전부 부부장에 임명되어 중앙 정치무대에 진입했다. 이어 2012년 11월 당 18대1중전회에서 당 중앙서기처 서기에 당선되어 2013년 국무위원 겸 국무원비서장에 임명됨으로써 당과 국가의 지도층이 되었다.

양징은 공청단 중앙의 근무경력은 없으나 네이멍구자치구 공청단 말단 간부에서 자치구 공청단 서기를 역임하는 등 전형적인 공청단 간부 출신이며, 후진타오 전 주석 계열로 분류되는 공청단파의 일원이다. 연령적으로 2017년 제19기 정치국 위원을 바라볼 수 있는 인물이다.

약력

1970~1977 네이멍구자치구 준거얼기 농기계공장 노동자, 기旗문화관 간사 (1973~1974, 네이멍구공업대학 동력과 1년 수료)

1977~1980 네이멍구자치구 준거얼치 · 이커자오맹伊克昭盟 당위 조직부 근무

1980~1982 네이멍구대학 한어漢語과 수료

1982~1983 네이멍구자치구 이커자오맹 당위 판공실 비서

1983~1985 공청단 네이멍구자치구 이커자오맹 서기

1985~1988 네이멍구자치구 타라터기達拉特旗 부서기, 기장旗長(1985~1986, 네이멍구자치구당교 경제관리 단기반 연수)

1988~1991 네이멍구자치구 타라터기 서기(1988~1989, 네이멍구자치구당교 당건설반 연수; 1990~1991, 중앙당교 1년제 중청년간부연수반 연수)

1991~1992 네이멍구자치구 통계국 부국장

1992~1993 네이멍구자치구 관광국旅游局 국장

1993~1996 공청단 네이멍구자치구 서기

1996~1998 네이멍구자치구 즈리무맹哲里木盟 서기

1998~2003 네이멍구자치구 당위 상무위원, 후허하오터呼和浩特시 서기, 동 인민대
　　　　　표대회 상무위원회 주임, 제16기 중앙후보위원(1995~1998, 중국사
　　　　　회과학원 대학원 경제관리학 전공 수료)

2003~2008 네이멍구자치구 당위 부서기, 구 정부 주석대리, 주석(2002~2005,
　　　　　중앙당교 재직석사과정 정치학 전공)

2008~2012 중앙통전부 부부장, 국가민족사무위원회 주임(~2013)

2012~　　 중앙서기처 서기

2013~　　 중앙서기처 서기, 국무위원, 국무원비서장

국무위원 프로필

1. 총리

● **리커창**李克强
〈중앙정치국 상무위원편〉 참조

2. 부총리

● **장가오리**張高麗
〈중앙정치국 상무위원편〉 참조

● **류옌둥**劉延東
〈중앙정치국 위원편〉 참조

● **왕양**汪洋
〈중앙정치국 위원편〉 참조

● **마카이**馬凱
〈중앙정치국 위원편〉 참조

3. 국무위원

● **양징** 楊晶

〈중앙서기처 서기편〉 참조

● **창완취안** 常萬全

국방부장(국방부장관) 겸임
해방군 상장

창완취안은 1949년 1월 허난성 난양南陽 출신이다. 1968년 2월 19세 때 입당과 동시에 육군 제47군단 사병으로 입대하여 국방부 장관에 오른 입지적인 군사전략가다. 창완취안은 육군 제47집단군 부사단장 재임 중 산시성 웨이난渭南사범전문학교를 수료했다.

그는 주로 서북 지방을 방어하는 란저우군구와 육군 제47군단 및 47집단군에서 일선 사단 참모 및 사단장, 군단장 등으로 근무했다. 란저우군구와 베이징군구 참모장 그리고 선양군구 사령관을 거쳐 해방군 총장비부장을 역임했다.

2004년 9월 16대4중전회에서 장쩌민이 후진타오에게 중앙군사위원회 주석직을 넘겨준 후 그해 11월 창완취안도 중국군 최고 계급인 상장에 진급하여 선양군구 사령관에 발탁되었다. 대군구의 지도자가 된 것이다. 그리고 2007년 제2기 후진타오 정권 출범과 동시에 상장에 진급하여 해방군 총장비부장 겸 중앙군사위원회 위원에 발탁되었다. 후진타오 전 주석에 의해 중국군 최고 지도부에 진입한 것이다.

창완취안은 부국에는 강병이 필수이며, 강군에는 정교한 무기가 필수임을 강조한다. 그와 함께 근무한 총장비부의 한 장성은 창완취안은 능력이 출중한 사람이라고 평하면서, 그는 과학기술을 알고 군사장비에 밝은 순수 무골이라고 했다.

그가 장비부장으로 재임한 5년 동안 중국은 최초의 항공모함, 젠殲-20투명전투기, 윈運-20대수송기 등의 국산무기를 연이어 개발하였다. 이때부터 중국은 신무기 개발을 아주 빠르게 발전시키는 시기로 진입하였다.

중국의 관례에 따르면 중국의 유인 우주항공계획은 해방군 총장비부장 지휘 아래 추진된다. 창완취안이 장비부장에 재임하는 동안 중국은 '神七', '神八'을 완성하였고, 2011년 '선저우神舟 9호'와 '톈궁天宮 1호'를 계획대로 발사하여 우주선과 성공적으로 도킹할 수 있게 했다.

장비부장을 국방부장으로 임명한 것은 중국군의 주요 과제가 군사장비와 기술을 발전시키는 데 있다는 것을 암시하는 것이다.

약력

1968~1970 육군 제47군단 140사단 독립경호중대 사병(~1969), 분대장

1970~1974 육군 제47군단 140사단 사령부 작전훈련과 참모

1974~1978 육군 제47군단 사령부 작전훈련처 참모

1978~1978 란저우군구 사령부 작전부 작전2과 참모

1978~1980 란저우군구 사령부 판공실 비서과 비서

1980~1981 육군 제47군단 사령부 작전훈련처 부처장

1981~1983 육군 제47군단 사령부 작전훈련처 처장

1983~1985 육군 제47군단 140사단 참모장

1985~1990 육군 제47집단군 139사단 부사단장, 1988년 대령 진급(1985~1987, 산시성 웨이난사범전문학교 수료)

1990~1992 란저우군구 사령부 작전부장

1992~1994 육군 제21집단군 61사단 사단장

1994~1998 육군 제47집단군 참모장, 1997년 소장 진급(1994. 3~1995. 1, 국방대학 기본과 수료)

1998~2000 국방대학 전역교육연구실 주임

2000~2002 육군 제47집단군 군단장

2002~2003 란저우군구 참모장, 2003년 중장 진급

2003~2004 베이징군구 참모장

2004~2007 선양군구 사령관(상장 진급)

2007~2012 해방군총장비부장, 당 중앙군사위원회 위원, 국가중앙군사위원회 위원(2008~)

2012~ 당 중앙군사위원회 위원

2013~ 국가중앙군사위원회 위원, 국무위원 겸 국방부장

● 양제츠 楊潔篪

전임 외교부장
외교담당 국무위원

양제츠는 1950년 5월 1일 노동절 상하이에서 태어났다. 상하이외국어대학 부속고등학교를 나와 런던정치경제대학London School of Economics & Political Science에 유학했고, 재직 중 난징대학 대학원 역사학과에서 세계사를 전공하여 역사학박사 학위를 취득하였다. 1971년 12월에 입당했다.

1963년 여름, 양제츠는 상하이외국어대학 부속중학에 입학하였다. 양제츠에게는 그것이 바로 처음으로 외국어를 접하는 기회였고 향후 10여 년간 통역원 생활을 하는 초석이 되었다. 재미있는 일은 당시 양제츠와 현임 국무원 홍콩마카오판공실 주임 왕광야王光亞(전 외교부 상무 부부장, 주유엔 대표)는 같은 학년이었다. 기숙사에서는 두 사람이 침상의 아래 위에서 누워 자는 룸메이트였다. 그때 누가 이 두 사람이 미래 중국의 외교부장과 부부장이 되리라 생각했겠는가? 양제츠가 외교부장에 재임할 때 왕광야는 부부장이었다.

양제츠는 상하이의 평범한 가정에서 태어났다. 하지만 그의 이름자에는 선비 냄새가 물신 풍긴다. 친척 가운데 고문을 조금 아는 선비가 그의 이름을 지어 준 것이다. 그의 이름 츠篪자 속의 '호虎'는 호랑이虎 해에 태어났다는 뜻인데, 그것은 양제츠의 애칭이 되었다. 미국 대통령 조지 부시 일가와 전 국무원 장관 제임스 베이커 등 미국의 정계인사들은 양제츠를 라오후양老虎楊(Tiger Yang)이라 불렀다. 양제츠는 일생 중 네 번 호랑이 해를 맞이했는

데, 그때마다 일이 잘 풀렸던 것으로 알려지고 있다

1970년대 초기에 접어들어 중국의 외교활동은 그 폭과 강도를 넓혀 가기 시작했다. 그래서 어느 때보다도 외국어에 능통한 유능한 인재가 필요했다. 저우언라이 당시 총리는 베이징, 상하이, 난징 등지의 공장, 농촌, 농장 등에 흩어져 근무하고 있는 외국어학교 출신을 모아 외교부의 통역관으로 육성하도록 명령하였다. 그래서 상하이 푸장浦江 계량기공장에서 노동자로 근무하던 양제츠는 운 좋게 영국 어학연수를 떠나는 기회를 잡은 것이다. 이때 왕광야도 베이징에서 양제츠와 합류하여 런던으로 떠났다.

1973년 출국하여 양제츠는 처음 이린대학에 들어가 다시 바스대학을 거쳐 결국 런던정치경제대학에서 국제관계를 전공했다. 그리고 1975년 여름 귀국하여 중국 외교부 통역실 영문처에 들어가 통역관 생활을 시작했다. 8년간의 통역관 생활을 한 후 주미국대사관 2등비서로 승진하여 처음으로 외국 공관에 근무했다. 1987년 귀국하여 외교부 통역실 참사관 겸 처장, 그리고 1993년까지 외교부 미주·대양주국美大司 참사관 겸 처장, 부국장으로 승진하였다. 오늘날 중국 외교무대에서 두각을 나타내고 있는 걸출한 인물들은 그때 양제츠와 함께 근무한 동료들이다.

1970년대 후반부터 양제츠는 여러 차례 덩샤오핑과 각계 유명인사와의 회담에서 통역을 맡았다. 특히 조지 부시 대통령 일행의 중국 방문기간 동안 모든 일정을 수행하며 통역했는데, 그것이 계기가 되어 부시 일가와 20여 년간 우의를 다지게 되었다. 당시 함께 수행했고 10년 후 주미 중국대사를 지낸 리지밍李潔明은 "우리는 모두 그를 좋아했다."고 회고했다. 싱가포르의 「연합조보聯合早報」는 "만약 아버지 부시가 예전부터 중국에 좋은 감정을 가지고 있었다면 그것은 당연히 양제츠의 공로다."라고 논평하기도 했다.

1983년 3월 2일 양제츠 부부는 상하이 훙차오紅橋 공항에서 고희에 가까운 원로 외교관 장원진章文晋(전 외교부 부부장) 부부와 함께 워싱턴으로 향하는 비행기에 탑승했다. 장원진은 명문세가 유학자 집안 출신으로 10년간 외교부 아주국(1954. 9~1966. 7, 아주국 부국장, 국장, 제1국장)에서 아시아주 관련 사무를 주관한 후, 1960년대 말부터 시작하여 구미 사무를 주관(1971. 1~1976. 12, 구미국장, 외교부장 보좌관)하면서 중미관계 정상화 과정에 중요 임무를 수행했던 인물이다. 그는 중미관계 해빙 이후 가장 최초로 미국인과 접촉한 중국의 외교관이었다. 양제츠가 이러한 원로 외교관 장원진을 수행하여 워싱턴에 가게 된 것은 그에게 찾아온 정말 만나기 어려운 기회였다. 이러한 보통의 외교관과는 다른 특별한 이력은 양제츠 미래의 외교 역정에 있어서, 특히 미국 사무를 주관하는 것에 있어서 아주 중요한 의미가 있는 일이었다. 이는 훗날에 증명된 사실이다.

그 뒤 장원진은 귀국하여 외교부 부부장을 거쳐 1983년 3월 주미대사로 부임하여 1985년 4월까지 워싱턴에 근무했다. 양제츠는 장원진에 의해 주미대사관 2등서기관에 발탁되어 1등서기관, 참사관으로 승진하였다. 양제츠 부부는 주미 대사 장원진 가족과 대사관 관저에 함께 사는 유일한 외교관이었다. 당시 주미대사관은 대미 외교의 유일한 창구였다. 장원진은 미국에서 일어나는 실제상황의 분석을 매우 중시했다. 양제츠는 장원진의 곁에서 미국의 정황을 세세히 분석하여 일일이 보고하고 의논하는 비서 역할을 했다. 장원진의 딸 장잉章穎의 회고에 의하면 당시 양제츠는 30세가 채 안된 청년외교관으로 영어에 아주 능통하고 두뇌가 명석했으며 업무능력이 뛰어났다고 한다. 장 대사와 양제츠는 연령적으로 부자지간 정도의 차가 났지만, 아주 다정한 친구처럼 잘 지냈다고 한다.

1985년 장원진은 주미대사직을 마치고 귀국했고, 양제츠는 2년 후 외교부 참사관, 미주·대양주국 참사관 겸 부국장 등을 거쳐 미국주재 중국대사관 전권 공사로 승진하는 등 중국 외교가의 미국통 외교관으로 성장하였다.

그리고 1995년 여름 외교부장 보좌관 겸 미주·대양주국 국장으로 발령을 받고 귀국했다. 이는 탕자쉬안唐家璇(1998~2003, 외교부장) 이후 재외 공관의 공사에서 고급 외교관인 외교부장 보좌관에 오른 두 번째의 파격적 인사였다. 1998년 외교부 부부장에 승진하고, 2년 후 2000년 12월 주미 중국 대사 리자오싱(2003~2007, 외교부장)이 외교부 부부장에 임명되자 양제츠는 주미 대사로 발탁되었다. 2001년 2월 양제츠는 장쩌민 주석에 의해 중국의 제7대 주미 특명전권대사에 임명되었다.

2002년 10월 장쩌민 방미 기간에 양제츠는 부시 가족과의 호의적인 관계를 이용하여 조지 W. 부시가 장쩌민 주석을 자신의 텍사스 농장에 초청하여 연회를 베풀게 하는 일을 성사시켰다. 이 연회는 재임 중인 미국 대통령이 사회주의국가의 원수를 사적 가정 연회에 초청한 첫 사례였다.

2004년 미국 로스앤젤레스 세계 비즈니스 기업 정상회의World Business Corporation Summit는 양제츠가 중국 외교부와 워싱턴에 근무하는 동안 그가 보인 탁월한 실적과 중국과 미국의 관계 강화에 바친 노력을 기려 그에게 '걸출한 외교관'이라는 칭호를 수여하였다.

2007년 4월 27일 전인대에서 양제츠는 국무원 외교부장에 임명되어 중국 외교행정의 수장이 되었다. 57세 생일 전야에 외교부장이 된 것이다. 1949년 신중국 성립 이후 58년간 저우언라이와 천원 두 부장만이 임명 당시 60세 이하였다는 점을 볼 때, 그는 가장 젊은 외교부장이자 주미대사를 거친 두 번째의 중국 외교부장이 되었다.

외교부장 취임 후 양제츠는 2007년 6월 한국 · 중국 · 일본 외교장관회의를 계기로 한국을 방문하였고, 2008년 8월 13~14일 공식 방한하였으며, 2008년 8월 25~26일에는 후진타오 국가주석을 수행하여 방한하였다. 2010년 5월 15~16일에는 한국 · 중국 · 일본 외교장관회의를 계기로 다시 한국을 방문하였고, 2010년 5월 28~30일에는 원자바오 총리를 수행하여 방한하였다. 2010년 11월 12~13일에는 서울 G20(Group of 20) 정상회의를

계기로 후진타오 주석의 수행원으로 방한하였으며, 2011년 3월 28~30일에
도 공식 방한하였다.

양제츠는 2013년 3월 외교 담당 중화인민공화국 국무위원에 선임되었다.
그는 실무 경험이 풍부하고 미국 정세에 밝은 미국통 직업외교관이다.

약력

1968~1972 상하이 시 푸장계량기공장 노동자

1972~1973 외교부 출국학습집단훈련반 학습

1973~1975 영국 이린대학, 바스대학, 런던정치경제대학 국제관계 전공

1975~1983 외교부 통역실 통역관

1983~1987 주미국대사관 2등비서, 1등비서, 참사관

1987~1990 외교부 통역실 참사관 겸 과장

1990~1993 외교부 미주·대양주국美大司 참사관 겸 과장, 부국장

1993~1995 주미국대사관 공사

1995~1998 외교부장 보좌관, 미주·대양주국 국장(1996. 9~11, 중앙당교 성부省
部급 간부연수반 연수)

1998~2000 외교부 부부장

2000~2004 주미 대사

2004~2007 외교부 부부장, 당위 부서기(2001~2006, 난징대학 대학원 역사학과
세계사 전공 역사학박사)

2007~2013 외교부장

2013~ 국무위원

● **궈성쿤** 郭声琨

공안부장 및 당 중앙정법위원회 부서기 겸임

궈성쿤은 1954년 장시성 싱궈興國 출신으로 1974년 12월에 입당하였다. 장시야금대학을 나와, 재직 중 베이징과기대학 대학원에서 관리과학과 공정학을 전공하여 관리학박사 학위를 취득했다. 교수 및 고급엔지니어 자격을 갖고 있다.

궈성쿤의 경우 광산엔지니어 경력자가 경찰 총수(공안부장)가 된 이례적인 인사다. 전임 공안부장 겸 정법위원회 부서기 멍젠주는 정치국 위원에 발탁되면서 중앙정법위원회 서기로 승진하였다. 대부분의 역대 공안부장은 중앙정법위원회 부서기와 국무위원을 겸직해 왔다.

약력

1973~1977 장시성 싱궈현 우리팅五里亭공사 생산대대 지식청년으로 참여

1977~1979 장시야금대학 광업과 선광選鑛학 전공

1979~1985 야금공업부 현장 엔지니어, 반장, 당지부 서기, 생산부주임, 행정부주임, 주임

1985~1990 중국유색금속공업총공사 중석광 광장鑛長

1990~1992 중국유색금속공업총공사 중석광 광장 겸 구이시은광貴溪銀鑛 건설지도 총지휘, 당위 서기

1992~1993 중국유색금속공업총공사 구이시은광 창장, 당위 서기

1993~1997 중국유색금속공업난창南昌공사 관리자(1995. 9~1996. 7, 중앙당교 1
년제 중청년간부 연수반 연수; 1994. 9~1996. 5, 중난공업대학 관리
공정학과 관리공정 전공 석사학위 취득)

1997~1998 중국유색금속공업총공사 부사장

1998~1999 국가유색금속공업국 당조 성원

1999~2000 국가유색금속공업국 부국장

2000~2000 국유중점대형기업감사회 의장

2000~2001 국유중점대형기업감사회 의장, 중국알미늄공사주비조 조장

2001~2001 중국알미늄공사 사장, 당조 서기

2001~2004 중국알미늄공사 사장, 당조 서기 겸 중국알미늄주식유한공사 이사장,
총재(2002. 3~2002 중앙당교 성·부급 간부연수반 연수)

2004~2007 광시좡족자치구 당위 부서기, 자치구정부 부주석(2003~2007. 7, 베
이징과기대학 대학원 관리과학과 공정학 전공 관리학박사 취득)

2007~2008 광시좡족자치구 당위 서기, 동 자치구정부 부주석

2008~2012 광시좡족자치구 당위 서기, 자치구인민대표대회 상무위원회 주임

2013~ 공안부장, 국무위원, 중앙정법위원회 부서기

● 왕융 王勇

국가재해대책위원회 주임 겸임

왕융은 1955년 12월 랴오닝 가이저우蓋州 출신으로 1974년 8월에 입당했다. 하얼빈공대 기술경제공정학을 전공하고 석사학위를 받았다. 왕융은 방송통신대학과 하얼빈공대 등에서 우주항공분야를 전공한 폴리테크노크라트다. 그는 1977년 이후 계속 우주항공분야 현장 및 관련 행정부서에서 일했다. 그의 국무위원 발탁은 중국이 그만큼 우주항공산업을 중시하고 있다는 징표다.

약력

1969~1977 헤이룽장 생산건설병단 1사단 3연대 31중대 기무소대장

1977~1979 국무원 제7기계공업부 230공장 총장비현장 시험원

1979~1982 베이징 방송통신대학 전자과 수료

1982~1983 국무원 항천航天(우주항공)부 230공장 기술과 엔지니어

1983~1984 국무원 항천부 230공장 총장비현장 부지도원 겸 당지부 서기

1984~1989 국무원 항천부 230공장 정치부 부주임, 공장장 보좌관 겸 총경제사

　　　　　　 (1987. 9~1988. 1, 하얼빈공대 관리학원 총공정사 연수반 수료)

1989~1992 하얼빈공대 기술경제공정 전공 석사반 수료

1992~1993 항공항천부 체제개혁국 근무

1993~1994 우주항공航天총공사 230공장 부공장장

1994~1995 우주항공총공사 상무부공장장

1995~1997 우주항공총공사 230공장 공장장, 당위 부서기(국장급)

1997~1998 중국 우주항공총공사 정치부 부주임

1998~1999 중국 우주항공총공사 인사노동교육국 책임자

1999~2000 중국 우주항공기전航天機電그룹공사 부사장

2000~2001 중앙조직부 기업간부 판공실 주임

2001~2003 중앙조직부 간부5국 국장, 제17기 중앙기율검사위원

2003~2008 국무원 국유자산감독관리위원회 부주임, 당위 부서기(2005~)

2008~2008 국무원 부비서장

2008~2010 국가질량감독검사검역총국 국장

2010~2013 국무원 국유자산감독관리위원회 주임, 당위 서기

2013~   국무위원, 국가재해대책위원회 주임

사법기관

● **저우창**周强

최고인민법원장
민법전공 법학박사 출신

저우창은 1960년 4월 후베이 황메이黄梅 출신으로 1978년 8월에 입당했다. 시난정법대학 대학원에서 민법을 전공하고 법학석사 학위를 받았다. 제18기 중앙정치국 진입이 예상됐지만 막판에 탈락하고, 최고 인민법원장에 머물었다.

저우창과 루하오(베이징대 경제학과 졸업, 총학생회장, 전 베이징 부시장)는 공청단 중앙서기처 제1서기 출신으로 비록 제18기 정치국 진입은 실패했지만 제19기에는 가능성이 높은 인물들이다.

> ### 약력

1976~1978 후베이성 황메이현 두산獨山공사 주변 대대 지식청년 노동종사

1978~1982 시난정법대학 법률학과 졸업

1982~1985 시난정법대학 대학원 민법 전공, 법학석사 학위

1985~1989 사법부 법률정책연구실 법규처 간부, 주임

1989~1991 사법부 법규사법률법규처 부처장

1991~1993 사법부 법규사법률법규처 처장, 선전시 사법군 국장 보좌관

1993~1995 사법부판공청 부주임 겸 부장판공실 주임

1995. 4~1995. 10 사법부 법제국 국장

1995~1997 공청단 중앙서기처 서기(1995. 9~1996. 7, 중앙당교 중청년간부연수
반 연수)

1997~1998 공청단 중앙서기처 상무서기(부부장급)

1998~2006 공청단 중앙서기처 제1서기, 중앙정신문명건설지도위원회 및 중앙사
회치안종합치리위원회 위원

2006~2007 후난성 당위 부서기, 성 정부 부주석, 성장대리, 공청단 중앙서기처
제1서기

2007~2010 후난성 당위 부서기, 성장, 후난성 당위 서기

2010~2013 후난성 서기, 성 인민대표대회 상무위 주임, 제17~18기 중앙위원

2013~　　　최고인민법원원장

● 차오젠밍 曹建明

최고인민검찰원 검찰장
국제경제법 전공 법학자

차오젠밍은 1955년 9월 장쑤성 난퉁南通 출신으로 1973년 입당했다. 화둥정
법대학을 졸업하고 대학원과정에서 국제법 전공으로 법학석사 학위를 받았
다. 대학에서 법학교수와 부학장, 총장을 거친 법학자 출신이다.

그는 특히 국제경제법에 조예가 깊다. 그의 주요 저서로는 『국제경제법개
론』, 『국제경제법신편』, 『관세와 무역 총 협정』(공저) 등이 있다. 그밖에 20
여 권의 교재와 230여 편의 논문을 발표하였다. 그가 선도적으로 제기한 토
지 차용에 관한 법률문제는 법조계나 경제학계에 큰 영향을 미쳤다. 또 그
가 펴낸 『국제 제품책임 개론』은 중국 내 최초의 제품 책임에 관한 법률 전
문이며, 그가 주편한 『국제경제법신편』 3권은 상하이 시 철학사회과학 우수
저작(1986~1994) 1등과 국가교육위원회 제2기 전국대학출판사 우수학술 저
작상을 받았다. 그는 중앙과 지방의 입법 활동에 적극적으로 참여하고 전국
적으로 법제이론의 정립에 기여하고 있다.

그는 또 재직 중 벨기에와 미국 등에서 유학한 고급 인재로, 국가로부터
중국 10대 걸출 청년, 중국 10대 걸출 청년법학자, 상하이 시 10대 대학교
수 엘리트, 상하이 시 10대 걸출 청년 등의 칭호를 받았다. 1992년부터 국
무원이 지급하는 정부 특수 보조금을 받았고, 1997년 국가 '100천만인재공
정百千万人才工程'에 선발되었다. 그리고 2001년 3월 벨기에 국립겐트대학에

서 명예 법학박사 학위를 받았다.

1994년 12월 9일 베이징 중난하이中南海의 화이런탕懷仁堂에서 장쩌민 등 당과 국가의 지도자들에게 중공중앙법률강좌 제1강으로「국제상무법률제도 및 관세무역 총 협정國際商貿法律制度及關貿總協定」을 강의했다.

과거와는 달리 최고 인민법원장과 검찰장 모두 법학도 출신이라는 점에서 사법 계통도 이제 전문화되어가고 있음을 알 수 있다.

약력

1972~1975 상하이 시 징안靜安구 음식공사 전진음식점 직공, 샹양向陽중심점 당 지부 부서기, 공사 공청단 부서기

1975~1979 상하이 시 위생국 후방위생처 정치공작조 책임자

1979~1983 화둥정법대학 법학과 졸업

1983~1986 화둥정법대학 대학원에서 국제법 전공으로 법학석사

1986~1995 화둥정법대학 국제법학과 교원, 부주임, 주임

1988~1989 벨기에 국립겐트대학 법과대학 객원교수

1990~1990 미국 샌프란시스코대학 연구

1995~1997 화둥정법대학 당위 부서기, 상무부학장

1997~1999 화둥정법대학 총장, 당위 부서기

1999~1999 최고인민법원 당조 성원, 국가법관학원 원장

1999~2008 최고인민법원 부원장, 심판위원회위원 겸 국가법관학원 원장 (~2003), 당조 부서기(부장급, 2003~), 제16기 중앙후보위원, 제17 · 18기 중앙위원

2008~ 최고인민검찰원 당조 서기, 검찰장, 수석대검찰관

제6장
포스트 시진핑 레이스

2017년 가을에는 중국공산당 제19차 당 대회가 열린다. 이변이 없는 한 시진핑–리커창 투톱체제는 그대로 유지될 것이다. 연령적으로 문제가 없기 때문이다. 그러나 당 제18기 중앙정치국 상무위원 7명 가운데 시진핑과 리커창을 제외한 5명은 2017년 제19차 당 대회에서는 물러날 것이다. 왜냐하면 장더장, 위정성, 류윈산, 왕치산, 장가오리 상무위원은 연령이 초과하기 때문이다.

그러면 제19차 당 대회에서는 누가 중앙정치국 상무위원이 될 것인가? 누가 2022년 포스트 시진핑 시대의 후비대로 기용될 것인가? 그 조건은 무엇인가?

이 책 제4장에서 언급했던 2012년 제18차 당 대회 때 중앙정치국 상무위원 발탁조건을 정리해 보면 대략 다음과 같다.

첫째, 간부 4화 정책(연소화, 지식화, 과기화, 혁명화) 가운데 연령과 학력(대졸) 조건에 흠이 없어야 한다. 특히 연령조건으로 '67세이면 올라가고 68세이면 탈락(七上八下)' 한다는 관례가 적용되었다.

둘째, 중앙정치국 위원의 경력이 있어야 한다. 그리고 경력자 중에서는 초임 정치국 위원 보다는 연임 정치국 위원을 우선시했다. 사례를 들면 류윈산과 리뤼안차오가 경쟁하다가 연임자인 류윈산이 초임자인 리위안차오를 물리치고 상무위원에 올랐다. 그러나 총서기나 총리와 같은 후계자 반열에 오를 때는 예외다. 시진핑과 리커창은 정치국 위원을 거치지 않고 바로 중앙위원급에서 정치국 상무위원에 발탁되었다. 그 외 상무위원은 모두 정치국 위원 경력자다.

셋째, 지방 성급省級 당위 서기 경력자라야 한다. 물론 예외도 있다. 류윈산은 네이멍구자치구 당위 부서기 출신임에도 기용되었다. 반면 류옌둥은 이 경력이 없었던 것이 상무위원 승진에 가장 큰 결격사유가 되어 결국 탈락했다.

넷째, 배경이 좋아야 한다. 계파의 안배가 중요 변수가 된다. 공청단, 상하이방, 태자당 등 출신성분이 필요조건은 아니지만 충분조건에 해당되는 경우가 많다.

다섯째, 남성이어야 한다. 류옌둥은 지방지도자 경력이 없다는 것과 여성이라는 이유로 제18기 정치국 상무위원에서 고배를 마셨다. 역대 정치국 상무위원 가운데 여성은 단 한명도 없었다.

여섯째, 문민이어야 했다. 군부출신이거나 군부를 대표하는 현역 장성은 배제되었다.

그리고 최근 중국 지도자 인사의 또 다른 특징은 내륙의 빈곤지역 지도자 경험을 통하여 정치적 단련을 겪었을 것을 조건으로 하고 있다.

위와 같이 제18기 중앙정치국 상무위원 선정 조건에 따른다면 현 중앙정치국 위원 17명 가운데 마카이(1946년 6월생), 류옌둥(1945년 11월생), 리젠궈(1946년 4월생), 판창룽(1947년 5월생), 멍젠주(1947년 7월생), 궈진룽(1947년 7월생) 등 6명은 위의 여섯 가지 조건 중 가장 중요한 연령 조건에 걸려 정치국 상무위원 승진은 물론 정치국 위원 연임도 불가능할 것이다. 이들을 제외한 나머지 정치국 위원은 왕후닝, 류치바오, 쉬치량, 쑨춘란, 쑨정차이, 리위안차오, 왕양, 장춘셴, 후춘화, 리잔수, 자오러지, 한정 등 12명이다 ([표 6-1] 참조). 제19기 정치국에서도 상무위원 수를 7명으로 유지한다면 이들 12명 중 5명은 승진할 것이고, 9명으로 정원을 늘린다면 7명이 승진할 것이다.

우선, 이들 12명 정치국위원 중 위의 조건에 부합되지 않는 자를 가려낸다면, 그는 쉬치량과 쑨춘란, 왕후닝일 것이다.

쉬치량은 연령조건에는 부합하지만 문민이 아닌 현역 군 장성(공군 상장)이라는 점에서 정치국 상무위원 승진이 불가능할 것이다. 그러나 정치국 위

[표 6-1] 제18기 중앙정치국 위원 중 제19기 상무위원 승진 가능자

이름	2017년 연령	성급 당위 서기 경력	현직	배경 (인맥)	승진 가능
왕후닝*	62세	없음	중앙정책연구실 주임	상하이방	×
류치바오**	64세	광시, 쓰촨	서기처 서기 중앙선전부장	공청단	7
쉬치량* (공군 상장)	67세	없음	중앙군사위원회 부주석		×
쑨춘란(여)*	67세	푸젠, 톈진	톈진 서기		×
쑨정차이*	54세	지린, 충칭	충칭 서기	親장쩌민	2
리위안차오**	67세	장쑤	국가 부주석	공청단 태자당	4
왕양**	62세	충칭, 광둥	부총리	공청단	3
장춘셴*	64세	후난, 신장	신장 서기		9
자오러지*	60세	칭하이, 산시	서기처 서기 중앙조직 부장	공청단	5
후춘화*	54세	네이멍구, 광둥	광둥 서기	공청단	1
리잔수*	67세	헤이룽장, 구이저우	서기처 서기 중앙판공청 주임	태자당 공청단	6
한정*	63세	상하이	상하이 서기	상하이방 공청단	8

주: *–중앙정치국 위원(초선), **–중앙정치국 위원(연임)

원에는 연임 가능할 것이며, 따라서 중앙군사위원회 부주석에도 연임될 것으로 본다.

쑨춘란은 여성이기 때문에 제외될 가능성이 높다. 제18차 당 대회는 물론 역대 중앙정치국 상무위원에서는 여성을 제외시키는 것이 관례였다. 과거 마오쩌둥의 부인 장칭, 린뱌오의 부인 예췬, 저우언라이의 부인 덩잉차오가 중앙정치국 위원까지는 올랐지만 상무위원 진입은 하지 못한 것이 그 예이다. 심지어 덩잉차오는 당의 최고 지도기관의 하나였던 중앙고문위원회 주임직까지 올랐지만 정치국 상무위원에는 오르지 못했다. 제18기 때 류옌둥 역시 대단한 배경(태자당, 칭화방, 공청단 출신)에도 불구하고 정치국 상무위원 진입에는 실패했다. 이처럼 중국 정단에서 여성의 최고 지도층 진입이 어려운 점을 볼 때 쑨춘란의 승진은 어렵다고 보인다. 다만 그녀가 위에서 열거한 여성정치인들과 달리 정치국 상무위원에 승진한다면, 그것은 위의 여성정치인들이 거치지 않은 성급 당위 서기의 경력이 있기 때문일 것이다. 상무위원 승진 여부를 떠나 이변이 없는 한 연령 조건이나 성별 안배 조건 등으로 보아 제19기 정치국 위원에 연임될 가능성은 매우 높다.

왕후닝은 상하이 출신으로서 장쩌민과 쩡칭훙 등 상하이방 지도자들의 강력한 배경이 뒷받침하고 있는 정책통이지만, 지방지도자 경력을 갖추지 못한 것은 결정적인 흠이다. 연령으로만 보면 정치국 위원 연임은 확실시되는 인사다.

나머지 9명 중 제19기 정치국 상무위원 승진 후보 1순위로는 일반적으로 후춘화와 쑨정차이가 거론된다. 이 두 사람은 제6세대의 선두 주자로 각각 공청단의 리더인 후진타오와 상하이방의 대부인 장쩌민의 적극적인 지지를 받고 있기 때문이다. 본인들의 능력 또한 출중한 것으로 인정받고 있다. 후춘화는 베이징대학 중문학과 수석 졸업으로 베이징 시 배치가 내정되었음에도 산간오지 소수민족 지역인 티베트 근무를 지원하여 세인의 주목을 끈 인사다. 티베트 근무 및 공청단 중앙서기처 제1서기를 거치는 등 후진타오가 걸어온 길과 비슷한 길을 걸어와 '리틀 후진타오'라 불리며 제6세대의 선두주자다. 제18기 정치국 상무위원 인사 때 포스트 시진핑 시대에 대비해 후진타오가 적극적으로 추천한 인사이기도 하며, 중국에서 가장 부유한 성인 광둥성 당위 서기를 맡긴 것은 그를 단련시키기 위한 수순이라 보겠다.

쑨정차이는 중국농업대학에서 농학박사 학위를 취득하고 농업부장과 지린성 당위 서기를 역임한 농업문제 전문가다. 특히 장쩌민이 무척 아끼는 사람으로 전한다. 중앙정부 근무 경력과 인구가 가장 많은 직할시(충칭

시)의 당위 서기로 근무한다는 것은 정치국 상무위원 티켓을 거머쥔 것과 다름없다.

중국의 네티즌들을 비롯해 외부의 관측통들도 후춘화와 쑨정차이 이 두 사람은 2017년 제19차 당 대회에서 정치국 상무위원에 오를 것이고, 2022년 제20차 당 대회에서는 권력 서열 1, 2위가 될 것으로 전망하고 있다.

그러면 후춘화와 쑨정차이 다음의 승진 후보는 누구일까? 현 국무원 부총리 왕양과 리위안차오가 가장 유력하다. 왕양은 공청단 출신으로 재직 중 공학석사 학위를 취득하고 중앙정치국 위원을 연임하고 있으며, 연령적으로 2017년에도 60대 초반이다. 그리고 그는 직할시 가운데 인구가 가장 많은 내륙 지역 충칭 시의 당위 서기와 개혁개방의 전초기지이며 경제적으로 가장 부유한 광둥성 당위 서기를 역임한 바 있다. 그래서 제18차 당 대회 직전 강력한 정치국 상무위원 후보로 거론되었던 인사다.

리위안차오는 전 상하이 부시장의 아들(태자당)로 태어나 법학박사 학위를 받고 공청단 중앙서기처 서기와 장쑤성 서기를 거쳐 중앙서기처 서기, 그리고 중앙조직부장을 역임한 후 현재 국가 부주석에 재임하고 있다. 공청단의 직계이면서도 태자당의 지원을 받을 수 있는 위치에 있기 때문에 유력한 후보다. 제18차 당 대회 직전에도 강력한 후보로 거론되었지만, 류윈산에 밀려 정치국 위원에 유임되고 말았다. 하지만 시진핑과의 관계가 좋기 때문에 국가 부주석에 오를 수 있었던 것으로 전한다.

그 다음 후보로는 자오러지, 리잔수, 류치바오, 한정을 들 수 있으며, 장춘셴은 조건은 갖추었지만 특별한 배경이 없기 때문에 상당한 관운이 따르지 않는 한 정치국 상무위원 진입은 어려울 것으로 본다. 또 역대 신장위구르자치구 당위 서기가 차기 정치국 상무위원에 승진한 경우는 없기 때문에 더욱 그렇다.

자오러지는 베이징대 철학과를 나온 공청단 간부 출신으로 내륙 오지 칭하이와 산시성 당위 서기를 거쳐 현재 중앙서기처 서기 겸 중앙조직부장에 재임 중이다. 역대 중앙조직부장 가운데 전임자인 리위안차오(현 국가 부주석)를 제외하고는 거의 모두 중앙정치국 상무위원에 올랐다. 개혁개방 이후 당 중앙조직부장을 역임한 차오스(전 기율검사위원회 서기 및 전인대 상무위원장), 웨이젠싱(전 중앙기율검사위원회 서기), 쑹핑(전 정치국 상무위원), 쩡칭훙(전 국가 부주석), 허궈창(전 중앙기율검사위원회 서기) 등이 정치국 상무위원에 올랐다. 따라서 현 중앙정치국 위원 겸 중앙서기처 서기이며 중앙조직부장인 자오러지도 유력한 차기 중앙정치국 상무위원 승진 후보로 꼽을 수 있다.

리잔수는 혁명열사의 후대로, 재직 중 하얼빈공대에서 공상관리학(경영학)석사 학위를 받고 공청단 허베이성 서기를 거쳐 서부 내륙 지역(네이멍구, 구이저우) 당위 서기를 역임하였다. 그리고 현재 중앙서기처 서기 겸 당의 핵심 요직인 중앙판공청 주임을 겸임하고 있다. 당 총서기 시진핑이 특별히 신임하는 사람이기 때문에 중앙판공청 주임직을 맡게 된 것이다. 현대 중국 정치의 양대 세력인 태자당과 공청단의 지원을 함께 받을 수 있다는 것은 그에게 있어서 큰 힘이다. 리잔수가 만약 탈락한다면, 그것은 연령에 대한 논란이 이유일 것이며, 이는 리위안차오도 마찬가지다. 제18기 정치국 상무위원 선정 과정에서 67세의 위정성이 연령 문제로 낙마할 뻔했다는 후문이 있기 때문이다.

류치바오는 공청단 중앙서기를 거쳐 비교적 낙후된 광시좡족자치구와 인구가 가장 많은 쓰촨성 당위 서기를 역임하고, 재임 중 지린대학에서 경제학석사 학위를 받았다. 현재 중앙서기처 서기 겸 중앙선전부장에 재임 중이다. 전임 선전부장 류윈산이 제18차 당 대회 전야에 역전하여 중앙정치국 상무위원에 발탁된 점으로 볼 때 기대해 볼만한 인물이다. 하지만 공청단 출신이라는 것이 오히려 장애가 될 수 있다. 상무위원 후보로 거론되는 인사들 가운데 공청단 출신이 너무 많기 때문이다.

한정은 상하이 시 공청단 서기 출신이긴 하지만, 정치적으로 상하이 시에서 성장한 오리지널 상하이통이다. 그의 모든 경력이 상하이에서만 쌓여졌다는 것이 결점이 되겠지만, 만약 계파별 안배 차원에서 상하이방을 배려할 경우 가장 혜택을 볼 수 있는 인물이다. 여기다 제1 경제도시의 지도자 경력과 재임 중 취득한 경제학석사는 중앙정부의 경제파트 리더(경제 부총리)로 충분하다고 평가할 수 있다.

이상의 분석은 예측에 불과한 것이며, 무엇보다도 중요한 것은 이들 유력한 승진 후보자들이 재직 중 큰 실수를 저지르지 않아야 승진이 가능하다는 것이다.

참고문헌

고진갑 · 유광종. 2012.『장강長江의 뒷물결』. 도서출판 책밭.

김정계. 1990.『중국의 최고 지도층: Who's who』. 평민사.

김정계. 1990.『중국의 권력구조와 파워 엘리트』. 평민사.

김정계. 1996. "중국의 국가원수제도에 관한 연구."『社會科學硏究』제3輯(창원대학교 사회과학연구소),

김정계. 2000.『21C 중국의 선택』. 평민사.

김정계. 2002.『중국 권력투쟁사: 1949~1978』. 평민사.

김정계. 2005. "후진타오시대 중국정치엘리트의 교육배경: 어떻게 변하고 있는가?"『한국 동북아논총』, 제10권 제1호. pp.53-74.

김정계. 2005. "후진타오시대 중국정치엘리트의 제도적, 비제도적 배경분석,"『한국동북아논총』, 제10권 제2호. pp.43-67.

김정계. 2008.『후진타오정권 중국의 권력구조와 파워엘리트』. 중문.

김정계. 2009.『중국의 권력투쟁사2』. 평민사.

리청 지음, 강준영 옮김. 2002.『차이나스 리더스』. 서울: 예담차이나.

李健一. 1988. "중공에 있어서 당과 군의 관계",「공산권연구논총」, 창간호.

주장환. 2012.『중국 5세대 정치엘리트』,한신대학교출판부.

홍인표. 2012.『중국의 미래권력』. 서울: 한울.

사토 마사루 지음, 이혁재 옮김. 2012.『시진핑 시대의 중국』. 청림출판.

샹장위 지음, 이재훈 옮김. 2014.『중국을 움직이는 시진핑 리커창』. 도서출판 린.

양중메이 지음, 홍광훈 옮김. 2012. 『시진핑의 선택』. 알에이치코리아.

何頻 · 高新 저, 김규영 옮김. 1997.『포스트 덩샤오핑 시대의 파워엘리트 태자당』. 도서출판 삼일.

丁望. 2003.『十六大與後影響力』. 香港: 當代名家出版社.

丁望. 2005.『胡錦濤與共青團接班群』. 香港: 富代名家出版社.

中共中央組織部 · 中共中央黨史研究室. 2004.『中國共産黨歷屆中央委員大辭典: 1921~2003』. 北京: 中央黨史出版社.

左言東 編著. 1989.『中國政治制度史』. 抗州: 浙江古籍出版社

李俊亨·楊金河 主編. 1990.『中國武裝力量通覽』. 北京: 人民出版社.

李國强. 1989.『中國當代名人錄』第12集. 香港: 廣角鏡出版社有限公司.

李壽初 編. 1997.『中國政府制度』. 北京: 中央民族大學出版社.

吳明. 2008.『習近平評傳』. 香港: 香港文化藝術出版社.

浦興祖 主編. 1992.『當代中國政治制度』. 上海: 上海人民出版社.

夏飛·程恭義. 2012.『政治局常委之爭』. 香港: 明鏡出版社.

夏飛, 楊韻, 白曉雲. 2007.『太子黨和共靑團: 習近平PK李克强』. 香港: 明鏡出版社.

高凱·于玲. 1990.『中共七十年』. 北京: 中國國際廣播公司.

楊光斌. 2003.『中國政府與政治導論』. 北京: 中國人民大學出版社.

鄭洸 主編. 1992.『中國共靑團簡史』. 北京: 中國靑年出版社.

蔡開松 主編. 1991.『二十世紀中國名人辭典』. 瀋陽: 遼寧人民出版社.

廖盖隆 主編. 1993.『現代中國政界要人傳略大全』. 北京: 中國廣播電視出版社.

鄭洸 主編. 1992.『中國共靑團簡史』. 北京: 中國靑年出版社.

Bo, Zhiyue. 2003. "The Provinces: Traing Ground for National Leader or Power in Their Own Right?". Finkelstein David M. and Kivleham Maryanne, (ed.), China's Leadership in the Twenty-first century: The Rise of the Fourth Generation. Armink. N.Y.: M.E. Sharp. pp.66-117.

Bo, Zhiyue. 2004. "China's Political Elites in the 21st Century: Technocrats in Command?". Asian Profile, 32-6(December). pp.497-517.

Bo, Zhiyue. 2004. "The Sixteenth Central Committee of the Chinese Communist Party: formal institutions and factional groups". Journal of Contemporary China, 13-39(May). pp.223-256.

Cherrington, Ruth. 1997. "Generational Issues in China: A Case Study of the 1980s Generation of Young Intellectuals". British Journal of Sociology, Vol.48, No.2(June).

Johnston, Alastair I. 1984. "Changing Party - Army Relations in China, 1979~1984". Asian Survey Vol. 24, No. 10(Oct.).

Lam, Willy Wo-Lap. 2002. "The Generation After Next in Chinese Politics". David M. Finkelstein and Maryanna Kivlehan (ed.), China's Leadership

In The 21st Century. New York: M. E. Sharoe. pp.251-270.

Li Cheng and White Lynn. 2003. "The Sixteenth Central Committee of the Chinese Communist Party: Hu Gets What?". *Asian Survey*, 43-4(Jul/Aug). pp.553-597.

Lieberthal, Kenneth and Michel Oksenberg. 1998. *Policy Making in China: leaders, Structures, and Processes*. Princeton, New Jersey: Princeton University.

Pye, Lucian W. 1981. *The Dynamics of Chinese Politics*, Cambridge massachusetts: Oelgeschalager, Gun & Hain.

Saich, Tony. 2004. *Governance and Politics of China*. New York: Palgrave Macmillan.

Tsou, Tang, "Prolegomenon to the Study of Informal Groups in CCP Politics". *China Quarterly*, No.65, March 1976, pp.98-119.

Tsou, Tang, "Chinese Politics at the Top: Factionalism or Informal Politics?". Balance of power or Game of Win All?" *China Journal*, No.34, July 1995, pp.95-156.

Zheng, Yongnian. 2005. "The 16th National Congress of The Chineses Communist Party: Institutionalization of Succession Politics". Weixing Chen and Zhong Yang (ed.), *Leadership in A Changing China*. New York: Palgrave Macmillan. pp.15-36.

『人民日報』, 1997년 9月 19日

『人民日報』, 1982년 12月 6日

『人民日報』, 2002년 11月 15日

『人民日報』, 2007년 10月 15日

『人民日報』, 2012年 11月 20日.

『人民日報』, 2013년 3월 22일.

『文匯報』, 2002년 11月 15日.

『明報』, 1988年 3月 28日.

www.npcnews.com.cn(2003, 3, 16).

http://politics.people.com.cn(2007-10-25).

http://news.xinhuanet.com(2013.3.5).

http://www.hankyung.com/news/app/newsview.php?aid

인명 찾아보기

시진핑 정권 대해부

중난하이로 가는 길

초판 1쇄 인쇄 2014년 5월 20일
초판 1쇄 발행 2014년 5월 26일

지은이 김정계, 전영란

펴낸이 김호석
펴낸곳 도서출판 린
편집부 주광욱
디자인 김진나, 조혜상
마케팅 김재호, 이정호
관   리 신주영

등록 제 313-291호
주소 경기도 고양시 일산동구 장백로 200 유국타워 1014호
전화 02) 305-0210 / 306-0210 / 336-0204
팩스 031) 905-0221
전자우편 dga1023@hanmail.net
홈페이지 www.bookdaega.com

ISBN 978-89-967044-6-1 03340

린(LINN)은 도서출판 대가의 임프린트사로 단행본 전문 출판사입니다.

이 도서의 국립중앙도서관 출판시도서목록(CIP)은 서지정보유
통지원시스템 홈페이지(http://seoji.nl.go.kr)와 국가자료공동
목록시스템(http://www.nl.go.kr/kolisnet)에서 이용하실 수 있
습니다. (CIP제어번호: CIP2014014134)